43000

Guadalajara

Olivier Jacques
Esteban Cardena

D0840279

Guides de voyage

ULYSSE

Le plaisir de **mieux voyager**

BUREAUX
CANADA : Guides de voyage Ulysse, 4176 rue St-Denis, Montréal,
Québec, H2W 2M5, ☎(514) 843-9447 ou 1-877-542-7247,
fax : (514) 843-9448, info@ulysse.ca, www.guidesulysse.com

EUROPE : Guides de voyage Ulysse SARL, BP 159, 75523 Paris
Cedex 11, France, ☎01 43 38 89 50, fax : 01 43 38 89 52,
voyage@ulysse.ca, www.guidesulysse.com

ÉTATS-UNIS : Ulysses Travel Guides, 305 Madison Avenue, Suite
1166, New York, NY 10165, ☎1-877-542-7247, info@ulysses.ca,
www.ulyssesguides.com

DISTRIBUTION
Canada : Guides de voyage Ulysse, 4176, St-Denis, Montréal
(Québec) H2W 2M5, ☎(514) 843-9882, poste 2232, ☎800-748-9171,
fax : (514) 843-9448, www.guidesulysse.com, info@ulysse.ca

États-Unis : Distribooks, 8120 N. Ridgeway, Skokie, IL 60076-2911,
☎(847) 676-1596, fax : (847) 676-1195

Belgique : Presses de Belgique, 117, boulevard de l'Europe, 1301
Wavre, ☎(010) 42 03 30, fax : (010) 42 03 52

France : Inter Forum, 3, allée de la Seine, 94854 Ivry-sur-Seine
Cedex, ☎01 49 59 10 10, fax : 01 49 59 10 72

Espagne : Altaïr, Balmes 69, E-08007 Barcelona, ☎(3) 323-3062,
fax : (3) 451-2559

Italie : Centro cartografico Del Riccio, Via di Soffiano 164/A, 50143
Firenze, ☎(055) 71 33 33, fax : (055) 71 63 50

Suisse : Havas Services Suisse, ☎(26) 460 80 60,
fax : (26) 460 80 68

Pour tout autre pays, contactez les Guides de voyage Ulysse
(Montréal).
Données de catalogage avant publication (Canada). (Voir p 4)

Guadalajara, Guadalajara;
Guadalajara, Guadalajara.

Tienes el alma de provinciana,
hueles a limpia rosa temprana;
a verde jara fresca del rio;
son mil palomas, tu caserio.

Tu as l'âme d'une provinciale;
ton doux parfum est celui d'une rose printanière,
du lit de verdure d'un frais cours d'eau;
tes toits sont comme mille colombes.

Guadalajara, Guadalajara,
hueles a pura tierra mojada.

Tu sens la terre pure et mouillée.

Guadalajara, Guadalajara;
Guadalajara, Guadalajara

Chanson de mariachi de Pepe Guízar

Crédits

Auteurs
Olivier Jacques
Esteban Cardena

Éditrice
Stéphane G.
Marceau

**Directrice de
production**
Pascale Couture

Correcteur
Pierre Daveluy

Adjointe à l'édition
Julie Brodeur

Cartographes
André Duchesne
Yanik Landreville
Patrick Thivierge
Bradley Fenton

Infographiste
Stéphanie Routhier

Illustrateurs
Richard Serrao
Josée Perreault

Photographes
Page couverture
Anne Rippy/
Image Bank
(Catedral de
Guadalajara)
Pages intérieures
Tibor Bognár/
Reflexion
M.Daniels/
Megapress

Directeur artistique
Patrick Farei (Atoll)

Remerciements : Jacques R. Dubé, Eric Bélanger, David Chávez, Michel
Jacques, Secretaría de Turismo del Gobierno del Estado de Jalisco, tout
spécialement le personnel du bureau d'information.

Écrivez-nous

Données de catalogage

Jacques, Olivier
Guadalajara (Guide de voyage Ulysse)
Comprend un index. ISBN 2-89464-249-0
1. Guadalajara (Mexique) - Guides. I. Titre. II. Collection.
F1391.G9J32 2000   917.23504836   C00-941745-1

Sommaire

Remerciements

«Les guides de voyage Ulysse reconnaissent l'aide financière du
gouvernement du Canada par l'entremise du Programme d'Aide
au Développement de l'Industrie de l'Édition (PADIÉ) pour ses
activités d'édition.»

Les guides de voyage Ulysse tiennent également à remercier la
SODEC pour son soutien financier.

Liste des cartes

Légende des cartes

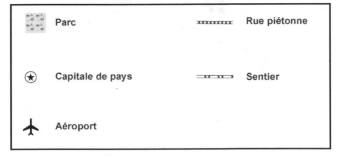

Parc   Rue piétonne

Capitale de pays   Sentier

Aéroport

Tableau des symboles

≡	Air conditionné
⊛	Baignoire à remous
☉	Centre de conditionnement physique
▣	Coffret de sécurité
🐋	Coup de cœur Ulysse pour les qualités particulières d'un établissement
ℂ	Cuisinette
ℑ	Foyer
♯	Moustiquaire
pdj	Petit déjeuner inclus dans le prix de la chambre
≈	Piscine
ℝ	Réfrigérateur
ℜ	Restaurant
△	Sauna
bc	Salle de bain commune
bp	Salle de bain privée (installations sanitaires complètes dans la chambre)
S	Stationnement
tlj	Tous les jours
⇌	Télécopieur
tv	Téléviseur
⊗	Ventilateur

Classification des attraits

★	Intéressant
★★	Vaut le détour
★★★	À ne pas manquer

Classification de l'hébergement

Les tarifs mentionnés dans ce guide s'appliquent, sauf indication contraire, à une chambre standard pour deux personnes en haute saison.

$	moins de 20$
$$	de 20$ à 40$
$$$	de 40$ à 70$
$$$$	de 70$ à 100$
$$$$$	plus de 100$

Classification des restaurants

Les tarifs mentionnés dans ce guide s'appliquent, sauf indication contraire, à un dîner pour une personne, excluant le service et les boissons.

$	moins de 5$
$$	de 5$ à 8$
$$$	de 8$ à 12$
$$$$	de 12$ à 16$
$$$$$	plus de 16$

Tous les prix mentionnés dans ce guide sont en dollars américains.

Situation géographique dans le monde

©ULYSSE

Guadalajara
(21°N 103°O)

Mexique

Capitale : México
Population : 96 000 000 hab.
Devise : peso mexicain
Superficie : 1 970 000 km²

ÉTATS-UNIS

Hermosillo

• Chihuahua

• Monterrey

Golfe du Mexique

La Paz•

MEXIQUE

Mazatlán•

Puerto
Vallarta• • México

Cancún•

Bahía de Campeche

Guadalajara

Océan Pacífique

Taxco• • Veracruz

Acapulco•

Oaxaca•

BELIZE

Puerto
Escondido• Huatulco

GUATEMALA

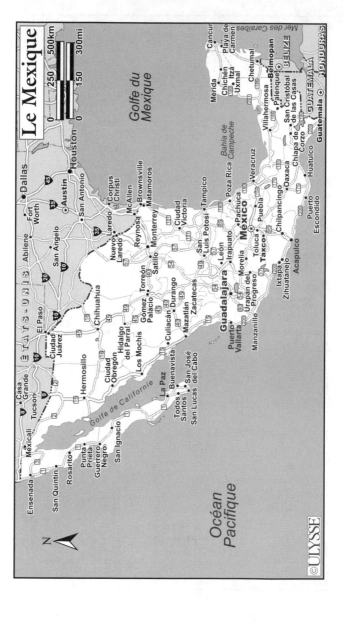

Des plages tropicales
à perte de vue, les mystérieux Aztèques constructeurs de pyramides, des villes coloniales d'allure andalouse, la ville de México en 1968 : la seule mention du mot «Mexique» évoque un kaléïdoscope d'images de toute sorte.

Ce pays de lumière, de couleurs brillantes et de paysages les plus divers, apparut au XVIe siècle pour la première fois aux yeux des Européens comme une mine fabuleuse de richesses inépuisables. Aujourd'hui les Mexicains, héritiers d'une nouvelle civilisation issue de deux cultures, l'espagnole et l'amérindienne, se transforment rapidement devant les défis du monde actuel. Aucun autre pays du «Nouveau Monde» n'offre au visiteur autant de merveilles.

Guadalajara, la plus grande ville du Mexique après México, fut jadis le point de départ des ex-plorateurs à la recherche de trésors cachés et de l'Eldorado des légendes. Aujourd'hui cette métropole doit sa renommée à son essor commercial, à son folklore et à l'hospitalité de ses habitants. En plus, deux symboles qui identifient le Mexique dans le monde entier – les mariachis et la tequila – trouvent leurs origines dans cette région.

Située à l'ouest du Mexique, à peu près à mi-chemin entre le Guatemala et les États-Unis, Guadalajara jouit d'un excellent climat où il ne fait jamais vraiment froid, et où les bougainvilliers fleurissent tout au long de l'année. En se promenant dans cette ville surnommée *la perla del Occidente*, le visiteur découvrira le charme de ses anciens quartiers datant de l'époque de la Nouvelle-Espagne, la grande richesse de l'artisa-nat local et même une petite pyramide au centre des sites de fouilles les plus importants de la région.

Géographie

Le grand Guadalajara s'étend dans la vallée d'Atemajac, à 1 561 m au-dessus du niveau de la mer. Les importantes banlieues de Zapopan et Tlaquepaque comprises, elle compte environ 6 millions d'habitants. Située à peu près au centre du Jalisco, un des 31 États fédéraux formant la République mexicaine, cette région est bordée par l'océan Pacifique à l'ouest et traversée par une chaîne de montagnes, la Sierra Madre del Sur. Parmi les attraits géographiques de l'État de Jalisco, mis à part les célèbres plages de Puerto Vallarta, il faut mentionner l'impressionnante chute Cola de caballo (150 m) et la Laguna de Chapala (plus grand que le lac Leman), refuge hivernal d'oiseaux migrateurs échappant au froid du nord.

©ULYSSE

Fresnillo

SAN LUIS POTOSÍ

SAN LUIS POTOSÍ

Zacatecas

ZACATECAS

Loretto

Jérez

Rincón de Romos

Ocampo

Valparaíso

AGUASCALIENTES

Aguascalientes

Lagos de Moreno

León

Santa Luciá

Villa Guerreros

Tlaltenango

San Francisco del Rincón

Santa Cruz

GUANAJUATO

San Martín Bolaños

Nochistlán

Tepatitlán

La Piedad

Totatlán

NAYARIT

Tepic

Guadalajara

Ocotlán

Samora

Tequila

Chapala

Sahuayo

Compostela

Tala

Laguna de Chapala

MICHOACÁN

San Martín Hidalgo

Manzanilla de la Paz

San Sebastián

JALISCO

Mazamitla

Mascota

Tapalpa

Ciudad Guzmán

Puerto Vallarta

Unión de Tula

El Grullo

Tepalcatepec

Autlán

Casimoro Castillo

Colima

Tomatlán

Tecomates

COLIMA

Coalcomán

Tecomán

MICHOACÁN

Chihuatlán

Manzanillo

Águila

Chamela

Océan Pacifique

| 0 | 50 | 100km |
| 0 | 30 | 60mi |

État de Jalisco

Flore et faune

La variété du relief du Mexique est à l'origine d'une vaste diversité de climats et de sols. Ainsi, au nord du pays, la végétation est caractérisée par les espèces de cactus propres au désert, tandis que le sud présente une flore tropicale exubérante. Situé entre ces deux régions si contrastantes, le haut plateau central (où se trouve Guadalajara) jouit d'un climat de printemps. Déjà au début du XIXe siècle, le célèbre savant allemand qu'était le baron Alexander von Humboldt avait réalisé d'importantes études scientifiques révélant au monde entier l'extraordinaire biodiversité du Mexique. Actuellement, 15% de la flore et de la faune mexicaines sont classés comme uniques au monde.

Orchidée

Flore

Les anciens Mexicains cultivaient avec soin la dahlia, l'orchidée, le nard et le *tzempazúchitl* (variété de marguerite dorée). Pour eux, les fleurs symbolisaient la vie dans son existence ephémère, un concept évoqué magistralement par Pierre de Ronsard – *Ô vraiment marâtre nature, puisqu'une telle fleur ne dure que du matin jusqu'au soir.*

L'extraordinaire diversité de la flore mexicaine comprend à peu près 30 000 espèces et essences. Parmi les plantes comestibles originaires du Mexique, le cacao, la tomate, l'avocat, le maïs, l'arachide et la vanille sont appréciés dans le monde entier.

Grâce aux roses qui embellissent pratiquement tous les parcs, jardins et ronds-points de Guadalajara, la ville a été surnommée «la cité des roses». Dès son arrivée, le visiteur sera frappé aussi par les bougainvilliers *(Bougainvillea glabra)*, aux fleurs pourpres, rouges, orange ou blanches, présents partout. Le cadre floral est complété par de grands arbres, les jacarandas *(Jacaranda mimosæfolia)* et les tabachines *(Deloniz regia)*, dont la fleuraison s'ajoute aux différentes couleurs saisonnières de la ville.

Faune

La dinde est originaire du Mexique. Le pays est habité régulièrement par une infinité d'animaux –

Jaguar

l'élégant jaguar, l'iguane aux allures préhistoriques et des perroquets de toutes les couleurs, pour n'en évoquer que quelques-uns.

Outre la faune habituelle native du Mexique, les espèces migratoires sont particulièrement appréciées. Le papillon monarque *(Danaus plexippus)*, aux ailes orange, noires et blanches, a longuement attiré l'attention des hommes de science et des amateurs sans distinction. Après un séjour estival dans le sud-est du Canada, ces fragiles êtres volants entreprennent un extraordinaire voyage, de plus de 4 000 km, pour arriver finalement aux Santuarios de la mariposa monarca, à l'est de l'État de Michoacán (entre Guadalajara et México), les premiers jours de novembre. Autre espèce offrant une image impressionnante de la faune migratoire, les baleines des côtes de la Colombie-Britannique longent le littoral du Pacifique pour passer l'hiver dans les eaux tièdes mexicaines. La beauté du bord de mer près de Puerto Vallarta prend une dimension unique grâce à la présence de la sympathique baleine à bosse *(Megaptera novæangliæ)* qui fréquente ces eaux de novembre à mars. Parmi les espèces d'oiseaux migrateurs qui animent l'habitat naturel de la Laguna Chapala (plus de 20), le pélican blanc *(Pelecanus erythrorthynchos)*, le héron cendré *(Ardea herodias herodias)* et le canard du plateau central *(Anas platyrhynchos diazi)* sont très recherchés par les ornithologues amateurs, ainsi que l'oie blanche *(Chen cærulescens)* du Canada, qui fréquente le Lago Sayula.

Papillon monarque

Urbanisme

Afin de mieux comprendre l'organisation du tissu urbain de Guadalajara et compte tenu de son passé historique, la ville peut être divisée en six zones. Nous les mentionnons brièvement ici, même si ces zones ne concordent pas tout à fait avec les itinéraires touristiques.

Zone 1 : Guadalajara historique

Cette zone, berceau de Guadalajara, comprend le centre-ville et le premier quartier construit dans l'ancienne capitale de la Nouvelle-Galice. Au cœur de cette aire se trouvent la cathédrale, le Palacio de Gobierno et le Museo Regional, parmi d'autres monuments remarquables.

Zone 2 : Guadalajara populaire

Située à l'est des anciens quartiers de San Juan de Dios et d'Analco, cette zone s'étend jusqu'à Tlaquepaque. Au bout de la Calzada Independencia, un belvédère offre une vue spectaculaire sur la Barranca de Huentitán.

Zone 3 : Guadalajara des avenues

Organisée autour de beaux ronds-points fleuris, cette zone, à vocation résiden-tielle et commerciale, comprend la célèbre Minerva, un des symboles de la ville, et la Plaza del Sol, avec son centre commercial.

Zone 4 : Guadalajara industrielle

La Zona Industrial et le quartier populaire de La Cruz del Sur se trouvent dans cette zone localisée au sud de la ville.

Zone 5 : Zapopan

Bâti autrefois autour de la basilique de la Virgen de Zapopan, cet ancien faubourg pittoresque fait actuellement partie du grand Guadalajara. Il comprend des quartiers résidentiels, ainsi que d'importantes implantations commerciales et industrielles à l'ouest de la ville.

Zone 6 : Tlaquepaque

Jadis une paisible bourgade de potiers, Tlaquepaque est devenu célèbre pour son cadre villageois abritant d'élégantes boutiques d'artisanat. Aujourd'hui, il avoisine les quartiers populaires de l'est de la ville.

Histoire

Les premiers hommes

Les premiers habitants sédentaires de la vallée d'Atemajac (nom dérivé de *atlemaxak* – «lieu où les pierres font bifurquer l'eau» – en nahuatl, la langue des Aztèques) seraient arrivés il y a plus de 6 000 ans. Mais c'est durant la période classique (IIe au IVe siècle) que se développe une civilisation aux caractéristiques propres et indépendante des autres cultures du Mexique précolombien. Le mode d'organisation des populations prend la forme d'un régime seigneurial semblable à celui développé en Europe au Moyen Âge. Comme tous les peuples de l'Occident, les Amérindiens de la vallée d'Atemajac avaient un mode de vie simple. Leur religion était orientée selon deux axes : la croyance à l'existence d'une corrélation entre l'homme et les forces de la nature, et le culte des aïeux. Ils creusaient des tombes à puits où ils ensevelissaient leurs morts accompagnés de statuettes représentant des figures humaines dans des attitudes quotidiennes. Parmi les tombes répertoriées à Guadalajara, un intéressant document datant du XVIIIe siècle décrit d'une manière assez imagée l'une de ces sépultures, découverte lors de la construction de l'Hôpital Civil. Encore en 1978, dans un lotissement résidentiel à Zapopan, un ouvrier en découvrit une autre. Combien en reste-t-il à amener à la lumière du jour?

L'apparition de tribus venues du haut plateau central vers le VIIe siècle ap. J.-C. changea radicalement la vie des modestes Amérindiens des cultures de l'Occident. Les tombes à puits furent remplacées par d'autres types de sépulture et les poteries de l'époque témoignent de l'influence de la grande civilisation Teotihuacana, maître d'œuvre de la pyramide du Soleil près de México. Des centres religieux furent bâtis, le culte de Quetzalcoatl se répandit (le serpent à plumes) et d'autres dieux furent vénérés par les Aztèques et les Mayas. La construction pyramidale d'El Iztépete, au sud de Guadalajara, date de cette époque dite postclassique.

Fondation de la ville

Les événements menant à la fondation de Guadalajara commencèrent quelques années après la prouesse de Cortés, qui conquit l'Empire aztèque en 1521. Un des plus cruels conquistadors,

Nuño Beltrán de Guzmán, débarqua dans le golfe du Mexique près de l'actuelle Tampico en 1527. Il fut nommé d'abord gouverneur des territoires côtiers qu'il avait conquis et, après, président de l'Audience de la Nouvelle-Espagne. Mais poussé par son ambition effrénée, ce rival de Cortés chercha à étendre ses domaines vers le Pacifique afin de consolider une énorme province entre les deux océans dont il serait maître, la future Nouvelle-Galice. Partant de México en direction de l'ouest deux jours avant Noël, en 1529, il passa par le Michoacán, où il fit arrêter le malheureux Caltzontzin, dernier roi des Tarasques. Il lui prit 10 000 mesures d'argent, une somme d'or et d'autres richesses non négligeables, le fit torturer et finalement brûler vif.

Peu après, Nuño Beltrán de Guzmán arriva à Tonalá, chef-lieu de la seigneurie amérindienne régnant sur la vallée d'Atemajac. La reine amérindienne Cihualpilli l'accueillit malgré la méfiance de certains vassaux qui se révoltèrent. Aidés par les fidèles de la reine, les Espagnols soumirent la fronde et entrepri-

rent l'évangélisation des Autochtones. Nuño partit, mais il laissa à Juan de Oñate, un de ses capitaines, l'ordre de fonder une ville qui servirait de point de départ pour de nouvelles conquêtes. Celui-ci, voulant flatter son commandant, fonda la *Villa del Espíritu Santo de Guadalajara*, nom du lieu d'origine de Nuño et dont le nom vient de l'arabe *wad-al.hid-jara* ou «rivière entre les pierres».

Développement

La nouvelle colonie fut favorisée par l'empereur d'Espagne, Charles V, qui lui octroya le statut de ville en la dotant de l'écusson qu'elle porte encore aujourd'hui. Malgré ce privilège qui lui permit de rivaliser avec Compostela,

Quelques dates marquantes de l'histoire du Mexique

Vers 1200 av. J.-C.   Début de la civilisation olmèque, la première grande culture précolombienne précurseur des Mayas, des Aztèques et d'autres peuples du Mexique ancien.

Entre 300 av. J.-C. et 700 apr. J.-C.   L'âge d'or des civilisations dites classiques : Teotihuacán (pyramide du Soleil), celles de la côte du golfe du Mexique (El Tajín), celle de la vallée d'Oaxaca (Mitla et Monte Albán) et les Mayas de l'Ancien Empire (Tikal, au nord du Guatemala, et Palenque, dans le Chiapas).

Vers 940   Les Toltèques, précurseurs des Aztèques, s'installent d'abord au Yucatán, où ils établissent le nouvel empire toltèque-maya (construction de Chichén Itzá).

1168   Chute de Tula, la capitale des Toltèques, située au centre du Mexique. C'est à cette époque qu'apparaissent les Aztèques.

1325   Fondation de Tenochtitlán, la capitale des Aztèques, sur les îles d'un lac, à l'emplacement de l'actuelle México.

1519   Le conquistador Cortés débarque dans le golfe du Mexique et fonde la ville de Veracruz.

1521	Chute de Tenochtitlán, mort de Moctezuma II et conquête de l'Empire aztèque par Cortés.
1522	Fondation de la ville de México, début de l'évangélisation de la Nouvelle-Espagne et du système d'*encomienda*.
1810	Début de la guerre d'Indépendance, menée par un groupe de Créoles sous la houlette du curé Miguel Hidalgo.
1821	Traité de Cordoue, proclamant l'indépendance du Mexique.
1822	Couronnement d'Agustín, l'empereur de tous les Mexicains.
1846-1848	Guerre entre le Mexique et les États-Unis, perte de la moitié du territoire national : le Texas, le Nouveau-Mexique, l'Arizona, le Colorado, le Nevada et la Haute-Californie.
1857	Promulgation d'une nouvelle constitution établissant un gouvernement laïque et confisquant les biens de l'Église; début de la guerre de la Réforme.
1858	Benito Juárez, premier président amérindien du Mexique.

1861	Débarquement des troupes françaises à Veracruz et début de l'intervention française.
1864-1867	Deuxième Empire, règne de Maximilien Habsbourg, archiduc d'Autriche, envoyé par Napoléon III.
1876-1910	Présidence de Porfirio Díaz, période de stabilité imposée marquant le début de l'industrialisation du Mexique.
1910-1917	La révolution bouleverse le pays.
1929	Fondation du parti unique PRN (Partido Revolucionario Nacional), devenu PRI (Partido Revolucionario Institucional).
1934-1940	Présidence du général Cárdenas, importante réforme agraire et nationalisation des compagnies pétrolières.
1938	Le Mexique est un des rares pays à ne pas reconnaître l'annexion de l'Autriche par Hitler.
1942	Le Mexique déclare la guerre à l'Allemagne.
1945	Participation du Mexique à la libération de Manille.

1945	Participation du Mexique à la libération de Manille.
1961	Le Mexique est le seul pays de l'Amérique latine à conserver des relations diplomatiques avec Cuba.
1968	Crise politique et émeutes à México; Jeux olympiques de México.
1985	Un séisme détruit une partie de la ville de México.
1988	Élection présidentielle. Carlos Salinas est élu dans des circonstances discutables avec 50,36% des suffrages émis par 9 millions d'électeurs sur 38 millions inscrits.
1992	Le Mexique signe l'ALÉNA, qui établit l'union commerciale avec le Canada et les États-Unis.
1993	Salinas renoue les relations diplomatiques avec le Vatican, interrompues depuis la Révolution.
1994	La rébellion zapatiste, sous la houlette du sous-commandant Marcos, éclate dans le Chiapas et met en évidence l'instabilité du gouvernement et l'inégalité des conditions des Mexicains; Luis Donaldo Colosio, candidat du PRI à la présidence, est assassiné en pleine campagne électorale et, peu après, Francisco

Histoire 23

Portrait

Ruiz Massieu, secrétaire général du
parti et beau-frère du président
Salinas, subit le même sort; Ernesto
Zedillo est élu à la suite d'une grave
crise au sein du parti officiel (PRI);
nouvelle dévaluation du peso.

1999   Le président Zedillo accueille Jean-
Paul II; celui-ci rencontre 3 millions
de fidèles lors d'une messe organisée
dans un stade à México.

2000   Le chef de l'opposition de droite,
Vicente Fox, remporte l'élection
présidentielle.

alors capitale du royaume
de la Nouvelle-Galice (nom
de la province occidentale
du Mexique d'alors), la ville
fut attaquée sans cesse par
les Amérindiens de la ré-
gion. Obligés par les cir-
constances, les Espagnols
durent la déplacer trois fois
avant de trouver son emplacement définitif. Enfin, ils la
fondèrent au milieu de la
vallée, sur la rive occidentale du Río de San Juan de
Dios, le 14 février 1542. Des
événement liés à
l'établissement d'un diocèse
favorisèrent l'avenir de la
nouvelle ville. En 1546, le
premier évêque de la
Nouvelle-Galice, monsei-
gneur Pedro Gómez Mara-
ver, devait se rendre dans la

capitale. Chemin faisant, il
passa par Guadalajara.
Trouvant Compostela dans
un état lamentable, il refusa
d'y établir sa résidence et
demanda au roi d'Espagne
de transférer la capitale de
la Nouvelle-Galice à Guadalajara. La demande accep-
tée, la ville se développa
lentement. Deux siècles
après sa fondation, elle
comptait environ 8 018 Espagnols, créoles, métis et
mulâtres fidèles à l'église
catholique, sans compter les
Amérindiens.

L'établissement du port de
San Blas sur la côte du Pacifique en 1778 fut un atout
pour la Nouvelle-Galice.
Cette ouverture lui donnait

l'accès à la richissime voie commerciale qui se développait dans le bassin du Pacifique depuis le XVIe siècle. Suivant la *ruta de los galeones*, la célèbre *nao de China*, nef de Chine, partait de la rade de Manille (Philippines) pour la Nouvelle-Espagne, chargée de marchandises : de l'or et des bijoux, de la cannelle et du poivre, de la soie et des porcelaines chinoises, de l'ivoire taillé d'Inde...

Pendant les derniers 20 ans de la période coloniale, une série d'événements contribuèrent d'une manière importante au prestige et à la grandeur de Guadalajara. L'Hôpital Civil fut construit grâce au dévouement de Fray Antonio Alcalde y Barriga, évêque de 1771 à 1792. D'un esprit très vertueux et social, ce noble dominicain surpassa son rôle ecclésiastique et créa des infrastructures d'utilité publique pour les habitants de la ville. Il fit même construire des logements populaires à ses propres frais. Son influence fut décisive pour que le roi Charles IV octroie la charte créant la Real Universidad de Guadalajara. Outre ces faits, le Palacio de la Audiencia, détruit par un séisme, fut reconstruit, et l'imprimerie fit son apparition dans la ville. Le Real Consulado de Comercio (la chambre de commerce) fut créé, mettant

ainsi fin au monopole exercé par celui de México pendant 200 ans. De cette même époque date le magnifique joyau de l'architecture néoclassique qu'est la Casa de la Misericordia, aujourd'hui l'Hospicio Cabañas.

Indépendance

La Nouvelle-Espagne et la Nouvelle-Galice de surcroît connurent une stabilité relative après sa fondation. Mais vers la fin du XVIIIe siècle, la vague de doctrines libérales européennes commença à faire sentir son influence parmi les créoles mécontents, rêveurs de liberté, d'égalité et de fraternité. Le terrain ainsi préparé, l'invasion de l'Espagne par Napoléon déclencha des querelles intestines et c'est dans ce contexte qu'un prêtre illustre, Padre Miguel Hidalgo, donna le signal de la guerre d'Indépendance le 16 septembre 1810.

En moins d'un mois, Guadalajara était aux mains des insurgés, qui établirent un gouvernement indépendant et accueillirent le Padre Hidalgo. Peu avant Noël de cette même année 1810 parut le premier journal des insurgés, *El Despertador Americano* (le réveil américain). Pourtant, un mois plus tard, les troupes royalistes assiégèrent la ville de nouveau. Ce n'est que le 13 juin 1821, dans le faubourg de Tlaquepaque, que l'indépendance de la Nouvelle-Galice fut proclamée. Le général vainqueur Iturbide se fit couronner Agustín I, empereur de tous les Mexicains. Malheureusement pour celui-ci, son règne fut bref puisqu'en 1823 les autorités de Guadalajara établirent l'État libre de Jalisco, une année même avant la première constitution de la République.

Industrialisation

Interrompant une tradition administrative, commerciale et agricole vieille de trois siècles, l'ouverture des premières fabriques de textiles vers 1840 marqua le début de l'industrialisation de Guadalajara. L'immigration de paysans avait augmenté le nombre d'habitants à 68 000 en 1856 et la première compagnie de tramways fut créée peu après. La vie culturelle fut rehaussée par la construction du théâtre Degollado, inspiré du célèbre théâtre de la Scala de Milan.

Sous la stabilité politique du régime de Porfirio Díaz (1876-1910), les relations diplomatiques avec la France furent renouées. L'essor économique se répandit dans tout le pays et la London Bank of Mexico and South America ouvrit une succursale dans la ville. La voie ferrée reliant Guadalajara et México fut inaugurée en 1888, et, 20 ans après, la ligne fut étendue jusqu'au port de Manzanillo. En consolidant ainsi le rôle dominant de la ville dans l'important commerce de la région du Pacifique, le chemin de fer fit de Guadalajara la véritable métropole de l'ouest du Mexique. C'est pendant cette période que le visage de la ville s'embellit. La volonté de faire de la «perle de l'Occident» la ville la plus belle du pays motiva la construction de nombreux édifices et demeures élégantes de style Belle Époque, dont il reste plusieurs exemples sur l'Avenida Vallarta et aux alentours.

Trouvant peu de sympathisants à Guadalajara, la Révolution mexicaine (1910-1917) y passa sans susciter de grands bouleversements. La structure sociale ne subit pas de grands changements et la vie continua pratiquement comme avant. Pourtant, l'instruction publique et le syndicalisme bénéficièrent de l'influence révolutionnaire. Dans les années suivantes, l'université, fermée depuis 1826, fut rouverte, l'Orchestre symphonique de Guadalajara fut créé, ainsi qu'un zoo dans le parc Agua Azul. La ville s'étendit aux quatre points cardinaux et bientôt

L'intervention française

En 1848, à la suite d'une guerre menée contre les États-Unis, le Mexique perd plus de la moitié de son territoire. L'expansion de cette puissante république anglo-saxonne en inquiète plusieurs, dont la France de Napoléon III. L'empereur français désire alors contrebalancer les forces étasuniennes par un empire latin en Amérique. Trouvant comme prétexte la suspension du paiement de la dette extérieure décrétée par le président Juárez dont la France était créancière, il envoie la flotte française à Veracruz à la fin de 1861. Bien que les Mexicains remportent brillamment la célèbre bataille de Puebla du 5 mai, les troupes françaises entrèrent dans México en 1863, puis à Guadalajara en janvier de l'année suivante. Napoléon III assit donc son autorité sur le continent américain en plaçant un prince catholique à la tête du nouvel empire, l'archiduc d'Autriche Maximilien Habsbourg, et son épouse, Marie-Charlotte, princesse de Belgique.

Pourtant, le nouveau régime est de courte durée. Bientôt, la fin de la guerre de Sécession permet aux États-Unis d'aider Benito Juárez à reprendre le pouvoir. Sous la pression des Étasuniens et par un désir grandissant de consolider sa position en Europe, Napoléon III rappelle ses troupes. Ses appuis européens retirés, l'infortuné Maximilien est jugé coupable puis fusillé.

les nouveaux quartiers côtoyaient les faubourgs de Zapopan et Tlaquepaque.

Bien qu'un effort de modernisation mal mené eût initialement comme résultat la destruction d'une partie du patrimoine urbain, Guadalajara est aujourd'hui une belle métropole dont l'âme attire des visiteurs du monde entier.

Politique

Les deux personnages politiques mexicains modernes les plus connus sont certainement Zapata et Pancho Villa, surnommé par plusieurs le «Robin des bois mexicain». Ces deux hommes pittoresques incarnent l'image populaire de la Révolution mexicaine, qui éclata en 1910 et dura sept ans. Cette période violente est évoquée dans beaucoup de chansons d'un style propre, les *corridos de la revolución*.

Neuf ans après la Révolution, les mesures anticléricales prises par le gouvernement gênent les couches conservatrices de la société. Une nouvelle rébellion, la *revolución cristera*, se déclenche dans l'ouest du pays. Témoignant des idées socialistes en vogue à cette époque, un système de parti unique est mis en place en 1929. Le PRI (Partido Revolucionario Institucional) fournit depuis lors tous les présidents du Mexique jusqu'à Ernesto Zedillo. Bien que l'exclusion du pouvoir de tout autre parti ait été déterminant jusqu'aux dernières 15 années, ce système a donné au pays la stabilité nécessaire pour son développement, ce qui est peu fréquent en Amérique latine.

Mais depuis 1985, le système montre des signes de faiblesse. Après des années de relative prospérité, la crise économique déclenchée en 1982 par la chute des prix internationaux du pétrole politisa un ample secteur de la population habituellement apolitique. En plus, la rigidité du système ne correspond plus à la réalité. Ainsi, dans un grand abstentionnisme (9 millions de voix sur 38 millions inscrits), Carlos Salinas est élu en 1988 avec 50,36% des suffrages. Cherchant l'approbation de ses concitoyens, il lance *Solidaridad*, un programme ambitieux d'œuvres sociales, et entame des relations diplomatiques avec le Vatican.

Mais le premier jour de l'an 1994, une révolte dans l'État de Chiapas, le plus pauvre du pays, secoue le Mexique et fait la une de la presse internationale. Menée par une armée autonome dirigée par le sous-commandant Marcos, la rébellion dénonce la corruption et la misère des Amérindiens dans cette région isolée sur la frontière sud. Malheureusement, malgré certains progrès d'ordre social, le problème reste toujours sans solution satisfaisante.

La situation est aggravée par des crimes politiques attribués au cercle intime de Salinas. Des querelles internes mènent à l'assassinat, en 1985, de Luis Donaldo Colosio, candidat du PRI à la présidence, et, quelques mois après, de Francisco Ruiz Massieu, secrétaire général du PRI. En 1996, le frère aîné de l'ancien président Carlos Salinas est emprisonné pour corruption et trafic de drogue.

Actuellement, malgré l'existence de neuf partis, la vie politique au Mexique se polarise autour de trois partis : le PRI, centre gauche, maintenant affaibli; le PAN (Partido Acción Nacional), la puissante droite, parti très influencé par l'Église catholique; et le PRD (Partido de la Revolución Democrática), qui noyaute les tendances, de plus en plus populaires, de la gauche.

À l'élection présidentielle de l'an 2000, les Mexicains ont écrit une nouvelle page de leur histoire politique. Le chef du PAN, Vicente Fox, a remporté l'élection, ce qui mis un terme à 71 ans de domination du Parti révolutionnaire institutionnel (PRI) au pays. Fox a obtenu 43% des voix contre 36% pour le candidat du PRI, Francisco Labastida. Le nouveau président a promis de mettre fin à la corruption, de relancer l'économie et d'investir en éducation. Malgré de nombreuses allégations de fraude, ces élections sont perçues comme les plus démocratiques de l'histoire du Mexique.

Les Mexicains, plus conscients de leur rôle dans le contexte latino-américain, sont maintenant, plus que jamais, très attentifs à leur avenir au XIXe siècle.

Économie

Dans l'ensemble latino-américain, le Mexique partage aujourd'hui avec le Brésil et l'Argentine le premier rang sur le plan économique. Après une assez longue période de transition d'une économie basée sur l'agriculture et l'activité minière vers une organisation plus moderne, le Mexique connaît une expansion industrielle dynamique à partir des années cinquante. Son essor est encore rehaussé 20 ans après par la découverte sur son territoire de gisements pétrolifères, accompagnée de l'augmentation spectaculaire des prix sur les marchés internationaux. L'économie connaît une croissance importante, mais le miracle ne dure pas très longtemps. Bientôt la chute dramatique des prix fait disparaître ce mirage de richesses inépuisables. De plus, le Mexique ne réussit pas à diversifier son économie. Marqué par des dévaluations, une inflation galopante et une dette extérieure hors de proportion, le pays subit en 1982 sa pire crise depuis la Révolution.

Pourtant le peso et la main-d'œuvre bon marché produisent un effet favorable sur deux secteurs : le tourisme et l'industrie manufacturière. Cherchant à stabiliser la situation et contrairement aux tendances commerciales de l'époque, le Mexique entame une politique protectionniste visant à favoriser l'industrie nationale. Mais prise au piège d'une infrastructure industrielle vieillie, d'une agriculture subventionnée peu productive et d'un système bancaire nationalisé, voire bureaucratisé, la nation glisse dans le marasme économique.

Faisant un virage de 180° en 1992, le président Salinas négocie l'entrée du pays dans l'ALÉNA (Accord de libre-échange nord-américain). Mais le Mexique n'est pas préparé à participer au commerce international à titre égalitaire avec ses partenaires canadien et étasunien. La volonté d'accéder au lucratif marché nord-américain ne suffit pas à épargner au Mexique une nouvelle dévaluation en 1995. À l'heure actuelle, avec les avatars de l'économie mondiale globalisée, la récupération se fait lentement. En parité de pouvoir d'achat, le PIB par habitant se situe à 8 370$, évidemment beaucoup plus bas que celui de ses partenaires nord-américains. Pourtant,

le Mexique est à la tête des économies latino-américaines et est souvent considéré comme un exemple pour les pays en voie de développement.

La stabilité du peso, la fin de l'hégémonie du PRI et une croissance annuelle de 4,5%, la meilleure en Amérique latine, permettent d'espérer le meilleur. Guadalajara n'est pas en reste. La Silicon Valley du Sud emploie aujourd'hui 70 000 personnes en électronique. La région a exporté pour 10 milliards de produits électroniques l'an dernier et est en train de supplanter l'Asie à titre de principal fournisseur des États-Unis.

Population

Avec environ 95 millions d'habitants (48 hab./km^2), le Mexique est le deuxième pays le plus peuplé de l'Amérique latine (après le Brésil). Après une explosion démographique qui a commencé dans les années soixante, le taux de croissance de la population se situe actuellement à 1,8% par an. Contrairement aux autres pays de l'Amérique du Nord, plus de la moitié des Mexicains ont moins de 20 ans. Dans ce jeune pays, 28% des habitants vivent en milieu rural et l'analphabétisme touche 12% de la population. La zone métropolitaine de Guadalajara compte quant à elle 6 millions d'habitants.

La composition de la société est très particulière. Les Amérindiens, descendants directs des peuples précolombiens, constituent à peu près 15% de la population. Ces ethnies habitent princi-

Les *tapatíos*

Au Mexique, les habitants de la ville de Guadalajara sont surnommés communément *tapatíos*. Ce terme patronymique provient du mot *tapatíotl*, qui, en nahuatl (la langue des Aztèques), exprime le «concept de trois» dans les échanges au troc. À l'époque précolombienne, les Amérindiens de la région faisaient du commerce par ce système triangulaire. Après la Conquête, ils fabriquèrent de petits sacs en cuir contenant trois graines de cacao, en guise de monnaie, appelés *tapatíotl*. Avec le temps, le mot est devenu *tapatío*, et, par association avec les commerçants de Guadalajara, le terme en est venu à désigner ses habitants.

palement les régions rurales du sud du pays, où elles conservent leur langue et leurs traditions. (Le nahuatl, la langue aztèque, est encore parlé par 1 200 000 de personnes). La majorité des Mexicains sont des métis (Espagnols-Amérindiens), à peu près à 75%. Les 10% restants sont surtout composés de descendants d'autres nationalités européennes.

Les Mexicains possèdent les traits de caractère propres aux peuples latins. En général, ils sont chaleureux et hospitaliers. Fiers de leur folklore, ils s'amusent facilement et n'ont pas besoin de prétexte pour faire la fête. Vous constaterez qu'ils apprécient les visiteurs francophones. Dans la mesure où ils perçoivent que le sentiment est réciproque, leur sympathie à votre égard augmentera sensiblement.

Architecture

Construites par des civilisations très évoluées, les pyramides du Mexique précolombien ne cessent de susciter l'admiration des visiteurs venus des quatre coins du monde pour les voir. Ces structures colossales, aux formes géométriques et aux escaliers monumentaux, sont plus nombreuses dans le centre et le sud du pays. Dans la région de Guadalajara, le centre cérémoniel El Iztépete constitue un modeste exemple de cette splendide tradition caractéristique des anciens Mexicains.

Images égarées de la Renaissance, les villes de la Nouvelle-Espagne se construisent autour d'une Plaza Mayor, la cathédrale côtoyant le palais du gouverneur. Les rues sont tracées en échiquier. En même temps, de nombreux monastères d'un baroque aux réminiscences gothiques et mauresques couvrent les paysages de la nouvelle colonie.

Dans les siècles suivants, les richesses produites par les mines d'or et d'argent se reflètent dans l'architecture. C'est le baroque devenu rococo qui règne sur la Nouvelle-Espagne. Le décor des bâtiments devient de plus en plus élaboré. L'église de Santa Mónica à Guadalajara, avec des anges en relief et des grappes de raisins sculptés sur sa façade, est, avec le Palacio de Gobierno, l'une des plus belles constructions de ce style.

En Europe, à la fin du XVIIIᵉ siècle, l'illustration crée une nouvelle vision de la vie qui ne tarde pas à traverser l'Atlantique. Le goût pour un décor exubérant ne correspond plus aux idées de modernité. Ainsi, un nouveau style, le néoclassique, annonce l'avènement d'un changement radical. C'est le triomphe de la raison, de la simplicité. Les architectes s'inspirent de l'Antiquité. Les anges et les fleurs disparaissent des façades du jour au lendemain. Ainsi, des colonnes et des frontons gréco-romains embellissent les constructions de l'époque. Envoyé par le roi d'Espagne, l'architecte Manuel Tolsá construit à México le Palacio de Minería, le plus beau monument de l'art néoclassique d'Amérique, à México. Après cette prouesse, il construit le célèbre Hospicio Cabañas à Guadalajara. Cet élégant édifice, souvent comparé à l'Escorial, est devenu l'un des symboles de la ville.

Après l'indépendance (1821), l'instabilité du pays ne favorise pas la construction de prestigieux édifices. Au contraire, nombre de monuments baroques sont démolis ou modifiés. Des œuvres sans goût sont bâties au nom d'une modernité mal comprise. Pourtant, une magnifique création de style néoclassique tardif, inspirée du célèbre théâtre de la Scala de Milan, le Teatro Degollado, à Guadalajara, constitue une remarquable exception.

Le style Belle Époque, importé d'Europe, jouit de la préférence de la bourgeoisie de la fin du XIXᵉ siècle, comme en témoignent les demeures construites pendant ces années. La Rectoría de l'université de Guadalajara, inspirée du Palacio de Bellas Artes à México, est un splendide exemple de bâtiment public construit dans ce style.

Le XXᵉ siècle se caractérise par une variété de styles dont aucune s'imposera. De nouvelles tendances, tels l'Art déco, le néogothique et le néocolonial, ainsi que des formes ultra-modernes, montrent la recherche d'une esthétique propre au Mexique actuel.

Luis Barragán, un des plus importants architectes mexicains, est né à Guadalajara en 1902. Influencé par le style révolutionnaire du Bauhaus (mouvement moderniste allemand), il construit de nombreuses maisons dans la ville. Ses œuvres reflètent des éléments de l'architecture populaire

Les vieilles haciendas

Les haciendas des riches propriétaires terriens peuplaient autrefois l'État de Jalisco. Avec l'indépendance du Mexique de 1810, les propriétaires commencèrent à perdre de leur pouvoir, et leurs terres furent redistribuées. Aujourd'hui, nombre de ces haciendas, vieilles de plus de 300 ans, ont été conservées en bon état et il est toujours possible de les visiter. Sur la route de Tequila, le village d'Amatitán conserve un bel exemple d'une vieille hacienda : l'**Hacienda de San José del Refugio**, qui loge depuis 1870 une distillerie de Tequila à l'ancienne. À Tequila, la magnifique **Hacienda de San Martín** (*pour s'y rendre, prendre l'autoroute 15 au nord de Tequila et, à précisément 2 km, prendre la déviation en direction du parc aquatique La Toma. Sur celle-ci, prendre la troisième route à gauche qui vous mènera à l'hacienda*), qui date du XVIIᵉ siècle, est l'une des plus belles de l'État.

de la région du Jalisco, incorporés dans les lignes simples et fonctionnelles du style en vogue pendant les années trente. Il devient une célébrité nationale en créant les Jardines del Pedregal, un élégant quartier résidentiel ultramoderne, bâti sur une couche de lave au sud de la ville de México. Ce concept urbanistique, harmonisant le paysage volcanique avec la construction, demeure unique au monde.

Arts

Peinture

Déjà à l'ère précolombienne, de magnifiques fresques fortement colorées ornaient les temples et les palais du Mexique. Encore aujourd'hui, il est possible d'en admirer à Teotihuacán, Cacaxtla et Bonampak, parmi d'autres sites archéologiques. Cette tradition était si forte encore au XVIe siècle que les artisans autochtones évangélisés persistaient à tracer des motifs amérindiens sur les murs de monastères construits à cette époque. Les deux siècles suivants reflètent les goûts en vogue dans la mère patrie. Bientôt le baroque rayonne dans la Nouvelle-Espagne. Des tableaux pleins de mouvement et de fantaisie embellissent les

murs des églises et des cloîtres. Miguel Cabrera (1695-1768) figure parmi les plus célèbres maîtres du baroque *novo* espagnol.

Après l'indépendance, en 1821, le Nouveau Monde prend ses distances avec l'Europe. Le Mexique se retourne sur lui-même et commence à découvrir ses propres richesses. Pour la première fois, des thèmes mexicains apparaissent dans la peinture. Pourtant, c'est toujours l'influence européenne, le romantisme cette fois-ci, qui domine les arts plastiques au XIXe siècle. Ce n'est qu'à l'avènement de la Révolution (1910-1917) qu'un mouvement nettement mexicain voit le jour : le muralisme.

Refusant toute influence européenne, des artistes fortement marqués par la Révolution décrivent l'histoire de la nation mexicaine en synthétisant ses trois périodes : précolombienne, coloniale et moderne. La vigueur du trait ainsi que l'abondance des symboles et des compositions chargées de connotations politiques caractérisent les superbes fresques des trois grands du mouvement muraliste : José Clemente Orozco (1883-1949), Diego Rivera (1886-1957) et David Alfaro Siqueiros (1896-1974). Leurs œuvres aux couleurs éclatantes cou-

Quelques peintres de la région de Guadalajara

José María Estrada (1810-1862) est représentatif des peintres du XIXe siècle, un peu moins académiques, mais dont la spontanéité des portraits révèle une certaine naïveté.

Dr. Atl, né **Gerardo Murillo** (1876-1964), un passionné des volcans, est le premier à concevoir une vision moderne du paysage mexicain. En simplifiant les formes de la nature et en décrivant une perspective en lignes courbes, il est le créateur du synthétisme.

José Clemente Orozco (1883-1949), le premier des grands du muralisme, harmonise le mouvement coloré avec des formes et des anatomies qui intensifient la douleur humaine. Parmi ses œuvres réalisées au Mexique, les fresques de l'Instituto Cabañas (voir p 88) à Guadalajara sont impressionnantes.

vrent plusieurs bâtiments publics au Mexique, en Amérique du Sud et aux États-Unis.

Le peintre d'origine amérindienne Rufino Tamayo (1899-1991) est considéré comme le maître de l'art moderne mexicain. Loin des teintes politiques des muralistes, il incorpore des éléments de l'art populaire mexicain dans des formes contemporaines, notamment le cubisme. Son *Prométhée*, réalisé sur un mur de l'Unesco à Paris, est un magnifique exemple de l'œuvre de cet artiste universel.

Musique

Malgré le voisinage des États-Unis et la croissante américanisation de la société mexicaine, le Mexique ne cesse de créer et de renouveler sa propre musique. En fait, les diffuseurs de la radio mexicaine émettent moins de musique des

États-Unis qu'au Canada ou que dans beaucoup de pays européens.

Les mariachis, ces sympathiques musiciens revêtus de costumes typiques et coiffés d'un énorme chapeau mexicain, sont connus dans le monde entier. Ils font partie du folklore vivant du Mexique et se produisent aussi bien dans les fêtes de famille que dans les boîtes de nuit. Ils constituent le cœur de la *canción ranchera*, un genre interprété par toute une gamme de chanteurs et chanteuses très appréciés des Mexicains. Le riche folklore mexicain a été même la source d'inspiration de nombre de compositeurs de musique classique contemporaine. Ainsi, dans *Sones de mariachi*, poème symphonique de Blas Galindo, et dans *Huapango* de Pablo Moncayo, on reconnaît des airs de la tradition populaire.

Voici un résumé des différents styles de musique proprement mexicains que vous pourrez entendre pendant votre séjour à Guadalajara :

Ranchera

Air chanté accompagné de mariachis et des cris passionnés d'*aï, aï, aï,* ce style mélancolique et fataliste est l'expression la plus populaire du peuple mexicain.

Vicente Fernández est actuellement le plus apprécié des chanteurs de *música ranchera.*

Salsa

Rythme par excellence de la musique latino-américaine qui fait danser le monde entier.

Rock latino

Carlos Santana, né dans un village près de Guadalajara, est le premier rockeur mexicain connu sur la scène internationale. Actuellement, c'est Maná (groupe de Guadalajara) qui a la préférence du jeune public mexicain et latino-américain. Maná a remporté le prix du meilleur groupe nonanglophone aux Grammys de 1999.

Romántica

Particulièrement appréciée des Mexicains et des Latino-Américains, la *música romántica* est pleine de sentiments d'amour et de souffrance. Introduit pendant les années cinquante, ce genre est devenu un pilier de la chanson mexicaine. La *música romántica* est interprétée surtout par des trios, dont le légendaire Trio los Panchos, et des baladistes, comme José-José, Luis Miguel et la Péruvienne Tania Libertad.

Portrait

Quelques compositeurs de la région de Guadalajara

José Rolón (1883-1945), élève de Paul Dukas et de Nadia Boulanger, est l'auteur de poèmes symphoniques et de concerts pour piano.

Blas Galindo (1910-), prolifique compositeur, a écrit sept ballets, plusieurs symphonies, des concerts pour piano et un vaste répertoire de musique de chambre.

José Pablo Moncayo (1912-1958), un des plus grands compositeurs mexicains, est apprécié pour ses créations d'inspiration populaire, ainsi que pour son opéra *La mulata de Córdoba*.

Hermilo Hernández (1931-) a composé des symphonies, des pièces pour piano, etc. Il est connu surtout pour sa sonate pour violon et piano.

Autóctona

Les tambours, les flûtes, les trompettes fabriquées avec des conques et d'autres instruments précolombiens résonnent aux rythmes des anciens Mexicains. Cette musique si originale accompagne très souvent des groupes de danseurs pendant les fêtes populaires traditionnelles.

Norteña

Ce style est né dans le nord du pays. Caractérisée par l'accordéon et des voix chantantes assez nasillardes, la *música norteña* est populaire dans tout le pays. C'est le style des Tigres del Norte et de Los Tucanes de Tijuana.

Banda

Les ensembles de *banda* sont composés principalement de cuivres stridents. Ce phénomène musical a pratiquement envahi la musique populaire mexicaine depuis les dernières 10 années. Le style est très influencé par la musique *norteña* et aussi par les rythmes de salsa. La Banda Machos (d'un village près de Guadalajara) est peut-être le groupe le plus populaire de ce style.

Classique

Horacio Franco, virtuose de la flûte baroque, est le meilleur interprète de la musique classique de la période coloniale. Carlos Chávez et Manuel M. Ponce sont, quant à eux, d'importants compositeurs de musique classique mexicaine.

Folklórica

Cette musique est interprétée avec des instruments typiques et dans un style propre à chaque région : la harpe à Veracruz, le marimba au Chiapas et dans l'Oaxaca, l'accordéon dans le Nord-Est.

Littérature

La littérature mexicaine commence bien avant l'arrivée des Espagnols. Les anciens habitants du pays avaient développé un système de pictogrammes et d'idéogrammes qu'ils écrivaient sur de l'*ámatl* (l'écorce d'un arbre). Parfois ils écrivaient sur de la peau d'animaux. De leur vaste littérature, deux œuvres, parmi d'autres, ont échappé à la destruction : *Popol Vuh*,

la Genèse maya, et la poésie du roi aztèque Netzahualcóyotl. Ce noble monarque et poète s'étonnait de la fugacité de la vie. Ses poèmes, traduits en espagnol au XVIᵉ siècle, sont étudiés encore aujourd'hui par les écoliers mexicains.

Avec l'arrivée des Espagnols, une importante littérature décrivant la Conquête se développa. La vie des Amérindiens, totalement inconnue des Européens, passionnait les chroniqueurs de cette époque. *La Historia Verdadera de la conquista de México* de Bernal Díaz del Castillo, un des capitaines de Cortés, en est un précieux exemple.

La littérature de la Nouvelle-Espagne se développe ensuite comme un reflet de celle de la mère patrie. Le théâtre est marqué par le dramaturge créole Juan Ruiz de Alarcón, auteur de 26 comédies dont, selon certains critiques, une aurait influencé Corneille. La poésie baroque atteint son plein épanouissement au XVIIᵉ siècle sous la plume de Sor Juana Inés de la Cruz, une religieuse considérée comme la meilleure poète de la période coloniale.

Au début du XIXᵉ siècle, l'effervescence indépendantiste est au cœur des lettres mexicaines. Pourtant, un nouvel esprit venu toujours d'Europe, le romantisme, domine les arts et la littérature. Parmi les romantiques, Ignacio Manuel Altamirano est peut-être le plus éloquent. Au cours de cette période, les couleurs, les odeurs et les paysages du Mexique trouvent enfin leur expression. Le goût pour tout ce qui est mexicain se développe et devient même un besoin. Le Mexique indépendant, en recherchant son identité, crée un style propre, *el costumbrismo* (le roman de mœurs). Dans des descriptions pittoresques, Manuel Payno nous présente d'imposants paysages animés par le petit peuple mexicain qui défile à travers son chef-d'œuvre *Los bandidos de Río Frío*. Un autre écrivain, Ángel De Campo, situe ses personnages dans un faubourg de México. Parallèlement à l'épanouissement de la

Quelques écrivains de la région de Guadalajara

Parmi ses attributs, Guadalajara est connue comme le berceau de nombreux hommes de lettres qui ont fortement marqué la littérature mexicaine. Vous pourrez lire les œuvres de plusieurs écrivains de la région dans leur traduction en français :

Agustín Yáñez (1904-1979) cherche les causes des changements dans le pays en décrivant la vie austère et routinière des villages isolés, en marge du progrès. À travers un monologue intérieur, il révèle les désirs et les craintes d'un peuple déchiré entre la religiosité et le péché.

Juan Rulfo (1918-1986) est le créateur du réalisme magique. Il crée des personnages d'un milieux rural, épuisé par leur indécision entre la mort et la vie.

Juan José Arreola (1918-), en évoquant son enfance et le petit monde de son village, a un style ironique et érudit qui dépasse le roman de mœurs.

prose, une pléiade de poètes écrit pour le plaisir d'un peuple qui se réveille, dont Amado N. et Manuel Gutiérrez Nájera. L'helléniste Alfonso Reyes cultive la poésie, le théâtre et l'essai dans une optique universaliste.

En 1910, la Révolution bouleverse le pays et fait son entrée dans la vie intellectuelle. *La novela de la revolución* (Le roman de la révolution) marque les débuts de la littérature mexicaine contemporaine. Le premier grand écrivain de ce style, Mariano Azuela, publie *Los de abajo* (Ceux d'en bas), le récit aigu d'une famille de dépossédés pleine d'espoir et entraînée dans la violence de ce mouvement armé. Martín Luis Guzmán montre la lutte pour le pouvoir disputé par les anciens chefs révolutionnaires installés au gouvernement à la suite de cette rébellion.

Un peu avant la Seconde Guerre mondiale, une nouvelle tendance apparaît. Toute une génération d'écrivains diplomates cherche à comprendre les paradoxes du Mexique moderne. Ainsi, Octavio Paz, né en 1914 et ambassadeur en Inde en 1968, écrit des poèmes et des essais qui influenceront fortement les générations suivantes. Il reçoit le prix Nobel de littérature en 1990 pour l'en-

semble de son œuvre. Carlos Fuentes (ambassadeur à Paris de 1975 à 1978, héritier des préoccupations de Paz, est le plus traduit des écrivains mexicains. Considéré comme un des plus importants hommes de lettres latino-américains, il bouleverse les milieux littéraires du pays en publiant *La región más transparente* (La région la plus limpide) en 1958, un roman témoignant du mépris pour la civilisation néocapitaliste. Plus récemment, Fernando Del Paso (conseiller culturel, puis consul à l'ambassade du Mexique à Paris dans les années quatre-vingt) présente l'image complexe du Mexicain actuel.

Cinéma

En 1896, à peine un an après la première parisienne de films tel que *L'arroseur arrosé* et *L'arrivée d'un train*, ces œuvres légendaires font leurs débuts mexicains, d'abord à México et ensuite à Guadalajara. À cette occasion, Bernard et Vayre, deux Français envoyés par les frères Lumière pour la première mexicaine, filment le général Porfirio Díaz dans ses fonctions de président de la république, ainsi que quelques scènes de la capitale et de Guadalajara – les premières prises de vues au pays. Un an plus tard, Salvador Toscano achète un appareil Lumière et se donne pour mission de filmer la vie et l'histoire du pays en 50 000 m de documents passionnants. Ce matériel précieux est réédité dans un montage présenté au grand public en 1954 sous le titre *Memorias de un Mexicano* (Mémoires d'un Mexicain). Au même moment, le Français Charles Montgrand s'installe à Guadalajara, où il organise des saisons de cinéma au Théâtre Degollado. La première salle cinématographique ouvre ses portes dans cette ville en 1906.

Source d'inspiration inépuisable, la Révolution (1910-1917) est la première à être immortalisée sur pellicule. La compagnie américaine Mutual Film Corporation propose au chef révolutionnaire Pancho Villa d'acheter les droits d'exclusivité pour le tournage de son mouvement armé afin de réaliser un film sensationnaliste. Comme cet enjeu permettrait à Villa de financer ses campagnes, il signe un contrat d'un montant de 25 000$. Il doit alors mener les batailles à la lumière du jour, refaire les prises dont la réalisation est défectueuse, porter un uniforme confectionné par la compagnie et, bien sûr, respecter les propriétés des citoyens américains au Mexique.

Ainsi, en 1914, à New York, *The Life of the General* (La Vie du Général) présente l'image d'un héros généreux qui donne aux pauvres ce qu'il vole aux riches. À la fin du film, il devient président du Mexique. Mais hélas, le *happy end* ne se produit pas dans la vie réelle. Les Américains, soucieux de leurs intérêts au sud de la frontière, doutent de la probité de leur nouvel allié. Ils décident, malgré l'entente, que Pancho Villa est très dangereux. À leurs yeux, ce noble «Robin des bois» latino n'est qu'un vil assassin avide de sang, qui tue ses victimes sans pitié. Un deuxième film est ainsi monté et notre héros se fait une mauvaise renommée. Bref, les Américains se débarrassent de lui. À la suite d'un incident à la frontière, Pancho Villa est pourchassé en vain par l'armée américaine à travers les montagnes du Chihuahua.

De 1916 à 1925, le cinéma mexicain connaît son premier essor. Fortement influencé par les drames italiens, Azteca Films produit des films commerciaux parfumés de sentimentalisme. Pourtant, *El automóvil gris* (L'Automobile grise) d'Enrique Rosas et Joaquín Coss (1919) échappe aux tendances de la grande vogue. En retraçant les crimes d'une bande de voleurs de México, ils dévoilent les bas-fonds de la capitale, insoupçonnés à l'époque, en un reflet sociologique précieux.

Santa (Sainte) d'Antonio Moreno (1931) marque l'avènement du cinéma parlé et le début de mélodrames d'un autre type : la fille de bonnes mœurs séduite par un beau parleur et jetée dans la perdition. À cette même époque, le célèbre cinéaste soviétique Sergueï Eisenstein arrive au pays pour le tournage de *¡Qué viva México!* (Vive le Mexique!), une vision marxiste de la vie au pays avant la Révolution. Dans un style touchant d'une certaine authenticité, Fernando De Fuentes reprend l'inspiration révolutionnaire pour réaliser *El Compadre Mendoza* (Le Compère Mendoza) et *Vámonos con Pancho Villa* (Allons avec Pancho Villa). En 1936, il se lance dans un autre genre. Son film *Allá en el Rancho Grande* (Là-bas au Rancho Grande) est une *comedia ranchera* (comédie musicale située dans un paysage rural idéalisé où tout le monde chante, où les mariachis ne manquent pas, ni les très belles Mexicaines en costumes typiques). Le succès est immédiat dans tout le pays. Il fait ensuite les délices du public hispanophone aux États-Unis et attire l'attention au Festival de Venise.

Le cinéma mexicain atteint son âge d'or au cours des années quarante. La production augmente de 27 films par an en 1940 à 121 en 1950. Le Mexique devient le principal producteur de cinéma en langue espagnole. En 1947, *María Candelaria* remporte la palme d'or à Cannes. Ce film, dont l'histoire se passe chez les Amérindiens du lac de Xochimilco, est le chef-d'œuvre de l'équipe devenue classique, soit Fernández-Figueroa-Magdaleno. Les interprètes Dolores Del Río et Pedro Armendáriz figurent parmi les vedettes internationales, ainsi que María Félix, une artiste connue du public francophone pour son rôle dans *French Can-Can* de Jean Renoir.

Fidèles au style d'humeur caractéristique des Mexicains, les acteurs comiques sont particulièrement appréciés. C'est Mario Moreno «Cantinflas» qui aura le plus grand impact. Cet artiste populaire, surgi des tentes du théâtre comique ambulant, incarne l'image du type marginal de la ville de México. Maîtrisant un jargon ambigu truffé de mots à double sens, il agresse les bonzes de la vénérable langue de Cervantes. Depuis son premier grand succès, *Ahí está el detalle* (Voilà la nuance) de Juan Bustillo Oro (1949), ce

Charlot mexicain fascine le public. Son parler spontané est à l'origine de plusieurs expressions devenues courantes dans l'espagnol du Mexique. En 1957, il interprète le rôle de Passe-Partout dans la production américaine de *Around the world in 80 days* (Le Tour du monde en 80 jours).

En 1951, le jury du Festival de Cannes accorde le prix de la critique à *Los olvidados* (Les Oubliés), d'un Espagnol immigré au Mexique, Luis Buñuel. Mais l'âge d'or ne dure qu'un temps trop court. Des films à succès écrasent le marché et la production tombe à 46 réalisations par an en 1961. Malgré cette situation difficile, de jeunes cinéastes essaient de relancer un cinéma plus intéressant. *En este pueblo no hay ladrones* (Dans ce village il n'y a pas de voleurs) d'Alberto Isaac et *La fórmula secreta* (La Formule secrète) de Rubén Gámez constituent deux exceptions à la crise. Depuis ce temps, et après quelques productions d'une certaine valeur, le cinéma mexicain se renouvelle. En 1985, le premier festival annuel de cinéma mexicain est organisé à Guadalajara. Vers les années quatre-vingt-dix, une tendance représentative de l'actualité d'un pays en transformation attire un public mexicain de plus en plus avide de voir sa vraie image reflétée sur l'écran.

Renseignements généraux

L e présent chapitre a pour but de vous aider à préparer votre voyage à Guadalajara.

D e plus, vous y trouverez des renseignements touristiques et des conseils pratiques visant à vous familiariser avec les habitudes locales.

Formalités d'entrée

Passeport

Pour entrer au Mexique, les voyageurs doivent posséder un passeport valide. Bien qu'un certificat de naissance ou une carte d'identité avec photo ainsi que la possession d'un billet de retour suffisent pour les citoyens américains et canadiens, il est préférable de voyager avec son passeport. C'est le document de voyage le plus pratique, celui qui occasionne le moins de soucis. En règle générale, il est souhaitable que l'échéance de votre passeport excède d'au moins trois mois la date de votre départ. Dans le cas contraire, une preuve de

fonds suffisants pourrait être exigée ou, le cas échéant, un billet de retour. Pour la plupart des citoyens de l'Europe de l'Ouest ainsi que pour les Canadiens et les Américains, aucun visa n'est exigé. Pour les autres citoyens, il est conseillé de s'informer auprès du consulat le plus proche. Étant donné que les conditions d'accès au pays peuvent changer rapidement, il est prudent de les vérifier avant votre départ.

Il est recommandé de conserver une photocopie des pages principales de son passeport ainsi que d'en noter le numéro et la date d'émission. Dans l'éventualité où ce document serait perdu ou volé, il vous sera alors plus facile de vous en procurer un autre. Lorsqu'un tel incident survient, il faut s'adresser à l'ambassade ou au consulat de son pays (pour les adresses, voir plus loin) pour faire délivrer à nouveau un document équivalent.

Accès du territoire aux mineurs

Au Mexique, tous les individus de moins de 18 ans ont le statut de mineur. Les jeunes voyageurs de moins de 18 ans devront donc avoir en leur possession les pièces justificatives nécessaires pour entrer au pays. Ils devront fournir un document notarié ou certifié (juge de paix ou commissaire à l'assermentation), et ledit formulaire devra comporter la signature de chacun des deux parents ou, le cas échéant, celle des deux tuteurs officiels afin de dé

montrer clairement leur consentement.

Un mineur accompagné d'un seul de ses parents devra fournir sur demande un document – également notarié ou certifié – prouvant le consentement de l'autre parent et dûment signé par celui-ci.

Si un mineur voyage en compagnie d'un seul parent parce que l'autre parent est décédé ou tout simplement qu'il n'a qu'un seul parent reconnu légalement, ce mineur doit à cet effet être en possession d'une déclaration notariée ou certifiée par un juge de paix ou un commissaire à l'assermentation.

Les transporteurs aériens exigent que les adultes venus accueillir des mineurs non accompagnés de leurs parents ou d'un tuteur leur révèlent leur adresse et leur numéro de téléphone.

Formulaire de déclaration en douane et la carte de tourisme

Un formulaire de déclaration en douane vous sera remis dans l'avion par les agents de bord ou à la frontière par les agents des douanes. Il doit être obligatoirement rempli avant votre arrivée au Mexique. Lors

Tableau des distances (km/mi)
par le chemin le plus court

1 mille = 1,62 kilomètre
1 kilomètre = 0,62 mille

Exemple : la distance entre Guadalajara et México est de 546 km ou 339 mi.

	Tequila	Puerto Vallarta	Oaxaca	Monterrey	México	Manzanillo-Colima	Guanajuato	Guadalajara	Ciudad Guzmán	Chapala	Cancún	Acapulco
Acapulco											2056/1269	Acapulco
Cancún										2378/1468	697/430	Cancún
Chapala									162/100	2281/1408	535/330	Chapala
Ciudad Guzmán								132/82	50/31	2197/1362	934/579	Guadalajara
Guadalajara							230/143	416/257	319/197	2059/1271	761/470	Guanajuato
Guanajuato						580/358	230/143	164/101	326/201	2304/1422	497/307	Manzanillo-Colima
Manzanillo-Colima					580/378	368/227	546/339	687/424	590/364	1691/1044	695/429	México
México				854/527	857/529	578/357	786/487	693/428	596/368	2472/1526	1228/758	Monterrey
Monterrey			1346/831	492/304	1158/715	860/531	1000/620	1179/728	1082/668	1547/955	661/408	Oaxaca
Oaxaca		1395/861	909/561	902/557	256/158	632/390	352/218	420/259	377/233	2594/1601	753/465	Puerto Vallarta
Puerto Vallarta	285/176	1110/685	624/385	617/381	353/218	347/214	62/38	190/117	92/57	2309/1425	724/447	Tequila

©ULYSSE

de votre passage à la douane, un feuillet (qui est en fait la carte de tourisme) sur lequel figure votre date d'entrée vous sera remis gratuitement. Ce document permet à son détenteur de visiter le pays, et il est donc conseillé de le conserver sur soi durant toute la durée de son voyage. En outre, sachez qu'il s'agit d'un document important **qu'il vous faudra obligatoirement remettre à l'immigration mexicaine lors de votre sortie du pays**. Comme pour le passeport, il est conseillé de noter à part le numéro inscrit sur la carte de touriste, ce qui limitera les ennuis en cas de perte du document.

Taxe d'aéroport

Une taxe d'environ 14$US par passager s'applique à toute personne qui quitte le Mexique, mais, dans la grande majorité des cas, cette taxe est incluse dans le prix du billet d'avion.

Douane

On peut entrer au pays avec en sa possession 3 l de boissons alcoolisées, 400 cigarettes et des articles de parfumerie en quantité raisonnable pour son usage personnel. Il est bien sûr interdit d'importer de la drogue et des armes à feu. Pour les médicaments prescrits personnellement, il est prudent d'emporter l'ordonnance du médecin.

Accès à la ville

En avion

Du Canada

À ce jour, il n'existe pas de vol sans escale à destination de Guadalajara. Canadian Airlines a un vol régulier pour México, d'où vous pourrez prendre un des nombreux vols intérieurs reliant la capitale à Guadalajara. Air Canada et Continental programment ensemble un vol pour Guadalajara via Houston. Ces vols réguliers procurent un meilleur confort, une plus grande flexibilité et un tarif concurrentiel. De plus, Mexicana a un vol Montréal-México en ligne régulière, avec possibilité de prendre une correspondance pour aller à Guadalajara. Autre belle opportunité qui s'avère très économique en toute saison, de nombreux vols nolisés relient le Québec à Puerto Vallarta. De là, une correspondance aérienne mène à la métropole du Jalisco, ou encore le trajet peut se faire simplement en autocar, pour plus d'économies et pour admirer le splendide paysage.

D'Europe

Selon la saison et la disponibilité des avions, il peut s'avérer plus économique pour les Européens de prendre les nombreux vols en direction des États-Unis (Dallas, Houston, Miami ou New York) et, de là, de rejoindre Guadalajara avec un des vols réguliers qui y sont organisés. De plus, de nombreux vols nolisés relient les capitales européennes à Puerto Vallarta, d'où l'on peut rejoindre facilement Guadalajara.

De France

Aeromexico propose un vol avec escale à México au départ de Paris. Air France, pour sa part, assure plusieurs vols par semaine à destination de México, d'où vous pourrez atteindre Guadalajara. Il est également possible d'opter pour Air France jusqu'à Houston, puis de prendre la correspondance avec Continental pour se rendre à Guadalajara.

De Belgique, de Suisse et du Luxembourg

Il n'existe pas de liaisons aériennes directes entre Guadalajara et ces pays. Les Belges et les Suisses devront donc transiter par la France ou l'Espagne, ou encore, en formule nettement plus économique, c'est-à-dire de se rendre aux États-Unis afin d'y prendre un des nombreux vols à destination de Guadalajara. Par contre, il existe un vol régulier entre Bruxelles et Puerto Vallarta.

D'Espagne

Les compagnies aériennes Aeromexico et Iberia proposent des vols réguliers Madrid-México, d'où vous pourrez rejoindre facilement Guadalajara.

Aéroport de Guadalajara

L'**Aeropuerto Internacional Miguel Hidalgo** (*information départs et arrivées, jour et nuit,* ☎*688-5894*) est situé à environ 20 min de voiture au sud-est du centre-ville. Dans l'aérogare, vous trouverez deux sections : l'une réservée aux vols internationaux et l'autre à l'arrivée des vols intérieurs. Cette dernière s'étend sur deux niveaux. Au rez-de-chaussée, vous trouverez les **comptoirs des compagnies aériennes** et des **agences de location de voitures**, un **bureau de change**, les **services postaux**, les **téléphones publics** et deux **distributeurs de billets** (cartes Visa, Master-Card et Cirrus Plus acceptées). L'étage, quant à lui, comporte quelques boutiques, des kiosques à journaux, des restaurants et casse-croûte.

Comme dans tous les aéroports internationaux au Mexique, à l'aéroport de Guadalajara, le voyageur qui se présente aux douaniers est prié d'actionner un signal lumineux : de couleur verte, il donne le libre passage, mais, de couleur rouge, il indique que le voyageur devra se soumettre aux fouilles d'usage.

Si vos intestins gargouillent avant votre départ, rendez-vous à l'étage, où vous trouverez le petit casse-croûte **Los Patos**. Dans ce restaurant économique, vous pourrez déguster une dernière *comida corrida* pour la modique somme de 3$.

Pour les cadeaux de dernière minute, la boutique Beach, située à l'étage, dispose d'un bon choix de t-shirts aux coloris agréables. N'oubliez pas que vous êtes à l'aéroport cependant; attendez-vous donc à payer la coquette somme de 12$ pour chaque t-shirt. Pour acheter une bouteille de la boisson nationale du Jalisco, la tequila, rendez-vous à la boutique située juste en face du Beach, qui en regroupe une grande variété de toutes couleurs et saveurs. Pour ceux qui en veulent plus, les boutiques hors taxes se trouvent au rez-de-chaussée, après le passage de la douane bien sûr.

Plusieurs agences de **location de voitures** y sont également présentes. Parmi ces dernières, vous trouverez **Avis** (☎688-5656), **Hertz** (☎614-6197), **Budget** (☎688-5531), **Optima Rent a Car** (☎688-5360) et **Dollar Rent a Car** pour des voitures et limousines (☎688-5659). Cependant, les prix pratiqués à l'aéroport sont normalement plus élevés que ceux du centre-ville, sauf pour les personnes ayant pris soin de réserver à l'avance, ce qui revient généralement moins cher. Si vous prévoyez visiter Guadalajara en voiture, louez-la donc au centre-ville car de nombreuses agences de location de voitures offrent de meilleurs prix.

Pour vous rendre au centre-ville **en voiture**, allez rejoindre la bretelle d'accès de la Carretera a Chapala direction Chapala, qui est en fait l'autoroute 44. Vous n'aurez pas de difficulté à sortir de l'enceinte de l'aéroport puisque celui-ci est relativement isolé de la route. Après quelques kilomètres sans avoir quitté des yeux les panneaux indiquant le centre-ville, empruntez la Calzade González Gallo. Au bout de cette dernière, vous aboutirez à un rond-point situé juste après le Parque Agua Azul. De là, prenez la Calle Constituyentes pendant quelques secondes pour tout de suite tourner à droite par l'Avenida 16 de Septiembre. En poursuivant votre route, vous arriverez dans le centre-ville, au pied de la cathédrale.

Pour rejoindre le centreville **en bus**, les personnes pressées prendront le bus de la société aéroportuaire **Atasa,** qui se rend au centreville en passant par la Calle Enrique Díaz de León et la Calzade Independencia. Les billets sont vendus à bord. Pour un trajet moins cher, mais plus long, l'autocar de la compagnie Chapala vous conduira au centre-ville. De plus, de nombreux autres autocars vont en direction du centre-ville sur la Carretera Chapala, ce qui vous oblige cependant à marcher plusieurs minutes jusqu'à cette route à la sortie de l'aéroport pour en attraper un.

Comme dans la plupart des aéroports internationaux, vous n'aurez aucun mal à trouver un **taxi** qui vous emmènera au cœur de la ville. Comptez environ 8$ pour rejoindre le centre-ville et 9,50$ pour la Fuente de la Minerva. Les taxis offrent également la possibilité d'un service partagé en camionnette pour 3,50$ par personne.

En voiture

Si vous êtes déjà au Mexique, vous rendre à Guadalajara vous évitera la location sur place. Vous devez cependant prendre en considération le coût des autoroutes et de l'essence (environ 0,50$ le litre) pour atteindre la ville, de même que l'usure de votre voiture.

De México, la route la plus directe est évidemment l'autoroute qui rejoint Guadalajara par Toluca en sept heures de route. De Puerto Vallarta, il faut emprunter la Ruta Nacional 200 jusqu'à Mozátan pour ensuite prendre l'autoroute jusqu'à Guadalajara. Comptez environ quatre heures. De plus, il existe des autoroutes directes reliant Colima, Aguascalientes et León à Guadalajara.

Le réseau routier

La voiture constitue le meilleur moyen pour visiter toutes ces petites villes et haciendas du Jalisco, si caractéristiques du vrai Mexique. Si les villes de México et de Guadalajara constituent chacune une motivation de voyage de court séjour, l'autre façon de visiter le pays consiste à découvrir sa campagne, ce qui ne peut se faire qu'en voiture.

Renseignements généraux

Même si beaucoup de progrès reste à faire, le réseau routier est relativement bien développé. Jusqu'en dans les années cinquante, le Mexique n'était pas doté d'un réseau d'autoroutes qui couvraient son tortueux territoire. Depuis, le gouvernement a remédié complètement à la situation en lançant de grands projets routiers créateurs d'emplois, aidant ainsi à l'intégration des régions éloignées dans l'économie nationale.

Une grande proportion des nouvelles autoroutes mexicaines est un produit du secteur privé. Moderne, sécuritaire, ayant deux voies séparées et reliant les grandes villes du pays, les nouvelles routes représentent un immense progrès si on les compare aux vieilles routes souvent remplies de véhicules lourds et mal entretenues.

Voyager sur les routes secondaires peut s'avérer une aventure périlleuse. Celles-ci sont souvent couvertes de pierres perdues et de nids-de-poule. Certaines d'entre elles sont revêtues, mais la grande majorité sont parsemées de trous, ce qui oblige à conduire plus lentement. Ces routes traversent également des petits villages où il est particulièrement important de ralentir puisque les piétons peuvent apparaître sans prévenir. De plus, de nombreux dos-d'âne *(topes)* ont été placés sur les routes afin de diminuer la vitesse en zone urbaine.

Les panneaux routiers sont rares dans la campagne mexicaine (limite de vitesse, arrêts et feux de circulation). Il peut même arriver de voir des directions inscrites sur un bout de carton cloué à un arbre. Il est fortement recommandé de ne pas conduire la nuit. Les risques de vol augmentent une fois la nuit tombée et la visibilité est souvent très faible. La limite de vitesse sur les autoroutes est généralement de 100 km/h et de 90 km/h sur une route secondaire.

Quelques conseils

Permis de conduire : votre permis de conduire national (pays d'Europe et d'Amérique du Nord) est valide au Mexique.

Dans le cas d'un accident ou d'un problème mécanique, placez-vous sur l'accotement et levez le capot de la voiture. L'assistance des autres conducteurs de voiture sur la route ne tardera pas à arriver.

Les agents de police sont postés le long des autoroutes en motocyclette et ils ont le pouvoir d'arrêter tous les contrevenants au code de la route ou simplement de faire une vérification de routine. N'oubliez pas que les policiers ont le devoir de vous venir en aide si des problèmes vous arrivaient sur la route. Pour les joindre à Guadalajara, composez le ☎617-6060. De plus, il existe une police touristique au ☎01-800-903-92.

L'essence est vendue au litre en deux niveaux de qualité : la *Premium* (pompes rouges) est une essence sans plomb dont l'indice d'octane est plus élevé; la *Magna Sin* (pompes vertes) est sans plomb et facile à trouver dans tous les poste d'essence PEMEX (*Petróleos mexicanos*, le monopole de l'État des postes d'essence). Il est d'usage de laisser quelques pesos de pourboire au pompiste qui vous sert. Le prix de l'essence est semblable à celui pratiqué au Canada et plus bas qu'en Europe. Un petit conseil, faites le plein quand vous en aurez la chance car les postes d'essence sont relativement rares.

Location de voitures

Toutes les firmes internationales offrent leurs services à Guadalajara. La plupart sont d'ailleurs représentées à l'aéroport et autour des gares principales. Cependant, louer une voiture coûte généralement plus cher à l'aéroport.

Le permis de conduire de votre pays d'origine suffit pour conduire et louer une voiture au Mexique.

Budget
Av. Niños Héroes n° 934, angle av. 16 de Septiembre
☎*613-0027*

Quick
Av. Niños Héroes n° 954
☎*614-6052*

Avis
Aéroport Miguel Hidalgo
☎*688-5656*

Arrasa
Av. López Mateos Nte. n° 62
☎*615-0522*

En autocar

Nombreux et circulant à peu près partout, les autocars constituent un moyen de transport économique et original pour se déplacer. Plusieurs compagnies d'autocars existent au Mexique, et la qualité du service proposé varie énormément en fonction du prix. Étant donné les distances parfois considérables à couvrir, il est vivement conseillé d'effectuer le voyage dans des autocars de première classe. Ces derniers sont généralement des véhicules plus récents, disposant de toilettes et d'un téléviseur, et offrant même parfois sandwichs et boissons fraîches. Vous trouverez ci-dessous

Renseignements généraux

les principales compagnies d'autocars qui vous mèneront dans les principales villes du Mexique.

Gare d'autocars

Nueva Central Camionera
Carretera Libre a Zapotlanejo et
Carretera entroque a Tonalá
☎ *600-0007 ou 600-0331*

Compagnies d'autocars

Elite Futura
☎ *679-0404*

Primera Plus
☎ *600-0398*

ETN (de luxe)
☎ *600-05 71*

Ómnibus de México
☎ *600-0718*

Transportes del Pacífico
☎ *600-0339*

En auto-stop

Pour des raisons de sécurité, il est fortement déconseillé de se déplacer au Mexique en auto-stop.

Ambassades, consulats et offices de tourisme du Mexique à l'étranger

Belgique
Ambassade du Mexique
164 chaussée de la Hulpe
1er étage
1170 - Bruxelles
☎ *(32-2) 676-0711*
⇌ *(32-2) 676-9312*

Canada
Ambassade du Mexique
45 rue O'Connor
Bureau 1500
Ottawa, Ont.
K1P 1A4
☎ *(613) 233-8988 ou 233-9572*
⇌ *(613) 235-9123*

Montréal
Consulat général du Mexique
2000 rue Mansfield
Bureau 1015
10e étage
Montréal (Québec)
H3A 2Z7
☎ *(514) 288-2502*
⇌ *(514) 288-8287*

Québec
Consulat honoraire
☎ *(418) 681-3192*

France
Ambassade du Mexique
9 rue de Longchamp
75116 - Paris
☎ *01-44-53-99-34*
⇌ *01-47-55-65-29*

Suisse
Ambassade du Mexique
Bernastrasse n° 57
3005 - Berne
☎*351-1875*
⇌*351-3492*

Renseignements touristiques

Canada
Montréal
1 place Ville-Marie
Bureau 1526
Montréal (Québec)
H3B 3M9
☎*(514) 871-1052*
⇌*(514) 871-3825*

France
4 rue Notre-Dame-des-Victoires
75002 - Paris
☎*01-40-20-07-34*
☎*01-42-61-51-80*
⇌*01-42-86-05-80*

Espagne
Calle Velázquez n° 126
28006 - Madrid
☎*(1) 261-3520 ou 261-1827*
⇌*(1) 411-0759*

Italie
Via Barberini n° 23
00187 - Rome
☎*(6) 25-3413 ou 25-3541*
⇌*(6) 25-3755*

Consulats à Guadalajara

Les ambassades et consulats peuvent fournir une aide précieuse aux visiteurs qui se trouvent en difficulté (par exemple en cas d'accident ou de perte du passeport). Toutefois, seuls les cas urgents sont traités. Notez que les coûts relatifs à ces services ne sont pas défrayés par les missions diplomatiques. Vous trouverez ci-dessous quelques adresses de consulats établis à Guadalajara.

Belgique
Consulat du Royaume de Belgique
Metalurgia n° 2818
Parque Industrial El Alamo
☎*670-4825*
⇌*670-0346*

Canada
Consulat du Canada
Hotel Fiesta Americana, Local 30
☎*615-6270*
⇌*615-8665*

Espagne
Consulat d'Espagne
Av. Vallarta n° 2185 S.J.
☎*630-0450*
⇌*616-0396*

France
Consulat de France
Av. López Mateos Nte. n° 484, 1er étage
☎/⇌*616-5516*

Italie
Consulat d'Italie
Av. López Mateos Nte. n° 790-1
☎*616-1700*
⇌*616-2092*

Renseignements généraux

Suisse
Consulat de la Confédération helvétique
Av. Revolución n° 707,
Sector Reforma
☎*616-5900*
⇌*617-3208*

Renseignements et excursions touristiques à Guadalajara

Bureaux d'information touristique

Aéroport Miguel Hidalgo

Le bureau de tourisme se trouve près de la sortie de l'aéroport.

Centre-ville

Secretaría de Turismo del Estado de Jalisco (SETULAL)
lun-ven 9h à 20h et sam-dim 9h à 19h
Calle Morelos n° 102
Plaza Tapatía
☎*613-0306*
☎*658-2222 ou 91-800-363-22*
Vous y trouverez cartes, dépliants, quelques guides et des conseils pratiques de la part du sympathique personnel polyglotte.

Excursions et tours guidés

De nombreuses formules sont proposées au visiteur désireux d'entreprendre la découverte de la ville au moyen d'un circuit guidé. Nous en mentionnons quelques-unes ci-dessous. Compte tenu des changements fréquents, nous vous invitons à communiquer directement avec chacun des organismes mentionnés afin de connaître de manière détaillée son programme et ses tarifs.

À pied

Chaque samedi matin, la **Dirección general de turismo y de la promoción económica de la ciudad de Guadalajara** (☎*616-3332*) propose aux visiteurs un tour guidé en espagnol des 10 principaux monuments du centre historique, tels que la cathédrale, le Palacio de Gobierno et la Plaza Fundadores. Les départs se font à 10h à la Presidencia Municipal (Hidalgo n° 400). Les tours sont gratuits et durent trois heures.

Pendant les mois de juillet et d'août, ainsi que durant les vacances de la Semaine sainte et des fêtes de fin d'année, la **Secretaría de Turismo del Estado de Jalisco** propose également un tour guidé en espagnol et en anglais des principales attractions touristiques du centre historique de Guadalajara, Tlaquepaque et Tonalá. Les départs se font à dates prédéterminées (information et inscription : ☎614-8686, poste 111 ou 133 à 9h30 à la Plaza de Armas. Les tours se font à pied et durent trois heures.

En calèche

Pour les plus romantiques, de nombreux cochers proposent aux visiteurs, toute l'année, un parcours commenté en anglais ou en espagnol à bord d'une jolie calèche. Les départs se font en face du Museo Regional (près de la Rotonda), du Templo San Francisco et du Mercado Libertad à toute heure du jour et du soir. Les billets s'achètent directement au cocher. Les tarifs sont de 120 pesos avec une capacité maximale de cinq personnes par calèche. Le circuit traverse le centre historique, l'Ex-Convento del Carmen, le Parque Revolución, la zone résidentielle et l'université (durée 1 heure).

En autocar

Toute l'année, la société **Panoramex Tours** *(Federalismo n° 944, España, ☎810-5109 ou 810-5005)* propose aux visiteurs un parcours com-
menté en anglais et en espagnol à bord d'autobus climatisé. Assis sur ses confortables banquettes, vous aurez l'occasion de vous laisser guider tout le long de divers circuits qui peuvent vous mener à Guadalajara et Tlaquepaque, Tequila, la lagune de Chapala et Ajijic. Chacun de ses tours est d'une durée de six heures, les départs se font au Jardín de San Francisco à 9h30 et à Los Arcos (Calle Fernando Celada) à 9h45 et les billets s'achètent à bord de l'autobus. Les tarifs sont de 9$ pour le tour de Guadalajara et Tlaquepaque (visites lun-sam), de 12$ pour celui de Tequila (visites lun, mer et ven) et de 11$ pour le tour de la lagune de Chapala et Ajijic (visites mar, jeu, sam et dim).

En train

La **Chambre de commerce de Guadalajara** *(☎122-7920)* propose, chaque samedi matin, autant aux visiteurs qu'aux gens d'affaires de la région, une excursion d'une journée qui les mène en train jusqu'à Tequila, capitale de la boisson nationale du Mexique. C'est à bord du *Tequila Express*, décoré aux couleurs de l'agave bleu (plante à la base de la fabrication de la tequila) et spécialement aménagé à cet effet, que vous sillonnerez la région. Le voyage se fait en compagnie d'un guide bilingue (espagnol-anglais) et d'authentiques mariachis qui ajoutent à l'ambiance. Une fois à Tequila, toute la ville s'anime pour recevoir les passagers du train au centre, où un spectacle de variétés est présenté. Ensuite, une visite de la distillerie José Cuervo vous apprendra comment on obtient le précieux liquide. Avant le retour, un buffet est servi sous la tente où le spectacle continue pour ceux qui ne sont pas trop avinés. Avinés en effet puisque aussitôt sortis de la gare de Guadalajara, et ce, jusqu'au retour, on leur sert, dans un feu roulant, de la tequila apprêtée de toutes les façons. Les départs se font à la gare de trains tous les samedis à 10h et les billets s'achètent sur place ou en prévente au ☎122-7920. Le tarif unique est de 45$ (tout inclus).

Gare ferroviaire :
Ferrocarril Mexicano
Estación Central de Pasajeros
angle Av. 16 de Septiembre et Av. Washington
☎*650-0826 ou 650-0444*

Renseignements et excursions touristiques dans les environs

Bureaux d'information touristique

Tlaquepaque

Pila Seca, Local 15
☎*635-5756*

Tonalá

Av. Tonaltecas n° 140 Sur

Chapala

Av. Madero n° 407 (Planta alta)
☎*765-3141*

Tequila

José Cuervo n° 33 (Plaza de Armas)
☎*742-1819*

Tapalpa

Morelos (face au kiosque)

Vos déplacements dans Guadalajara

En voiture

En règle générale, il n'est pas très compliqué de se

déplacer dans la ville puisque celle-ci est dessinée en damier et autour de ronds-points fonctionnels. On peut dire que la voiture est reine à Guadalajara ayant la priorité sur les piétons et accès à tous les secteurs de la ville, exception faite de quelques petites rues du centre-ville. Le problème est plutôt du côté du stationnement au centre-ville. En soirée, cependant, la recherche d'un stationnement est facilitée par la présence de nombreuses personnes (étudiants ou sans-emploi) qui, sur le bord de la route, vous indiquent les espaces libres. Dans ce cas, il convient de laisser à la personne un léger pourboire de quelques pesos. De nombreux restaurants et bars offrent également un service de voiturier efficace qui prend en charge et surveille votre voiture. De plus, le trafic aux heures de pointe donne de nombreux maux de tête. En règle générale, donc, nous vous conseillons de découvrir la ville par d'autres moyens, comme le transport en commun, le taxi ou même à pied.

En transports publics

Les autobus

Les transports de la ville de Guadalajara, bien que peu confortables, sont nombreux et efficaces. Les autobus publics, connus au Mexique sous le nom de *camiones*, couvrent toute la zone métropolitaine de la ville (incluant Tlaquepaque, Zapopan, Tonalá et l'aéroport). Vous n'attendrez jamais plus de trois minutes avant l'arrivée d'un de ces autobus et vous devez signaler au chauffeur votre intention d'embarquer en levant le bras. Le tarif est de 0,30$ pour chaque voyage (sans correspondance) dans un autobus standard et de six pesos pour un autobus de meilleur confort ou de longues distances. Les arrêts de bus sont généralement indiqués sur la chaussée. Le service est offert entre 5h30 et 22h30 avec quelques bus de trajets uniques à minuit. Les destinations sont habituellement affichées sur le pare-brise du bus, mais, attention, vérifiez toujours la lettre (A, B, C ou D) de l'autobus : en règle générale, les bus C et D desservent les banlieues résidentielles.

Montez à bord de l'un de ces bus est une véritable aventure. Bien sûr, le bus ralentit pour vous permettre de monter ou descendre, mais cet arrêt est des plus brefs. Un petit conseil, agrippez-vous bien où vous le pouvez. Préparez toujours votre argent avant de monter à bord. Il n'est pas nécessaire d'avoir le montant exact puisque les chauffeurs redonnent la monnaie.

Quelques lignes d'autobus repères :

Centre-Cubos	**629**
Minerva-Centre de Zapopan	**635 A**
Centre-Centre de Zapopan	**275A**
Centre-Niños Héroes-Plaza del Sol	**101**
Centre-Arcos *Par vial*	**400**
Centro-Plaza del Sol	**251**
Niños Héroes-Plaza Patria	**622**
Américas-Centre-Niños Héroes	**604**
Guadalupe	**51A**
Cubos-Lazaro Cárdenas-Centre	**626**
Calzada Independencia	**60** et **62**

Le bus *Par vial*

Une ligne d'autobus électrique fonctionnant sur câbles se dirige vers l'ouest par Independencia, puis Hidalgo, avant de se diriger vers Vallarta, tout près de López Mateos, à Los Arcos. Sur le chemin du retour, en direction de l'est, il suit Hidalgo, à trois pâtés de maisons au nord de Juárez (ligne 400). Plus confortable, mais un peu plus lent, ce type de bus a l'avantage d'être silencieux et de ne pas produire de pollution.

Le métro

Malgré sa rapidité et son efficacité, le métro couvre une partie limitée de la ville et est surtout pratique pour parcourir rapidement de longues distances. Les deux seules lignes desservent les secteurs nord, sud et est de la ville, où la population est plus modeste et où la demande de transport public est forte. Chaque station est équipée de distributeurs de jetons-billets au coût de 0,30$ chacun.

En taxi

Le taxi est probablement le moyen de transport le plus efficace. Vous n'aurez aucune difficulté à trouver des taxis (facilement identifiables par leur couleur jaune) puisque ce sont littéralement eux qui vous recherchent. Ils fonctionnent habituellement avec un taximètre, selon un tarif fixe au kilomètre. En règle générale, les taxis stationnés devant les hôtels et les restaurants donnent une commission à ces établissements et sont donc légèrement plus chers que ceux hélés dans la rue. Cette situation est similaire lorsque quelqu'un se charge de vous appeler un taxi. À moins de transporter des bagages, il n'est pas nécessaire de laisser un pourboire.

À pied

La passionnante ville de Guadalajara et ses environs possèdent de multiples facettes, et bien qu'elle soit accessible de plusieurs manières, la visite à pied constitue le meilleur moyen de découvrir ses beautés cachées. Certains secteurs sont cependant difficilement accessibles aux piétons, compte tenu de la circulation et des longues distances. De plus, le piéton doit se méfier à tout moment des automobilistes. Traverser une route, même à une intersection, est une véritable épreuve, d'autant plus que les infrastructures pour la sécurité des piétons sont quasi absentes. Vigilance est donc le mot d'ordre.

Lors de votre exploration à pied, il est important de vous rappeler que la ville est très étendue et que les distances à franchir peuvent être plus grandes que vous ne le pensez. Prenez donc régulièrement le temps de faire une petite pause et buvez beaucoup d'eau.

L'action combinée du soleil, de la chaleur et de la marche peut occasionner de la déshydratation. En plus, une paire de chaussures confortables et un chapeau pour se protéger du soleil seront les bienvenus. Finalement, à cause de sa configuration, de ses noms de rue qui se répètent et de la mauvaise indication toponymique des rues, la ville peut rapidement devenir un labyrinthe sans un plan.

Cartes et plans de la ville

Malgré l'existence de nombreux plans (dont celui distribué gratuitement dans les publications de l'Office du tourisme), peu sont malheureusement à même d'offrir une vue exacte de la zone métropolitaine. Si vos finances le permettent ou que vous devez résider pour une longue période dans la métropole, n'hésitez pas à vous procurer le *Guia Roji - Ciudad de Guadalajara* (7$, disponible dans toutes les bonnes librairies), l'atlas des rues le plus détaillé, avec un répertoire particulièrement complet.

Renseignements généraux

Vos déplacements dans les environs de Guadalajara

En voiture à partir de Guadalajara

Pour **Tequila** et **Magdalena**, par la route rapide, rendez-vous à la Minerva afin d'emprunter l'Avenida Vallarta, qui devient la Carretera a Nogales, qui vous mènera directement à l'autoroute 15 en direction de Tequila et de Tepic. Prenez la sortie vers Tequila ou Magdalena.

Pour **Chapala** et **Ajijic**, rendez-vous sur la Calzada Independencia, direction sud, afin d'emprunter l'Avenida Dr. R. Michel en direction de l'aéroport, qui vous mènera sur l'autoroute 44 vers Chapala et Ajijic.

Pour **Tlaquepaque**, une fois sur la Calzada Independencia, direction sud, empruntez la Calzada Revolución en direction de Tlaquepaque. Quelques kilomètres plus loin, prenez l'Avenida San Rafael à droite, qui est immanquable. Une fois sur celle-ci, ne manquez pas les indications vers le Centro, qui se trouve tout de suite à gauche.

Pour **Tonalá**, rendez-vous sur la Calzada Independencia, direction sud, pour emprunter la Calzada Revolución en direction de Tonalá. Plus loin, prenez la Carretera à Tonalá à gauche, qui vous mènera au cœur du village. Pour vous y rendre de Tlaquepaque, prenez la Calzada Revolución, direction ouest, vers Tonalá et ensuite prenez la Carretera a Tonalá à gauche pour vous rendre à destination.

Pour **Tapalapa**, rendez-vous à la Minerva afin d'emprunter l'Avenida López Mateos Sur, qui devient la Carretera Manzanillo, laquelle vous mènera directement à l'autoroute 15 en direction de Ciudad Guzmán et de Colima. Prenez la sortie vers Tapalpa et suivez les indications lors de votre ascension de la Sierra Madre.

En autocar à partir de Guadalajara

Pour **Tequila** et **Magdalena**, des départs s'effectuent chaque jour aux 15 min entre 5h30 et 21h15. Départs à l'Antigua Central Camionera avec la compagnie Rojo de los altos (☎619-2309). Durée : environ 90 min. Prix : 2,20$.

Pour **Chapala** et **Ajijic**, plusieurs départs quotidiens figurent à l'horaire. Départs à l'Antigua Central Camionera aux demi-heures entre 6h et 21h avec la compagnie Autotransporte Guadalajara-Chapala (☎619-5675). Durée du trajet : 45 min. Prix : 2$.

Pour vous rendre à **Tlaquepaque** et à **Tonalá**, prenez le bus n° 275 A ou B (0,30$ le billet) ou le bus n° 706 de la société TUR (0,60$ le billet), qui est plus confortable. Tous deux passent par l'Avenida 16 de Septiembre et vous mèneront d'abord à Tlaquepaque et ensuite à Tonalá. Pour vous rendre à Tlaquepaque à partir de la Minerva, prenez le bus n° 710 de la société Cardinal pour la modique somme de 0,60$. Pour revenir de Tlaquepaque vers le centre de Guadalajara : le bus n° 275 ou un bus TUR au coin de Niños Héroes et de Constitución, soit une centaine de mètres au nord d'Independencia.

Pour **Tapalpa**, des départs s'effectuent chaque jour de 6h30 à 18h30. Départs à l'Antigua Central Camionera avec la compagnie Sur de Jalisco. Durée : environ trois heures. Prix : 4,20$.

Antigua Central Camionera
Los Angeles n° 218
Zona Olímpica, Sector Reforma
☎650-0479

Santé

Le Mexique est un superbe pays à découvrir. Malheureusement, les visiteurs peuvent y attraper certaines maladies comme la malaria, la typhoïde, la diphtérie, le tétanos, la polio ainsi que l'hépatite A et B. Rares sont les cas où les visiteurs contractent de telles infections, mais ces désagréments peuvent se présenter à l'occasion. Aussi est-il recommandé, avant de partir, de consulter un médecin qui vous conseillera sur les mesures à prendre. N'oubliez pas qu'il est bien plus simple de se protéger de ces maladies que de les guérir. Il est donc utile de prendre les médicaments, les vaccins et les précautions nécessaires afin d'éviter des ennuis d'ordre médical susceptibles de s'aggraver. Si toutefois la consultation d'un médecin s'avérait nécessaire, sachez que la plupart des grands hôtels disposent d'un cabinet médical au sein de l'établissement même. Dans le cas contraire, le personnel ou les agents touristiques travaillant sur place pourront vous aider à en trouver un.

Voici, à titre d'information, deux excellents hôpitaux privés où vous serez traité aux petits soins en cas de pépins :

Hospital del Carmen
Tarasco n° 3435, Fracc. Monraz
☎ *813-0025*

Hospital San Javier
Av. Pablo Casals n° 640
Col. Providencia
☎ *669-0222*

Les maladies

Des cas de maladies telles que l'hépatite A et B, le sida et d'autres maladies vénériennes ont été rapportées; il est donc sage d'être prudent à cet égard. Il existe maintenant des vaccins efficaces contre l'hépatite A et B.

Les nappes d'eau douce sont fréquemment contaminées par l'organisme causant la bilharziose. Cette maladie, provoquée par un ver qui s'infiltre dans le corps pour s'attaquer au foie et au système nerveux, est difficile à traiter. Il faut donc éviter de se baigner dans toute nappe d'eau douce.

N'oubliez pas non plus qu'une trop grande consommation d'alcool peut causer des malaises, particulièrement lorsqu'elle s'accompagne d'une trop longue exposition au soleil. Elle peut aussi entraîner une certaine déshydratation.

L'eau courante à Guadalajara n'est pas propre à la consommation pour les étrangers; il est donc vivement recommandé de ne boire que de l'eau embouteillée.

Les malaises que vous risquez le plus d'avoir sont causés par l'eau mal traitée susceptible de contenir des bactéries provoquant certains problèmes comme des troubles digestifs, de la diarrhée ou de la fièvre (la haute altitude où se trouve la ville peut causer le même genre de symptôme). Il est donc préférable d'éviter d'en consommer. L'eau en bouteille, que vous pouvez acheter partout, représente la meilleure solution pour éviter ces ennuis. Lorsque vous achetez l'une de ces bouteilles, vérifiez toujours qu'elle est bien scellée. À Guadalajara, seuls quelques hôtels disposent d'un système de purification d'eau; dans la grande majorité d'entre eux, il est donc conseillé de s'abstenir de boire de l'eau du robinet. Les fruits et les légumes nettoyés à l'eau courante (ceux qui ne sont donc pas pelés avant d'être consommés) peuvent causer les mêmes désagréments. Aussi conviendra-t-il de redoubler de prudence dans les restaurants pour petits budgets, ces derniers n'ayant pas toujours l'équipement adéquat pour assurer une bonne hygiène; la même attention s'applique aux petits comptoirs de rue. En ce qui concerne les produits laitiers à Guadalajara et dans ses environs, vous pourrez en consommer en toute sécurité.

Dans l'éventualité où vous auriez la diarrhée, diverses méthodes peuvent être utilisées pour la traiter. Tentez de calmer vos intestins en ne mangeant rien de solide et évitez les produits laitiers. La déshydratation pouvant être dangereuse, il faut boire beaucoup. Pour remédier à une déshydratation sévère, il est bon d'absorber une solution contenant un litre d'eau, de deux à trois cuillerées à thé de sel et une de sucre. Vous trouverez également des préparations toutes faites dans la plupart des pharmacies. Par la suite, réadaptez-vous progressivement en ne mangeant que des aliments faciles à digérer. Certains médicaments peuvent aider à contrôler les problèmes intestinaux. Dans les cas où les symptômes sont plus graves (diarrhée importante accompagnée de forte fièvre), un antibiotique peut s'avérer nécessaire. Il est alors préférable de consulter un médecin.

La nourriture et le climat très sec peuvent également être la cause de divers malaises. Une certaine vigilance s'impose quant à la fraîcheur des aliments (en l'occurrence la viande et le poisson) et à la propreté des lieux où les denrées sont apprêtées. Une bonne hygiène (entre autres, se laver fréquemment les mains) vous aidera à éviter bon nombre de ces désagréments. Par ailleurs, la pollution peut causer des malaises à certaines personnes. La circulation démente et la pollution qui en résulte rendent facilement l'air vicié en semaine. Les personnes ayant des problèmes respiratoires doivent donc être deux fois plus vigilants et se parer à toute éventualité.

Les insectes

Les désagréments engendrés par les insectes, peu nombreux dans la zone métropolitaine de Guadalajara, se limitent la plupart du temps à quelques piqûres de moustiques. Dans le but de minimiser les risques d'être piqué, couvrez-vous bien en soirée (c'est à ce moment qu'ils deviennent plus actifs), évitez de vous parfumer, portez des vêtements de couleur claire (ils semblent éloigner les moustiques, paraît-il) et munissez-vous d'un bon insectifuge. Il est également conseillé d'apporter des pommades pour calmer les irritations causées par les piqûres.

Renseignements généraux

Les scorpions sont un fléau, particulièrement en saison sèche, et leur morsure peut provoquer de fortes fièvres, et même la mort chez certaines personnes dont la santé est particulièrement fragile. Si vous voyagez à l'extérieur de Guadalajara, quelques précautions s'imposent, car les scorpions peuvent s'introduire dans le rez-de-chaussée des constructions. Évitez de laisser vos chaussures sur le sol et de marcher pieds nus. Lors de randonnées en montagne ou en forêt, des chaussures et chaussettes protégeant les pieds et les jambes sont indispensables. Enfin, ne vous promenez pas en bordure des fossés et dans les hautes herbes. En cas de morsure, dirigez la personne atteinte vers un médecin ou un hôpital de toute urgence. Les mêmes mesures s'appliquent aux morsures de serpents.

Le soleil

Bien qu'il soit agréable et qu'il procure maints bienfaits, le soleil entraîne également de nombreux petits ennuis. Il n'est pas inutile de rappeler ici qu'un nombre croissant de cancers de la peau est étroitement associé à une surexposition au soleil. Les premières journées surtout, il est nécessaire de bien se protéger et de ne pas prolonger les périodes d'exposition, car la peau doit d'abord s'habituer au soleil. En outre, une trop longue période d'exposition pourrait causer une insolation (étourdissement, vomissement et fièvre). Apportez toujours une crème solaire contre les rayons nocifs du soleil. Parmi les crèmes en vente, plusieurs n'offrent pas de protection adéquate. Avant de partir, demandez à votre pharmacien de vous indiquer les crèmes qui préservent réellement la peau des rayons dangereux du soleil. Afin d'obtenir une protection efficace, il est conseillé de mettre la crème au moins 20 min avant l'exposition. Par la suite, il faut éviter les abus. Un chapeau et des lunettes de soleil sont également indispensables au Mexique.

La trousse de santé

Une petite trousse de santé permet d'éviter bien des désagréments. Il est bon de la préparer avec soin avant de quitter la maison. Veillez à apporter une quantité suffisante de tous les médicaments que vous prenez habituellement ainsi qu'une prescription valide au cas où vous les perdriez. Quant au reste, vous pourrez acheter tout ce qu'il vous faut sur place à l'une des nombreuses pharmacies de

Sourires d'écolières qui expriment la joie d'une sortie de classe en fin de journée!
- *M. Daniels*

L'artisanat au Mexique est d'une richesse inouïe. À Guadalajara, une des villes où le folklore et les traditions sont les mieux préservés, on en trouve de toutes les couleurs.
- *M. Daniels*

La Catedral d
Guadalajara, l
des sept
cathédrales
mexicaines
datant du XV
siècle, pointe
vers le ciel se
deux clochers
ornés de tuile
jaunes et bleu
lesquels sont
devenus le
symbole de la
ville.
- *Tibor Bogná*

Derrière les eaux
d'une fontaine
se dresse l'un
des plus beaux
monuments de
la ville : le
Teatro
Degollado,
inspiré du
théâtre de la
Scala de Milan
et construit
dans un style
néoclassique
italianisant.
- *Tibor Bognár*

la ville et souvent même dans les plus petits villages.

Sécurité

De façon générale, les habitants de Guadalajara vous diront que la ville n'est pas très dangereuse. Mais, attention, les voleurs y demeurent présents. Heureusement, certaines règles élémentaires de sécurité vous éviteront bien des mésaventures. En voici quelques-unes.

Ne pas se déplacer, à pied ou en auto, dans les rues secondaires et chemins entre 19h et 6h, surtout dans les quartiers près de l'Antigua Central Camionera et en banlieues (colonias), lesquelles peuvent s'avérer dangereuses à toute heure de la journée. Même si vous remarquerez la présence de quelques voitures de police qui roulent avec les gyrophares allumés pour mieux se faire voir, celles-ci ne sont pas en nombre suffisant pour assurer un niveau de sécurité acceptable la nuit. Aussi est-il préférable de n'emprunter que les rues bien éclairées, et de prendre un taxi après 22h.

Si, par malchance, vous êtes victime d'une agression, vous ne devez pas fuir, mais plutôt remettre sans hésiter argent, bijoux et appareil photo. Ensuite,

vous devez communiquer sans faute avec la police locale, sans oublier de demander un double du rapport de police pour votre assurance.

De manière générale, une ceinture de voyage vous permettra de dissimuler une partie de votre argent, vos chèques de voyage et votre passeport. N'oubliez pas que moins vous attirez l'attention, moins vous courez le risque de vous faire voler. Enfin, il est bon d'inclure dans ses valises une photocopie de son passeport et une liste des numéros de ses chèques de voyage. Dans l'éventualité où ses papiers seraient volés, le fait d'en avoir les numéros de référence facilitera l'obtention de nouveaux documents.

Petit conseil qui est valable lors de vos transactions de toute nature en espèces : il est primordial de toujours vérifier la monnaie que votre interlocuteur vous remet. Prenez le temps de calculer ce qui devrait vous revenir puisque certains marchands essaieront d'aller se chercher quelques pesos lors de transactions avec des touristes. Ce conseil s'applique doublement lorsque vous payez en grosses coupures ou lorsque vous vous trouvez dans un bar où la noirceur ambiante facilite la fraude.

Police et numéros d'urgence

Le numéro d'urgence à composer est le **080**; un préposé vous indiquera les démarches à suivre. Pour la police, faites le ☎617-6060; pour la police touristique, le ☎01-800-9-0392.

Vol dans les voitures

Au Mexique, les risques de se faire voler des objets dans sa voiture sont aussi grands qu'ailleurs. Ainsi, ne laissez jamais votre voiture sans surveillance avec vos bagages à l'intérieur. Les voleurs peuvent agir en 5 min sans laisser aucune trace, même dans le petit village le plus reculé. Les serrures des voitures n'ont aucun secret pour les voleurs et ne vous donnent absolument aucune protection contre ces malfaiteurs professionnels.

Comme vous pourrez le constater en écoutant à longueur de journée les bruyants systèmes d'alarme se déclencher, la plupart des voitures sont équipées d'un système de protection sonore. Si vous en êtes muni, ne manquez de l'activer en tout temps.

Surtout ne laissez rien à la vue qui puisse laisser supposer une valeur quelconque : sacs, vestes, manteaux. On pourrait forcer la serrure en espérant qu'une veste contiendra un portefeuille. Si vous devez circuler avec vos bagages dans la voiture, méfiez-vous des arrêts aux stations-service ou aux casse-croûte; essayez de placer la voiture de façon à la voir constamment. Si vous devez garer en ville, utilisez un stationnement payant et placez votre voiture à la vue du gardien.

Laissez toujours la boîte à gants ouverte; ainsi, on n'imaginera pas que votre appareil photo s'y trouve. Laissez vos bagages à l'hôtel pour faire vos balades, même si vous avez déjà quitté votre chambre. On acceptera toujours de les garder pour vous à la réception. Enfin, dites-vous que, malgré toutes vos précautions, on pourrait encore vous voler, et évitez autant que possible d'apporter des objets de valeur.

Si, malgré tous nos conseils, vous vivez la désagréable mésaventure d'un vol, n'omettez pas d'exiger un rapport en bonne et due forme de la police, qui vous sera nécessaire pour vous faire rembourser par votre compagnie d'assurances. Vous devrez cependant subir les lenteurs de la bureaucratie et vous constaterez qu'il n'y a aucun danger de vol à la station de police : tous les policiers s'y trouvent!

Femme seule

Une femme voyageant seule
à Guadalajara ne devrait
pas rencontrer de problè-
mes. Dans l'ensemble, les
gens sont aimables et peu
agressifs. En général, bien
que les hommes soient res-
pectueux des femmes et
que le harcèlement soit peu
fréquent, les Mexicains
s'amuseront sûrement à les
draguer, mais poliment.
Bien sûr, un minimum de
prudence s'impose; par
exemple, évitez de vous
promener toute seule dans
des endroits mal éclairés la
nuit. De plus, une tenue
décente dans ce pays à majorité catholique pourra
vous éviter d'éventuels désagréments. Passé 22h, il est
aussi recommandé aux fem-
mes voyageant seules d'éviter la Calzada Independencia. Cette rue a en effet fâ-
cheusement tendance à at-
tirer des hommes saouls et
braillards, et la prostitution
y fleurit à toute heure du
jour et de la nuit. Plus vous
allez vers l'est sur la Calzada Independencia, plus la
situation se détériore : faites
preuve de bon sens dans le
choix de vos promenades.

Climat

Dans un pays aussi monta-
gneux que le Mexique, il
est évident que la température n'est pas la même partout. L'État de Jalisco comporte à lui seul quatre zones climatiques, lesquelles
varient en fonction de
l'altitude et de la situation
géographique.

Déjà aux premiers temps de
la colonisation, les Espagnols constatèrent que les
régions situées en haute
altitude jouissent d'un climat des plus confortables et
n'hésitèrent pas à s'installer
dans ces régions. Cette observation avait déjà été faite
par les Aztèques ayant
construit la cité impériale
de Tenochtitlán (aujour-
d'hui México) à plus de
2 000 m au-dessus du ni-
veau de la mer, ce qui pro-
tégeait les habitants des
chaleurs torrides des autres
régions mexicaines. C'est,
entre autres, dans cet esprit
que le site de la ville de
Guadalajara, à 1592 m au-
dessus du niveau de la mer,
a été choisi. En effet, la ville
de l'éternel printemps peut
se vanter d'avoir l'un des
meilleurs climats au mon-
de : sec et ensoleillé d'octobre à mai, chaud et parsemé de pluies tropicales le
restant de l'année. Les nombreux étrangers habitant les
rives de la Laguna de Chapala pourraient vous parler
longuement du climat idéal
dont jouit la région.

Température

Mois	Température maximale moyenne de jour (en °C)	Température minimale moyenne de nuit (en °C)	Précipitations (en mm)
Janvier	22,5	7,3	12,4
Février	24,3	8	5,2
Mars	30,3	7,4	4,3
Avril	32	7,1	6,4
Mai	33,3	10,6	25
Juin	31,2	14,2	168,1
Juillet	28,3	13	269,4
Août	28,3	13,1	216,4
Septembre	28,4	11,2	144,4
Octobre	27,9	8,8	59,5
Novembre	27,1	6,3	15,7
Décembre	27,3	4,8	12

Source : *Datos climatológicos de Guadalajara 1991, Instituto de Astronomía y meteorología, Universidad de Guadalajara.*

Quoi mettre dans ses valises

Le type de vêtements à emporter varie peu d'une saison à l'autre. D'une manière générale, t-shirts, jeans, chemises et pantalons légers sont les plus appréciés à Guadalajara. Un chandail ainsi qu'un coupe-vent ou une veste légère pour les soirées fraîches d'hiver sont également conseillés. Lors de balades dans la ville comme dans la campagne, il est préférable de porter des chaussures fermées couvrant bien les pieds. En effet, les trottoirs n'étant pas uniformes et les obstacles étant fréquents (trous, grilles d'égout mal installées, tiges de métal hors de la chaussée, etc.), vous pourrez ainsi mieux vous protéger contre d'éventuelles blessures. Durant la saison des pluies, un petit parapluie s'avérera fort utile pour vous protéger des ondées. Pour visiter certains sites comme les églises, il est conseillé de porter une jupe couvrant les genoux ou un pantalon; veillez à en emporter. Si vous prévoyez faire une randonnée en montagne, emportez de bonnes chaussures de marche. Enfin, n'oubliez pas le chapeau et les lunettes de soleil.

Postes et télécommunications

La poste

On peut se procurer des timbres dans les bureaux de poste, bien sûr, mais aussi dans les grands hôtels. La levée du courrier se fait sur une base quotidienne. Généralement, deux semaines suffisent pour la livraison de courrier à l'étranger.

En plus des nombreux bureaux de quartier, deux grands **bureaux de poste** se trouvent dans le centre-ville :

Servicio postal mexicano
Administratición n° 1
Venustiano Carranza, esq. Independencia S.H.
☎ *614-2482*

Servicio postal mexicano
Administración n° 2
Alcalde, esq. Hospital. S.H.
Palacio Federal
☎ *614-9418*

Le téléphone

L'indicatif régional de Guadalajara est le **3**.

Le numéro d'urgence à composer est le **080**.

Pour joindre un téléphoniste à propos des appels internationaux, faites le 090; pour les appels nationaux, faites le 020; pour le service d'information, faites le 040.

Pour téléphoner **au Mexique** depuis le Québec et le Canada, il faut composer le 011 52, l'indicatif régional, puis le numéro de votre correspondant. Depuis la France, la Belgique et la Suisse, il faut faire le 00 52, l'indicatif régional, puis le numéro de votre correspondant.

En appelant durant certaines périodes précises, vous pouvez bénéficier de réductions substantielles. L'envoi d'une télécopie ne prend en général qu'une minute et coûtera beaucoup moins cher qu'une communication téléphonique.

Pour téléphoner **de Guadalajara à l'étranger**, vous n'aurez aucun mal à trouver partout des cabines fonctionnant avec des cartes d'appel. On peut se procurer ces *tarjetas de telefono* (télécartes) pratiquement dans tous les petits et grands magasins ou épiceries et même dans les restaurants de la métropole (3$, 5$ ou 10$ pour 30, 50 ou 100 unités).

Étant donné que le Mexique est le pays où les interurbains sont les plus dispendieux de tout le continent, il est plus avantageux d'appeler à frais virés (PCV). Pour les citoyens canadiens ou français désirant appeler dans leur pays respectif, le service d'appel à frais virés direct (Canada Direct ou France Direct) représente la formule la plus intéressante. Il est déconseillé d'appeler à l'étranger en passant par les hôtels, car, même en cas d'appels à frais virés ou sans frais (appel 1 800), l'hôtel exigera des frais pouvant aller jusqu'à 4$ par appel. Il en est de même en ce qui concerne les appels locaux, puisque les hôtels vous factureront jusqu'à 0,30$ par appel, alors que, d'une cabine téléphonique, ceux-ci ne coûtent que 0,05$.

Pour joindre le Canada depuis le Mexique, il faut composer le 001, l'indicatif régional et finalement le numéro de votre correspondant. Pour Canada Direct, faites le 95-800-010-1990, l'indicatif régional et le numéro de votre correspondant, ou attendez qu'un téléphoniste vous réponde.

Pour téléphoner en France, composez le 00-33, puis le numéro à 10 chiffres de votre correspondant en omettant le premier zéro, ou, pour France Direct, faites le 0-800-33-0057 ou le 0-800-33-0010.

Pour téléphoner en Belgique, composez le 00-32, le préfixe de la ville (si nécessaire) et le numéro de votre correspondant. Avec votre Calling Card, composez le ☎98-800-322-0001 suivi du #, plus votre numéro d'identification personnel (soit votre numéro de téléphone) suivi du #, plus votre code confidentiel suivi du #, plus l'indicatif régional suivi du #, plus le numéro de votre correspondant suivi du #.

Pour appeler en Suisse, composez le 00-41, le préfixe de la ville (si nécessaire) et le numéro de votre correspondant.

Internet

Pour un accès Internet au Mexique, contactez Telmex, la compagnie de télécommunication de l'État. Un service qui donne accès illimité au Net pour un mois est proposé pour 20$. Mais, attention, ce tarif s'applique à ceux qui disposent déjà d'une ligne téléphonique installée. De plus, un supplément est facturé lorsque plus de 100 appels ont été

Quelques sites Internet

Sites Internet d'intérêt touristique

www.jalisco.gob.mx

www.vivegdl.com.mx

www.guadalajara.net

www.viva-mexico.com.mx

Sites de recherche mexicains

www.yahoo.com.mx

www.espanol.yahoo.com

www.yupi.com.mx

www.adnet.com.mx

www.iguana.com.mx

www.mexplaza.com.mx

Répertoire des Pages jaunes

www.seccionamarilla.com.mx

www.yellow.com/mx

Renseignements
généraux

faits dans le mois. Pour joindre Telmex, appelez le service commercial au ☎800-701-0000.

Évidemment, on peut aussi envoyer du courrier électronique, et parfois aussi en recevoir, depuis différents cybercafés mentionnés dans ce guide dans la section «Restaurants» ou rencontrés au hasard de votre visite de la ville.

Services financiers

La monnaie

L'unité monétaire du Mexique est le *nuevo peso*. Depuis peu, cependant, le gouvernement a décidé d'abréger le terme en utilisant seulement le nom de *peso*. Le mot «peso» est donc

suffisant pour désigner la monnaie nationale. Le symbole du peso est $MEX. La Banque du Mexique émet des billets de 20, 50, 100, 200 et 500 pesos. Quant aux pièces de monnaie, elles se présentent en 1, 2, 5 et 10 pesos, puis en 5, 10, 20 et 50 centavos. La monnaie mexicaine est soumise à de fortes fluctuations, et de nombreuses dévaluations ont eu lieu ces dernières années.

Les banques

C'est dans les banques que l'on obtient généralement les meilleurs taux lorsqu'il s'agit de convertir des devises étrangères en pesos. Les heures d'ouverture de la majorité des institutions bancaires se lisent comme suit : du lundi au vendredi

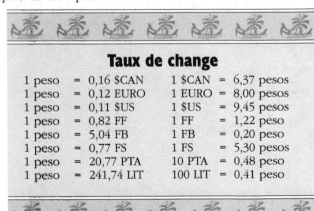

Taux de change

1 peso	=	0,16 $CAN	1 $CAN	=	6,37 pesos
1 peso	=	0,12 EURO	1 EURO	=	8,00 pesos
1 peso	=	0,11 $US	1 $US	=	9,45 pesos
1 peso	=	0,82 FF	1 FF	=	1,22 peso
1 peso	=	5,04 FB	1 FB	=	0,20 peso
1 peso	=	0,77 FS	1 FS	=	5,30 pesos
1 peso	=	20,77 PTA	10 PTA	=	0,48 peso
1 peso	=	241,74 LIT	100 LIT	=	0,41 peso

de 9h à 17h. Toutes les banques possèdent des guichets automatiques pour l'utilisation d'une carte bancaire ou d'une carte de crédit.

Les cartes de crédit et les chèques de voyage

Les cartes Visa, MasterCard et Americain Express sont les plus reconnues. Il convient cependant de ne rien prendre pour acquis et de s'informer.

En ce qui concerne les bureaux de change, vous en trouverez un peu partout, mais nombre d'entre eux se trouvent sur la portion de l'Avenida López Cotilla comprise entre la Calle Molina et la Calle Colón, où il est facile de magasiner ses taux. Même si ces bureaux acceptent la plupart des grandes monnaies (dollars américains et canadiens, monnaies européennes, yen), le dollar américain est toujours changé à un taux plus intéressant. Pour les détenteurs de dollars canadiens et, plus encore, pour ceux qui ont de la monnaie européenne, il est de loin plus avantageux d'utiliser sa carte de crédit ou de changer sa monnaie en dollars américains avant de partir. Assurez-vous d'avoir votre passeport, car il sera exigé lors de la transaction. Enfin,

dans la mesure du possible, évitez de changer votre argent dans les hôtels, car ceux-ci proposent des taux très désavantageux.

Il est toujours plus prudent de garder une partie de son argent en chèques de voyage. On peut parfois s'en servir dans les restaurants, dans les hôtels ainsi que dans certaines boutiques, mais à des taux moins intéressants. Les chèques de voyage sont facilement échangeables dans les banques et bureaux de change du Mexique (s'ils sont en dollars américains ou en dollars canadiens). Il est conseillé de garder une copie des numéros de vos chèques dans un endroit à part, car, si vous les perdez, la banque émettrice pourra vous les remplacer plus facilement et plus rapidement. Cependant, gardez toujours des espèces sur vous.

Par ailleurs, la plupart des guichets automatiques acceptent vos cartes Visa, MasterCard et cartes de débit reliées au système PLUS; de légers frais vous seront facturés (2$ au Canada), mais on vous consentira en général un meilleur taux de change que dans les banques et bureaux de change. De plus, vous n'aurez pas à attendre, et les guichets automatiques fonctionnent partout, jour et nuit.

Renseignements généraux

La Semaine sainte

En Amérique latine, la Semaine sainte correspond souvent aux derniers jours de la belle saison. De plus, durant cette semaine, qui précède la fête de Pâques, la plupart des travailleurs sont en congé. Ainsi, si plusieurs d'entre eux en profitent pour renouer leurs liens spirituels, plus d'un décide plutôt de prendre la poudre d'escampette et de mettre à profit ces derniers congés ensoleillés pour jouir des plages. Donc, ils vous faut absolument retenir si vous voyagez pendant cette semaine que la plupart des commerces et bureaux de tout le pays sont fermés, et que les plages et hôtels de plage sont bondés! Cela dit, vous pourrez en profiter pour admirer les belles processions qui défilent durant cette période!

Au moment de retirer ou d'échanger de l'argent, si vous avez le choix, optez pour de petites coupures puisque la pénurie de petite monnaie est un véritable fléau au Mexique. Il vous sera difficile d'écouler vos billets de 200 pesos sans attirer vers vous le maugréage des caissiers de tout magasin ou de ressortir du magasin les poches remplies de pièces de monnaie.

Jours fériés et calendrier des évènements

Toutes les banques et une partie des entreprises sont fermées durant les jours fériés et tout le pays semble rouler au ralenti. Organisez donc votre temps en fonction de ce calendrier.

1er janvier   Año Nuevo (jour de l'An)

6 janvier   Día de los Reyes Magos (Épiphanie)

5 février	Día de la Constitución (fête de la Constitution)
24 février	Día de la Bandera (jour du Drapeau)
21 mars	Nacimiento de Benito Juárez (anniversaire de la naissance de Benito Juárez)
1er mai	Día del Trabajo (fête du Travail)
5 mai	Cinco de mayo (anniversaire de la bataille de Puebla)
10 mai	Día de la Madre (fête des Mères)
16 septembre	Día de la Independencia (Fête nationale, aussi appelée *El Grito*)
12 octobre	Día de la Raza (anniversaire de la découverte de l'Amérique par Christophe Colomb)
1er novembre	Día de Todos Santos (Toussaint)
2 novembre	Día de los Muertos (Jour des Morts)
20 novembre	Día de la Revolución (fête de la Révolution)
12 décembre	Día de Nuestra Señora de Guadalupe (fête de Santa María de Guadalupe)
25 décembre	Navidad (Noël)

Les banques et les bureaux gouvernementaux sont aussi fermés le jeudi et le vendredi de la Semaine sainte. Plusieurs bureaux et commerçant sont fermés également pendant les fêtes de fin d'année, entre le 25 décembre et le 2 janvier.

Divers

La vie gay au Mexique

Guadalajara est une ville champignon qui est demeurée avec une mentalité très provinciale. Les valeurs qui régissent cette société sont encore celles d'un catholicisme puritain qui ne fait aucune place aux gays. Il suffit de se rappeler les événements de 1989 pour constater qu'il n'est pas toujours facile d'être gay ici : les autorités du PRI au pouvoir à l'époque décidèrent de fermer la presque totalité des bars gays de la ville pour des raisons de mauvaises mœurs. De nos jours, malgré une non-acception par principe du fait gay, la population accorde heureusement un plus grand respect aux membres de cette communauté et, ainsi, l'intolérance physique ne fait plus partie de leur quotidien.

La vie associative gay n'est pas très vivante à Guadalajara. Mis à part les réseaux d'appui aux sidatiques et un minuscule défilé de la fierté gay, il n'existe pas d'organisation qui lutte contre la discrimination et l'intolérance dirigées contre les gays. La difficulté de communication et d'organisation peut expliquer cette carence, mais c'est surtout une différence culturelle avec l'Europe et l'Amérique du Nord qui peut l'expliquer. Traditionnellement, les Mexicains ont plus tendance à aller chercher de l'appui et réconfort au sein même de leur famille plutôt qu'au milieu d'une association extérieure. Bien que ce modèle n'ait rien fait à ce jour pour la reconnaissance des droits des gays dans la société, il semble bien fonctionner. En effet, comme partout en Occident, il est maintenant plus facile pour les jeunes gays de s'accepter et de vivre leur différence.

Depuis quelques années, la vie de *ambiente* s'est développée grandement. Plus de 25 bars et boîtes ouvertement gays se remplissent chaque fin de semaine et quelques manifestations culturelles gays viennent enrichir l'animation culturelle de la ville. Il n'est pas rare de pouvoir assister à des pièces de théâtre, à des expositions ou à du cinéma gay présentés au grand public. Lentement mais sûrement, ces événements sensibilisent la population et contribuent à faire une place aux gays dans une société sans discrimination.

Décalage horaire

Il y a une heure (-1 heure) de décalage entre le Québec et l'État de Jalisco, quand il est 18h au Québec il est 17h à Guadalajara; le Mexique est à l'heure avancée à partir du premier dimanche d'avril jusqu'au dernier dimanche d'octobre. Il y a sept heures de décalage (-7 heures) avec la plupart des pays d'Europe de l'Ouest, à l'exception de l'Angleterre (-6 heures).

Électricité

Les prises électriques donnent un courant alternatif d'une tension de 110 volts, comme pour toute l'Amérique du Nord. Les fiches étant plates, les Européens ont besoin, en plus d'un convertisseur de courant, d'un adaptateur.

La langue

Ayant les mêmes racines latines que l'italien, le portugais et le français, l'espagnol paraît au premier abord incompréhensible. Et pourtant il suffit de prêter attention pour découvrir que de nombreux mots sont familiers au français une fois le *o* ou le *a* enlevé à la fin de chaque mot. Il suffit de connaître quelques repères et phrases clés pour réussir à se faire comprendre et ainsi ravir votre interlocuteur hispanophone. Comme dans tous les pays, voyager en connaissant quelques rudiments de la langue nationale amplifie le plaisir de la découverte. Il est sûr par ailleurs que la langue révèle beaucoup du caractère d'un peuple et de son bagage culturel.

L'espagnol parlé dans les Amériques est appelé l'«espagnol latino-américain», qui est différent de «l'espagnol castillan», parlé en Espagne. Comme toutes les langues du monde, l'espagnol a tout un lot de nuances et de subtilités qui peuvent être facilement maîtrisées en étant attentif lorsque qu'on vous adresse la parole.

Plus votre maîtrise de la langue sera bonne, plus vous remarquerez les grandes variations d'intonation de l'espagnol du Mexique et de l'existence d'expressions qu'on ne retrouve nulle part ailleurs (*camión*, *refresco*, *chamba*, etc.). Autre particularité, la langue d'ici est enrichie de nombreux apports du nahuatl, langue aztèque parlé encore par un million de Mexicains (*chocolate*, *cacahuate*, *tlapalería*, etc.). De plus, de nombreux archaïsmes du vieil espagnol continuent d'être utilisés de nos jours, ce qui témoigne de la tangente différente qu'a prise la langue au lendemain de l'indépendance de 1821.

Se lancer dans l'apprentissage de cette langue est une merveilleuse aventure qui est moins difficile qu'on ne le pense. Nous avons inclus à la fin de ce guide une introduction à la prononciation de l'espagnol et un court lexique pour que vous puissiez, à votre tour, échanger avec les Mexicains.

Renseignements généraux

Pour des cours d'espagnol de courte ou longue durée

Centro de estudios para extranjeros (CEPE)
Universidad de Guadalajara
Tomás V. Gómez n° 125
Col. Ladrón de Guevara
☎ *616-4399*
⇌ *616-4013*

Poids et mesures

Le système métrique est en vigueur au Mexique.

Poids et mesures

Mesures de poids
1 livre (lb) = 454 grammes

Mesures de distance
1 pouce (po) = 2,54 centimètres
1 pied (pi) = 30 centimètres
1 mille (mi) = 1,6 kilomètre

Mesures de superficie
1 acre = 0,4 hectare
10 pieds carrés (pi²) = 1 mètre carré (m²)

Mesures de température
Pour convertir °F en °C : soustraire 32, puis diviser par 9 et multiplier par 5.
Pour convertir °C en °F : multiplier par 9, puis diviser par 5 et ajouter 32.

Attraits touristiques

Située à l'ouest du Mexique, la ville de Guadalajara, *la perla del Occidente*, se loge dans la vallée d'Atemajac à 1 561 m au-dessus du niveau de la mer.

Son quartier historique est concentré au cœur de l'ancienne capitale de la Nouvelle-Galice, entouré par les *antiguos barrios* de Belém, Analco et Las Nueve Esquinas. Au niveau administratif, la ville est divisée en sept *zonas*, chacune portant le nom d'un attrait qui l'identifie : Centro, Huentitán, Minerva, etc.

Vous trouverez ci-dessous quelques propositions de visites classifiées selon la durée ainsi que selon divers intérêts.

Visite éclair

Le **Cerro de la Reina** (voir p 127) et le **Parque Mirador Independencia**, mieux connu sous le nom de **Barranca de Huentitán** (voir p 119).
Si vous disposez de 2 à 3 jours

Amateurs d'églises, ne manquez pas la **Catedral** (voir p 83) et l'**Iglesia de Santa Mónica** (voir p 92).

Amateurs de musées, ne manquez pas le **Museo Regional** (voir p 84).

Amateurs de plein air, ne manquez pas le **Parque Los Colomos** (voir p 139).

Amateurs de palais, ne manquez pas le **Palacio de Gobierno** (voir p 82).

Amateurs de l'archéologie précolombienne, ne manquez pas la **Pirámide del Iztépete** (voir p 114).

Amateurs de fresques, ne manquez pas l'**Instituto Cultural Cabañas** (voir p 88).

Si vous disposez de 3 à 5 jours

Amateurs d'églises, ne manquez pas la **Catedral**, l'**Iglesia de Santa Mónica** (voir p 92), l'**Iglesia de San Francisco de Asis** (voir p 102) et la **Basílica de Zapopan** (voir p 115).

Amateurs de musées, ne manquez pas le **Museo Regional** (voir p 84), le **Museo de Arqueología del Occidente de México**, la **Casa Museo José López Portillo** (voir p 90), le **Museo de la Ciudad** (voir p 94) et le **Museo del Ferrocarril** (voir p 109).

Amateurs de plein air, ne manquez pas le **Parque los Colomos** (voir p 139).

Amateurs de palais, ne manquez pas le **Palacio de Gobierno** (voir p 82) et le **Palacio Legislativo** (voir p 86).

Amateurs de l'archéologie précolombienne, ne manquez pas la **Pirámide del Iztépete** (voir p 114).

Amateurs de fresques, ne manquez pas l'**Instituto Cultural Cabañas** (voir p 88).

Circuit A : le berceau de Guadalajara

La visite de Guadalajara débute au cœur de la ville, à la **Plaza de Armas ★★★**, qui fut le centre de réunion et de divertissement jusqu'aux années cinquante. Pendant la période coloniale s'y trouvaient une fontaine ainsi que les arènes consacrées à la tauromachie. En 1851, 30 ans après l'índépendance, un kiosque fut installé au centre de la place. Il abritait les musiciens qui animaient les soirées de dimanche et des jours de fête. Venez écouter la fanfare municipale de Guadalajara qui y offre une *serenata* le mardi, le jeudi et le dimanche à 18h30.

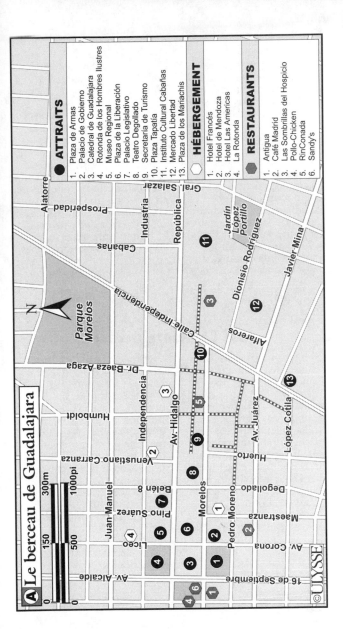

A Le berceau de Guadalajara

ATTRAITS
1. Plaza de Armas
2. Palacio de Gobierno
3. Catedral de Guadalajara
4. Rotonda de los Hombres Ilustres
5. Museo Regional
6. Plaza de la Liberación
7. Palacio Legislativo
8. Teatro Degollado
9. Secretaría de Turismo
10. Plaza Tapatía
11. Instituto Cultural Cabañas
12. Mercado Libertad
13. Plaza de los Mariachis

HÉBERGEMENT
1. Hotel Francés
2. Hotel de Mendoza
3. Hotel Las Americas
4. La Rotonda

RESTAURANTS
1. Antigua
2. Café Madrid
3. Las Sombrillas del Hospicio
4. Pollo-Chicken
5. RinConada
6. Sandy's

© ULYSSE

Le **kiosque** ★★★ actuel, réputé le plus beau du Mexique, fut fabriqué à Paris dans le plus pur style Art nouveau et date de 1909. Prenez le temps d'en faire le tour et d'admirer ses huit cariatydes en fer forgé qui tiennent une voile d'une main et un instrument de musique de l'autre. Au-dessus de leur tête se pose un lion ailé au corps féminin. Autour de la place, quatre sculptures sur un piédestal en bronze indiquent les quatre points cardinaux. Ces sculptures, fabriquées à New York dans les années trente, représentent les quatre saisons de l'année.

Juste en face, le **Palacio de Gobierno** ★★★ est un monument à ne pas manquer. Construit dans la deuxième moitié du XVIIIᵉ siècle sur l'emplacement de l'ancien palais détruit par un séisme, il possède une belle façade baroque à l'accent rocaille comportant deux niveaux. L'entrée principale s'orne d'un arc très élaboré entre deux colonnes rococo. Au premier étage, des balcons

José Clemente Orozco

Peintre et fresquiste originaire de la région, Orozco (Ciudad Guzmán 1883 – México 1949) est le représentant et cofondateur du muralisme. Dans ses portraits et surtout dans ses grandes peintures murales, il exprime l'épouvante et la souffrance des humbles face à la violence et à la guerre. Ses œuvres majeures datent de la fin des années trente : fresque de l'Universidad de Guadalajara *(Triomphe de la créativité libérée,* 1936), du Palacio de Gobierno (1937) et de l'Instituto Cultural Cabañas, où se trouve son chef-d'œuvre, *Hombre de fuego* (1938-1939). Ses formes fluides et mouvantes et sa composition rigoureuse témoignent alors de sa parfaite maîtrise technique. Située dans le contexte du renouveau de l'art mexicain – tentative de renouer avec la tradition précolombienne –, l'œuvre d'Orozco témoigne également d'influences européennes, notamment celles de Greco, de Picasso et des expressionnistes.

Kiosque de la Plaza de Armas

en fer forgé allongent la façade et des gargouilles en forme de canons rappellent la présence de l'armée espagnole pendant la période coloniale. Le balcon principal est couronné d'une réplique de la cloche de Dolores, symbole de l'indépendance du Mexique; le cube de l'horloge fut ajouté en 1885. À l'intérieur, après avoir contemplé l'harmonieux ensemble du **patio central**, en montant l'escalier, vous découvrirez l'impressionnante **fresque ★★★** intitulée *Padre Hidalgo*, le père de la patrie, qui brandit la torche qui illumine le chemin de la liberté. Cette œuvre fut réalisée par José Clemente Orozco, un des grands de la peinture murale mexicaine. Sa dernière **fresque ★★★**, *Los tres grandes movimientos revolucionarios de México*, se trouve au deuxième étage,

dans l'ancien siège de la législature de l'État.

Retournez vers l'Avenida Alcalde et passez devant le **Sagrario Metropolitano ★**, construit dans le plus pur style néoclassique, afin de visiter la **Catedral de Guadalajara ★★★** *(tlj 7h à 21h)*, une des sept cathédrales mexicaines datant du XVIe siècle. Ce magnifique édifice, le plus grand de la ville, résume quatre siècles de liturgie et de dévotion avec ses autels, ses reliquaires et ses images saintes. La cathédrale s'est vu ajouter de nombreux éléments de styles différents. Ses célèbres tours aux tuiles jaunes et bleues, édifiés à la suite d'un séisme en 1818, sont devenues le symbole de la ville. Sa façade de style Renaissance se pare de sculptures de la Vierge, de saint Pierre et de saint Paul dans des niches séparées de l'entrée principale par des colonnes corinthiennes. La façade est couronnée d'un fronton austère représentant l'ascension de la Vierge entourée des apôtres en relief. À l'intérieur, l'élégant plafond à nervures dorées attire l'attention, ainsi que l'ensemble harmonieux de style néoclassique.

Malheureusement, il ne reste rien de l'autel original, une magnifique œuvre baroque en argent; un général le fit fondre lors de la

Attraits touristiques

guerre de la Réforme. Au fond de la nef centrale, vous pourrez admirer le chœur en bois sculpté. La coupole, construite dans la deuxième moitié du dernier siècle, est décorée avec des motifs floraux dorés à la française. Les vitraux multicolores, amenés d'Allemagne à la même époque, donnent une allure spéciale à l'intérieur de cette cathédrale. Les amateurs de tableaux apprécieront particulièrement les nombreuses toiles baroques datant de la période coloniale. Avant de sortir, regardez au-dessus de l'entrée principale. Vous y verrez l'imposant orgue de fabrication française qui a réussi à échapper aux avatars de l'histoire.

Museo Regional

À côté de la cathédrale, la **Rotonda de los Hombres Ilustres** ★ offre un agréable espace vert ombragé en pleine centre-ville. Située au milieu de la place, cette rotonde à 17 colonnes striées, sans chapiteaux, rend hommage aux personnages qui ont contribué à la grandeur de Guadalajara. Des sculptures en bronze complètent le décor de ce jardin.

Ne manquez pas de contempler l'ensemble colonial où les sympathiques *calandrias* (calèches typiques de Guadalajara) ont fixé leur poste, juste devant le **Museo Regional** ★★★ *(20$, entrée libre mar et dim; visite guidée en espagnol mar-ven à midi, en anglais sur demande; mar-sam 9h à 17h45, dim 9h à 13h45; Liceo n° 60, ☎614-5257).* Cet intéressant hôtel espagnol datant de la fin du XVIIe siècle abritait originalement le séminaire Saint-Joseph. Utilisé par la suite pour loger un collège de garçons, le bâtiment fut finalement destiné au musée des beaux-arts en 1918, aujourd'hui le Museo Regional.

Depuis sa rénovation totale en 1976, il inclut 16

salles d'exposition, l'ancienne chapelle, un auditorium, des bureaux administratifs et une boutique proposant des reproductions de pièces archéologiques, des objets en argent et des livres publiés par l'Instituto Nacional de Antropología e Historia. L'entrée, composée d'un arc soutenu par deux colonnes austères, est couronnée d'une niche baroque où se dresse une sculpture de saint Joseph. Au premier étage, des fenêtres à grilles et un balcon en fer forgé complètent l'élégante façade. Les quatre angles de l'édifice sont embellis d'une colonne monumentale. À l'intérieur, derrière une fontaine polygonale à gauche, un impressionnant portail de style platéresque, provenant d'un hôtel colonial, vaut la peine d'être admiré.

Au rez-de-chaussée, les salles 1 et 2 intéresseront surtout les passionnés de paléontologie et d'archéologie. Trois salles au premier étage présentent une importante exposition ethnographique des groupes amérindiens du Jalisco. Les amateurs de tableaux y trouveront aussi cinq salles couvrant les arts plastiques de la région et du Mexique depuis le XVIIe siècle. Parmi les peintures maîtresses, ne manquez pas d'admirer les œuvres de Manuel Cabrera, de José de Ibarra, nommé le Murillo mexicain, et de

José María Estrada. L'avant-chœur, agrémenté d'une belle collection de toiles de peintres espagnols, français et italiens, mérite un coup d'œil. Vous en apprendrez un peu sur l'histoire du Mexique depuis l'indépendance à l'aide des objets, des photos et des peintures en exposition dans deux autres salles. Des calèches de l'époque stationnent dans le couloir devant ces salles. Enfin, la visite peut s'achever au rez-de-chaussée, dans la chapelle destinée à des concerts dont l'acoustique s'avère excellente.

Parmi les belles places de la ville, la **Plaza de la Liberación** ★★★, située derrière la cathédrale, est réputée pour être une des meilleures réalisations du XXe siècle au Mexique et mérite une attention toute particulière, tant pour son animation que pour sa vue mettant en valeur les principaux monuments du berceau de la Nouvelle-Galice. Elle commémore l'abolition de l'emprise coloniale décrétée par le Padre Hidalgo à Guadalajara en 1810. Une statue représentant cet événement le montre tenant les chaînes brisées de l'esclavage dans ses mains. Tout au long de l'Avenida Hidalgo, du côté nord de la place, se succèdent une série d'importants palais.

Attraits touristiques

Entre la Calle Pino Suárez et la Calle Belén se trouve le **Palacio Legislativo** ★★★, qui date du XVIIIe siècle. Construit pour la résidence de l'évêque Juan Gómez de Parada, un important bienfaiteur de la ville, il fut postérieurement destiné à la **Real Fábrica de Tabaco**. Depuis sa rénovation en 1982, il abrite le Congrès local. Sa façade néoclassique est superbe.

Catedral de Guadalajara

En poursuivant un peu plus loin dans la même rue, après avoir passé devant le **Palacio de Justicia** ★, vous arriverez au célèbre **Teatro Degollado** ★★★ *(entrée libre : lun-ven 10h30 à 11h et 12h30 à 14h; le Ballet folklorique de l'université de Guadalajara se produit ici dimanche à 10h : droit d'entrée 20$ à 100$;* ☎*614-4773)*, de loin le théâtre le plus beau de Guadalajara et l'un des plus importants monuments de la ville. La légendaire soprano mexicaine Angela Peralta y interpréta «Lucía di Lammermoor» lors de son inauguration en 1866. Inspiré du théâtre de la Scala de Milan, il est construit dans un style néoclassique à forte influence italienne. Huit co-

lonnes corinthiennes composent son portique monumental. Vous verrez, inscrite sur la corniche, la légende *Qué nunca llegue el rumor de la discordia* (Que la discorde ne nous parvienne jamais), en allusion à la mythologie grecque. Sur le fronton, un relief remarquable représente Apollon entouré des neuf muses. Cinq portes en fer forgé donnent accès à l'élégant vestibule de forme elliptique. Cet espace raffiné est agrémenté d'une belle colonnade et de deux bustes sculptés en bronze, l'un du général Santos Degollado, le créateur du théâtre, et l'autre de Jacobo Gálvez, l'architecte qui réalisa le projet.

Le premier étage accueille des expositions temporaires de peinture. En montant les escaliers, vous arriverez à la salle de concerts. Au-dessus de l'arche de l'avant-scène, vous pourrez contempler une fresque allégorique, *El tiempo y las horas*, et, au claveau droit, un aigle en bois tenant le drapeau du Mexique dans ses serres et une chaîne dans son bec.

La tradition populaire veut que le théâtre s'effondrera le jour où il lâchera la chaîne. La belle fresque du plafond retiendra certainement votre attention avant de quitter la salle. Elle représente une scène du Chant IV de la «Divine Comédie» de Dante.

Juste derrière le théâtre, la **Plaza Fundadores** ★ compte une sculpture immense représentant la fondation définitive de la ville, en 1542. Elle mesure 21 m de long et 3 m de haut.

À deux pas de là, en empruntant le **Paseo Degollado**, vous arriverez à la **Secretaría de Turismo** *(Paseo Degollado n° 105)*. La façade est moderne, vous ne vous trompez pas. À l'intérieur, vous découvrirez l'ancien siège de la Sainte-Inquisition, une des premières grandes contructions de la ville. N'hésitez pas à vous rendre au comptoir des renseignements où vous trouverez un accueil chaleureux et des informations précises en espagnol, anglais ou français.

En traversant la cour intérieure, vous pouvez sortir par la porte donnant sur la Calle Morelos, afin d'admirer sa belle façade. À l'angle de la Calle Morelos et du Callejón del diablo, la **Fuente de los niños** anime cet endroit nommé **el Rincón del diablo** *(le coin du diable)*, entouré de mille anecdotes et légendes coloniales. En suivant la même rue, la façade Belle Époque du restaurant La Rinconada mérite un coup d'œil. Prenez le temps de flâner dans cette agréable rue piétonnière. Vous aboutirez à une **sculpture monumentale de l'écusson de la ville de Guadalajara**, octroyé par le roi d'Espagne Charles V, en 1539. À quelques pas de là, vous verrez la belle **sculpture classique** d'une jeune femme avec une corne d'abondance à ses pieds.

Un peu plus loin, en plein cœur de la **Plaza Tapatía** ★★★, se trouve l'énorme **sculpture** ★ intitulée *La Inmolación de Quetzalcóatl*, au milieu d'une fontaine en forme de croix. La flamme symbolisant le «feu nouveau» mesure 23 m de haut. Quetzalcóatl est entouré de quatre figures allégoriques représentant Aztlán, le lieu mythique où le peuple aztèque trouve ses origines.

En poursuivant votre route tout droit vers l'Instituto Cultural Cabañas, vous apercevrez une colonnade de fontaines qui se dresse sur votre chemin. La légende populaire raconte que le visiteur qui traverse ces jets d'eau saura, par le nombre de gouttes d'eau qui marqueront ses vêtements, le

Attraits touristiques

nombre de fois qu'il reviendra à Guadalajara.

S'il ne fallait visiter qu'un lieu à Guadalajara, ce serait sans conteste l'**Instituto Cultural Cabañas** ★★★ *(8$, aucuns frais pour les visites guidées en espagnol ou en anglais; mar-sam 10h à 17h45, dim 10h à 15h; ciné-club jeu-mar à 18h et 20h, entrée 20$; ballet folklorique mer à 20h30, entrée 25$; ☎617-4322 ou 617-4248)*, le plus impressionnant monument de Guadalajara, situé au bout de la Plaza Tapatía. Érigé par l'évêque Juan Cruz Ruiz de Cabañas y Crespo pour accueillir les orphelins pauvres de la ville, ce magnifique édifice fut inauguré en 1810. Depuis 1983, il abrite un des plus importants centres culturels du pays et, en 1997, l'Unesco l'a déclaré «patrimoine de l'humanité». L'Hospicio Cabañas, œuvre de l'architecte valencien Manuel Tolsá (le créateur du Palais des mines à México), est construit dans un style néoclassique austère : un fronton sans relief, soutenu par six colonnes doriques et une façade sobre sans agrément autre qu'une série de fenêtres à grilles en fer forgé. À l'intérieur, au fond du **Patio de los Naranjos** (cour des orangers), vous découvrirez la **Capilla Clementina**, surnommée la «chapelle Sixtine

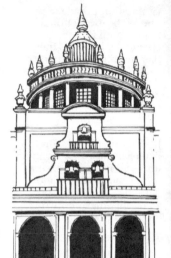

Instituto Cultural Cabañas

des Amériques». Son intérieur étonne vraiment. Il est totalement recouvert d'une composition de peinture murale, réalisée par José Clemente Orozco juste avant la Seconde Guerre mondiale. Sur un fond simple mais original, le profil gris de la ville de Guadalajara, Orozco dépeint avec des couleurs éclatantes la réalité mexicaine depuis ses origines. La **coupole** reflète la pensée du peintre. Elle montre l'homme dans différentes attitudes, entouré de feu représentant l'essence de l'existence humaine. Prenez le temps d'explorer les recoins de ce véritable laby-

Les mariachis

La musique des mariachis est un ingrédient incontournable de toutes les fêtes données à Guadalajara. Elle est aujourd'hui le symbole même de la vitalité culturelle du Mexique. Et c'est ici même dans l'État de Jalisco que les mariachis sont nés, pendant les années trente, à partir des ensembles musicaux Cocula établis à México.

Les mariachis ont décidé de transformer le style des chansons *sones* en en modifiant la composition instrumentale : à l'origine, ils regroupaient quatre violons, une harpe, une *vihuela* (guitare ancienne espagnole) et deux guitares, une petite et une grande. La harpe a disparu, la *vihuela* a été remplacée par une troisième guitare et l'on a introduit la trompette, instrument devenu indispensable dans les groupes. Avec l'arrivée de la radio et de la télévision qui diffusent largement leurs chansons, les mariachis sont rapidement devenus populaires dans tout le Mexique.

À l'origine, le répertoire des chansons était composé uniquement de *rancheras*. Aujourd'hui il couvre tous les genres, y compris la musique classique. Mais les mariachis restent surtout associés à la musique *ranchera*, élevée au rang d'hymne national. Les thèmes évoqués vont des relations entre hommes et femmes ou encore la relation entre l'homme et les animaux, sa communauté, son pays et sa masculinité. Ceux qui sont fiers d'être Mexicains connaissent par cœur au moins deux ou trois strophes de plusieurs chansons de mariachis.

Que ce soit lors des grands événements ou pour une sérénade privée, les mariachis sont aujourd'hui omniprésents dans tout l'État. D'ailleurs, pour quelques pesos, vous pouvez les entendre à la Plaza de los mariachis, où ils sont particulièrement nombreux à proposer leurs services.

Attraits touristiques

rinthe – 106 salles, 72 couloirs et 23 patios, cela en vaut la peine. De nombreuses salles sont consacrées à l'exposition d'œuvres d'art.

Ceux qui apprécient l'artisanat du Mexique ne doivent pas manquer de faire un détour par le **Mercado Libertad** ★★★, mieux connu sous le nom du **Mercado de San Juan de Dios** *(tlj 9h à 19h; voir p 90, 224)*. Les boutiques sont achalandées et les prix, très accessibles. Vous pouvez y accéder en descendant les escaliers localisés au sud de l'entrée de l'Hospicio Cabañas.

Finalement, les passionnés de mariachis trouveront la **Plaza de los Mariachis** ★ tout près du marché. Localisée au bout d'une petite rue qui commence à l'intersection de la Calzada Independencia et de l'Avenida Javier Mina, cette place est animée jour et nuit par ces sympathiques musiciens en costumes traditionnelles qui viennent proposer une chanson contre un pourboire aux clients des restaurants.

Circuit B : demeures et places du vieux Guadalajara

En suivant la Calle Liceo en direction nord, à deux pâtés de maisons du Museo Regional, vous arriverez à une belle demeure ancienne, la **Casa Museo José López Portillo y Rojas** ★ *(entrée libre; lun-ven 9h à 20h; Liceo n° 177, ☎613-2411)*. Aménagée dans l'ancienne résidence de l'écrivain à qui le musée doit son nom, la Casa Museo présente des meubles et des objets d'art datant des XVIIIe et XIXe siècles. Vous pouvez y voir 18 tableaux représentant des fables de La Fontaine, ainsi que des porcelaines, des meubles Louis XVI et un piano fabriqué en 1800.

En prolongeant votre visite par la Calle San Felipe, vers l'ouest, vous aboutirez au **Jardín de la Reforma** ★. Ce paisible jardin fut un champ de bataille pendant la guerre de la Réforme au XIXe siècle. Du côté nord de la place, vous pouvez contempler l'**Iglesia San José de Gracia** ★, un bel exemple

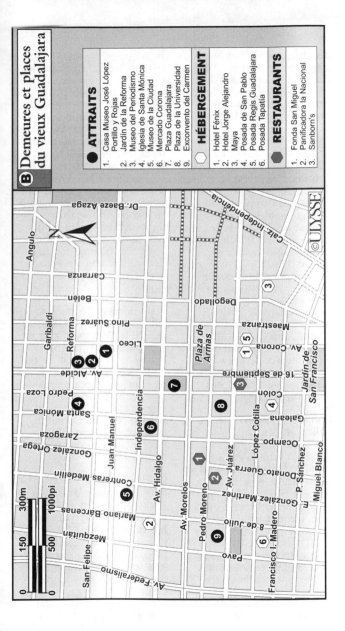

B Demeures et places du vieux Guadalajara

● ATTRAITS

1. Casa Museo José López Portillo y Rojas
2. Jardin de la Reforma
3. Museo del Periodismo
4. Iglesia de Santa Mónica
5. Museo de la Ciudad
6. Mercado Corona
7. Plaza Guadalajara
8. Plaza de la Universidad
9. Exconvento del Carmen

⬡ HÉBERGEMENT

1. Hotel Fénix
2. Hotel Jorge Alejandro
3. Maya
4. Posada de San Pablo
5. Posada Regis Guadalajara
6. Posada Tapatía

⬡ RESTAURANTS

1. Fonda San Miguel
2. Panificadora la Nacional
3. Sanborn's

© ULYSSE

d'architecture néoclassique, avec une seule tour. À l'opposé du jardin, sur l'Avenida Alcalde, se trouve le **Museo del Periodismo** ★ (musée du journalisme) *(6$; mar-sam 9h à 18h, dim 10h30 à 15h; Av. Alcalde n° 225, ☎613-9285)*, également connu sous le nom de la **Casa de los Perros** (la maison aux chiens) pour les sculptures canines embellissant sa façade. Ce lieu historique fut le site de la première imprimerie de la ville (1793). Au début de la guerre d'Indépendance, en 1810, y parut le premier journal des insurgés. La maison est de style néoclassique et date de la fin du XIXᵉ siècle. Elle renferme d'intéressantes expositions illustrant le développement de la presse, de la radio et de la télévision à Guadalajara, ainsi que des expositions temporaires.

Continuez votre visite par la Calle Reforma, toujours en direction ouest, jusqu'à l'angle de la Calle Santa Mónica, afin d'admirer l'**Iglesia de Santa Mónica** ★★★, le monument baroque le plus important de l'Ouest mexicain. Cette magnifique structure, construite au XVIIIᵉ siècle, faisait partie d'un couvent démoli pendant la guerre de la Réforme (les arcs et les chapiteaux ont été récupérés et déplacés au Patio de los Angeles, voir p 105). Sa

façade, agrémentée d'exubérants reliefs Art nouveau, présente des colonnes rococo et un aigle bicéphale, symbole de la royauté espagnole. Sur la partie supérieure droite, vous verrez la célèbre **statue de saint Christophe**, traditionnellement invoqué par les femmes célibataires à la recherche d'un mari, ainsi que par les dames dont le rapport avec leur conjoint n'était pas harmonieux. À l'intérieur, rien ne reste du superbe autel rococo original. La décoration actuelle est réalisée dans un style néoclassique.

Juste derrière l'église, sur le site de l'ancien couvent, se trouve la **XVª Zona Militar** ★, un bâtiment en brique rouge et en pierre grise qui contraste avec la plupart des anciens monuments de la ville. Sa façade, avec quatre atlantes soutenant le balcon central, mérite un coup d'œil. L'accès à l'intérieur de l'édifice est restreint.

La visite se poursuit en traversant la place devant la Zona Militar afin de contempler la **Preparatoría Jalisco** ★ (collège Jalisco), l'ancien Colegio San Felipe Neri, qui date du début du XIXᵉ siècle. Affecté ensuite comme hôpital et après comme orphelinat, l'immeuble abrite la Preparatoria de Jalisco depuis 1914. Ayant

La guerre de la Réforme

En 1848, à la suite de la guerre contre les États-Unis, le Mexique perdit la moitié de son territoire. L'instabilité résultante donna lieu à des mouvements de luttes intestinales. Les tendances se polarisèrent à partir de la nouvelle constitution proclamant les lois de la Réforme : la séparation de l'Église et de l'État, la nationalisation des biens ecclésiastiques et la création du registre de l'État civil.

Enfin, la présidence libérale de Benito Juárez, le premier Amérindien à accéder à ce poste, semblait apporter au pays un gouvernement stable et l'espoir d'entrer dans une ère de tranquillité. Mais les partisans conservateurs contestèrent ce nouvel ordre et le pays fut de nouveau mis à feu et à sang. Juárez se réfugia à Guadalajara avec ses ministres, et la ville fut déclarée capitale du pays le 18 février 1858. Malgré la protection de son armée improvisée et mal équipée, il n'y resta qu'un mois. Il faillit y être assassiné et s'échappa à Manzanillo (il ne regagna México qu'après un détour par Panamá, La Nouvelle-Orléans et Veracruz).

À son départ de Guadalajara, les partisans conservateurs recommencèrent la lutte et la ville changea de mains cinq fois en deux ans. La destruction fut considérable comme en témoignent la disparition de nombre de couvents au centre-ville et l'ouverture de nouvelles rues à leur emplacement. Les libéraux occupèrent la ville définitivement vers la fin de 1860 et n'abandonnèrent le pouvoir qu'à l'entrée dans Guadalajara des troupes françaises commandées par le général Bazaine au début de 1864. Trois ans après, à la fin de l'intervention française, le parti libéral reprit le pouvoir au Mexique.

Attraits touristiques

subi plusieurs modifications, la construction ne manque pas d'intérêt, mais c'est l'ensemble harmonieux de la place, avec ses édifices, qui constitue l'attrait principal des lieux.

Pour une visite plus approfondie de Guadalajara, les amateurs d'histoire ne doivent pas manquer le **Museo de la Ciudad ★★★** *(3$; mer-sam 10h à 17h30, dim 10h à 14h30; visites guidées en espagnol sur demande; Independencia n° 684, ☎658-2531 ou 658-2665, ≠658-3706).* Pour y accéder, prenez la Calle González Ortega en direction sud jusqu'à la Calle Independencia. Tournez à droite et, un pâté de maisons et demi plus loin, vous verrez la belle façade aux balcons en fer forgé du musée. Le noyau de cette ancienne demeure date du XVIIIᵉ siècle. Modifiée à plusieurs reprises, elle fut renovée par la mairie de Guadalajara en 1991. À l'aide d'objets, de tableaux, de maquettes et de photos, une intéressante exposition retrace l'histoire de la ville. Le musée abrite également une bibliothèque.

La découverte des lieux se poursuit en direction de la cathédrale. Vous passerez devant le **Mercado Corona ★**, un marché très animé où les gens s'arrêtent pour grignoter des friandises avant de continuer leurs courses.

Tournez dans la Calle Pedro Loza. En suivant cette rue piétonnière, vous verrez l'**arcade latérale de la Mairie ★** à gauche et l'**Iglesia La Merced ★** à droite. À quelques pas de là, vous aboutirez à la moderne **Plaza Guadalajara ★★★**, qui offre une **superbe vue** sur la façade principale de la cathédrale. En descendant un peu plus loin dans la même rue, vous découvrirez la charmante **Plaza de la Universidad ★★★**. C'est sur cette place animée que fut fondée la Real Universidad de Guadalajara à la fin du XVIIIᵉ siècle, dans l'édifice abritant la **Biblioteca Iberoamericana Octavio Paz ★★★** *(lun-sam 9h à 20h).* Son **portique monumental néoclassique** fut ajouté en 1826. Son intérieur abrite d'importantes **fresques** dessinées par le grand peintre muraliste David Alfaro Siqueiros. Des livres sur tous les thèmes, distribués dans des rayons en bois, feront le plaisir des amateurs qui s'y arrêtent pour bouquiner un peu. La vue depuis la fontaine de la place permet de contempler l'**arcade** des bâtiments de la Calle Pedro Loza et les **magasins d'allure française** de l'Avenida Juárez.

Enfin, la visite s'achève à l'**Ex-Convento del Carmen ★★★** *(entrée libre aux expositions; mar-sam 9h à 20h, dim 9h à 15h; Av. Juárez*

La légende des Barcelonnettes

Le terme «Barcelonnette» évoque une aventure peu commune, qui se poursuivit pendant plus de 150 ans : l'émigration d'ouvriers agricoles et des bergers du sud-est de la France vers le Mexique. Cette émigration fut non seulement originale mais très audacieuse en son temps. Auparavant, on entendait par «Barcelonnettes» les habitants de la vallée de l'Ubaye, dont le chef-lieu était Barcelonnette.

Cette petite ville située dans les Alpes du Sud, près de la frontière italienne, fut fondée au XIIIᵉ siècle par Béranger, comte de Provence et de Barcelone. Depuis des siècles, les hommes de la région s'expatriaient durant les longs mois d'hiver. Ils se transformaient en colporteurs de tissus et parcouraient la région lyonnaise, la Bourgogne et les pays rhénans et flamands pour vendre leurs marchandises.

Le Mexique, devenu indépendant en 1821, ouvre ses portes aux étrangers. Cette même année, les frères Arnaud partent des Basses-Alpes pour l'Amérique. Après un détour par La Nouvelle-Orléans, ils atteignent la ville de México en 1823, où ils ouvrent un commerce de nouveautés au détail à l'enseigne d'*El cajón de ropa de las siete puertas* (le tiroir à vêtements des sept portes). Ce faisant, ils assignent à la future émigration des «Barcelonnettes» au Mexique sa première et essentielle activité : le commerce de vêtements, spécialité dont elle ne se départira plus. Les affaires sont excellentes et, bientôt, ils font venir des Alpes trois de leurs compatriotes. En 1845, deux des émigrés rentrent au pays, chacun rapportant 250 000 francs-or, fortune qui, au dire du notaire local, *«hanta dès lors toutes les imaginations»*.

C'est alors que se déclenche le mouvement migratoire dit des «Barcelonnettes» au Mexique. Au début du XXᵉ siècle, le consulat de France à México recense environ 5 000 familles originaires des Alpes résidant au Mexique.

Attraits touristiques

Au fil des années, ils bâtissent un véritable empire commercial, parvenant même à supplanter leurs concurrents anglais et allemands. Du commerce des tissus au détail, les «Barcelonnettes» passeront vite à la vente en gros, puis à la fabrication industrielle.

C'est ainsi qu'ils créent au Mexique la première industrie textile de toute l'Amérique latine. Ils se diversifient également dans l'industrie du papier, des conserves, des cigarettes, des brasseries et dans les banques. Dès 1880, à l'image de Paris, ils créent dans la capitale et dans d'autres grandes villes les «grands magasins» aux enseignes évocatrices : *El Palacio de Hierro, El Puerto de Liverpool, La Fábricas de Francia, El Nuevo París*... À cette même époque, ils fondent une série d'importantes institutions culturelles et sociales, notamment le Cercle français, la Société philharmonique et dramatique française, la Société hippique française et la Société de bienfaisance française, suisse et belge.

L'identité «Barcelonnette» reste toujours très vivante au Mexique. À l'heure actuelle, on peut estimer leur nombre à quelque 50 000 personnes parmi les émigrés et leurs descendants résidant sur le territoire mexicain. Un nombre fort réduit d'expatriés comblés d'or a regagné la vallée de l'Ubaye, où ils ont fait construire à Barcelonnette et à Jausiers de somptueuses villas entourées de vastes parcs. Témoignant de cet extraordinaire lien entre le Mexique et cette région de France, il existe à Barcelonnette un consulat honoraire du Mexique localisé au numéro 7 de l'avenue Porfirio-Díaz.

n° 638, ☎613-1544, programme culturel : ☎614-7184, voir aussi p 221), un important centre culturel localisé à cinq pâtés de maisons à l'ouest sur l'Avenida Juárez.

Le couvent original, datant de 1758, fut partiellement démoli au XIXe siècle. De nos jours, la moitié du cloître et la petite chapelle abritent des galeries d'art, un ciné-club, un théâtre et une salle de concerts. Une petite boutique propose des livres et d'anciennes cartes postales.

Juste en face de l'Ex-Convento, le **Jardín del Carmen** ★ offre un espace vert sous des arbres et abrite l'élégante **Iglesia del Carmen** ★★, jadis la chapelle du couvent. Totalement modifiée en 1830, celle-ci présente une superbe façade néoclassique et, à l'intérieur, des peintures coloniales agrémentées de dorures et une belle fresque au plafond de la coupole. L'ensemble mérite une visite.

Circuit C : le Panteón de Belén et son quartier

Avant d'explorer l'historique quartier de Belén, il convient de faire un saut au **Jardín** et à l'**Iglesia del Santuario de Guadalupe** ★★, un lieu célèbre de Guadalajara, surtout pour ses fêtes traditionnelles en l'honneur de la vierge de Guadalupe, la patronne des Mexicains. Pour vous y rendre, prenez l'un des autobus circulant sur l'Avenida Alcalde en direction nord. À la fin du XVIIIᵉ siècle, un remarquable évêque bienfaiteur de la ville, Fray Antonio Alcalde, fit construire l'église et Las

cuadritas del Santuario, un petit quartier d'habitations populaires, à ses frais personnels.

L'ensemble ne manque pas de charme. En commençant votre visite, vous remarquerez **deux arc-boutants massifs** accolés à la façade. Cet ajout du XIXᵉ siècle renforce la façade qui risquait de s'effondrer. L'intérieur, embelli de dorures néoclassiques, comprend un **tableau** de la Vierge de Guadalupe datant de 1779. L'attrait principal du Santuario réside dans sa **fête patronale** ★★★ qui a lieu le 12 décembre. Nul passionné de folklore et de traditions ne saurait la manquer. Les croyants de Guadalajara, habillés en costumes amérindiens, font un pélerinage au Santuario pour y rendre hommage à leur patronne. Le parvis se transforme alors en fête de village. Les gourmands apprécieront les *buñuelos*, sorte de beignets mexicains. L'animation atteint son apogée le soir, lors des *castillos*, ces feux d'artifice typiquement mexicains.

Parmi les lieux intéressants de Guadalajara, l'ensemble comprenant le **Panteón de Belén** ★★★ *(lun-ven 9h à 14h et 16h à 18h; Calle Belén nº 684)*, l'**Hospital Civil** ★★★ *(Calle Hospital*

Fiestas de Octubre

Chaque mois d'octobre, Guadalajara connaît une forte effervescence à l'occasion des traditionnelles Fiestas de Octubre (fêtes d'octobre). Créées dès 1965 à l'image de la fameuse Octoberfest tenue en Allemagne, ces fêtes ont pour but d'attirer les visiteurs durant le mois d'octobre. Tant les touristes que les Tapatiens y trouvent leur compte.

Elles consistent en une spectaculaire succession de défilés, de danses, de corridas, de feux d'artifice, de festins et de divertissements, qui s'étend sur un mois entier. On y retrouve également les traditionnelles *charreadas*, *verbedas* (soirées de fête populaire) et parties de *fútbol* ainsi qu'un volet plus culturel où des concerts de musique classique et d'opéras sont présentés dans les salles de la ville. À ce moment de l'année, tout le centre historique s'anime pour devenir le théâtre de nombreux événements.

Chaque jour du mois est consacré à l'un des États du Mexique, plus les deux territoires et le compte y est. Petits et grands peuvent aussi s'y amuser ferme avec la fête foraine et ses traditionnels carrousel, grande roue et saut à l'élastique. Vous arrivez à Guadalajara justement à ce moment de l'automne? C'est l'occasion ou jamais de vous régaler de toutes ces activités, cela pendant 31 jours consécutifs. Pour le calendrier, consultez les nombreuses affiches placardées à travers la ville.

n° 278) et l'**Iglesia de Belén ★** *(Calle Hospital)* mérite une attention spéciale. Suivez l'Avenida Alcalde vers le nord. À l'angle de la Calle Eulogio Parrra, tournez à droite. Vous aboutirez à l'entrée principale du singulier Panteón de Belén, autrefois le Panteón de Santa Paula. Ce cimetière, inauguré en 1848 et mis en veilleuse 50 ans après, constitue une partie remarquable du patrimoine historique et culturel de la ville. Sa façade, couronnée de **trois aiguilles néogothiques,**

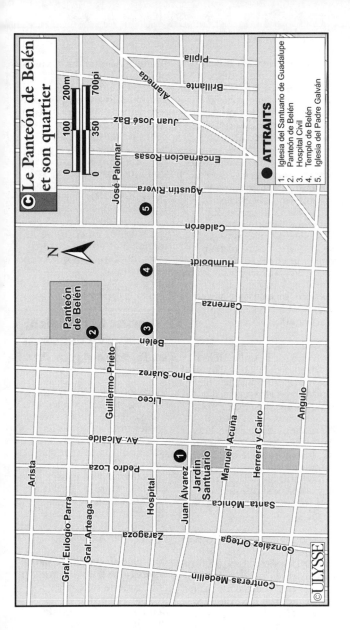

C Le Panteón de Belén et son quartier

ATTRAITS

1. Iglesia del Santuario de Guadalupe
2. Panteón de Belén
3. Hospital Civil
4. Templo de Belén
5. Iglesia del Padre Galván

© ULYSSE

est agrémentée d'un **beau relief** représentant deux enfants en pleurs. En entrant, vous découvrirez deux **colonnades** soutenant une voûte qui couvre les niches d'importantes personnalités *tapatías* enterrées en ces lieux. Les **monuments funéraires** construits à l'intérieur, quoique partiellement vandalisés, témoignent de l'influence du romantisme en vogue au XIXe siècle. La variété de styles – égyptien, romain, baroque et néogothique – retiendra certainement votre attention. Au milieu du cimetière, le **mausolée aux hommes illustres** est digne d'admiration.

La visite se prolonge en descendant la Calle Belén. À l'angle de la Calle Hospital, tournez à gauche afin d'admirer l'Hospital Civil de Belén, une des plus importantes œuvres du grand bienfaiteur de la ville, Fray Antonio Alcalde. Cet hôpital, inauguré en 1794, offre toujours un service médical important. Sa façade, avec ses colonnes ioniques et son fronton, mérite un coup d'œil.

Accolé à l'hôpital, se trouve le Templo de Belén, construit à la même époque. Au-dessus de la porte aux colonnes ioniques, vous pourrez contempler la **sculpture de saint Michel**, le patron de Guadalajara, provenant du premier hôpital de la ville et datant de 1545.

En poursuivant un peu plus loin dans la rue, vous aboutirez à la surprenante **Iglesia del Padre Galván ★★★**. La façade de cet édifice original, construit dans un style gothique moderne en 1960, mérite une attention toute particulière. Autour des hauts-reliefs représentant la naissance du Christ, 56 anges habillés en costume de mariachi et jouant des instruments typiques célèbrent l'événement.

Circuit D : Analco, Las Nueve Esquinas et le parc Agua Azul

Vieux quartiers populaires de Guadalajara, Analco et Las Nueve Esquinas ont su garder une partie de leur charme d'antan. Par ce circuit, vous pourrez revivre la vie quotidienne des habitants des siècles passés. Le circuit débute au Jardín de San Francisco, Avenida 16 de Septiembre, à quatre pâtés de maisons au sud de la Plaza de Armas.

Le charmant **Jardín de San Francisco ★★★** se situe du côté gauche de l'angle formé par l'Avenida 16 de Septiembre et l'Avenida Prisciliano Sánchez. Au

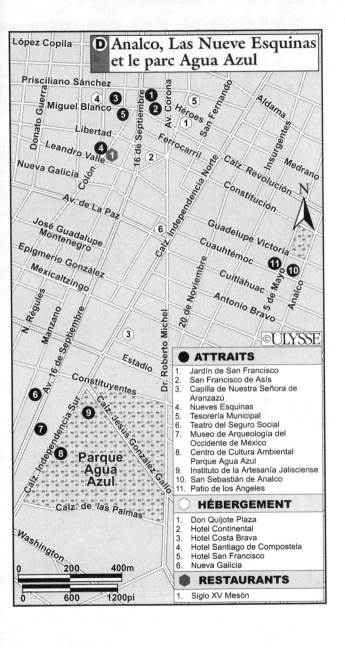

D Analco, Las Nueve Esquinas et le parc Agua Azul

©ULYSSE

bout du jardin se dresse l'**Iglesia San Francisco de Asís** ★★★, une des plus vieilles de Guadalalajara, qui représente un joyau d'architecture baroque. Construit au XVIIe siècle sur l'emplacement de la première église, ce superbe temple mérite une attention toute particulière. Vous pouvez admirer sa façade agrémentée de colonnes rococo et de cinq magnifiques sculptures. Si les intérieurs richement décorés vous attirent, entrez dans l'édifice où vous découvrirez d'admirables tableaux coloniaux et l'impressionnant autel rococo doré. Ne manquez pas de contempler les nervures aux réminiscences gothiques qui embellissent la voûte.

La visite se poursuit en traversant l'Avenida 16 de Septiembre pour atteindre la **Capilla de Nuestra Señora de Aranzazú** ★★★. La façade de cette chapelle, datant du XVIIIe siècle, est conçue dans un style très simple. Les classiques tours des vieilles églises espagnoles manquent. Par contre, en observant le **beffroi**, vous serez surpris : ses contours rappellent les anciennes missions californiennes. Son intérieur se révèle être un véritable musée d'art sacré. Prenez le temps de contempler son autel churrigueresque qui a survécu à la destruction causée par les

turbulences politiques du XIXe siècle.

La découverte des lieux se poursuit par une promenade à **Las Nueve Esquinas** ★★★, l'un des plus sympathiques quartiers de Guadalajara. Cet ensemble de rues entrecroisées appartenait autrefois à l'ancien faubourg de Mexicaltzingo, situé un peu plus loin vers le sud. Ancien emplacement de l'abattoir de la ville, le quartier de Las Nueve Esquinas est caractérisé par de **belles demeures datant du XIXe siècle**. Pour y accéder, prenez la Calle Colón, à gauche juste derrière la chapelle Aranzazú. À l'angle de la Calle Miguel Blanco, à droite, les amateurs du style Belle Époque remarqueront sans doute la façade de la **Tesorería Municipal** ★★. Une rue plus loin, vous aurez l'impression d'entrer dans un village mexicain de la fin du XIXe siècle. Prenez le temps de flâner un peu et de découvrir ses ruelles et ses places embellies de vieilles fontaines en pierre. Les nombreuses imprimeries installées le long des rues, avec leurs vieilles presses, ajoutent une animation rétro au charme des lieux.

Si la gastronomie locale vous tente, ne manquez pas de goûter à la **birria**, la spécialité du coin. Ce plat typique – de la viande assaisonnée aux feuilles d'agave et aux épices, cuite une nuit entière – a rendu le quartier célèbre. Outre les petites salles à manger populaires, une série de restaurants de qualité ont ouvert leurs portes depuis la récente rénovation de Las Nueve Esquinas.

En prolongeant votre visite plus au sud sur l'Avenida 16 de Septiembre, à l'angle de l'Avenida Constituyentes, vous atteindrez le quartier **Agua Azul**, où l'on trouve d'importants sites et institutions culturelles. Pour vous y rendre, vous pouvez prendre un bus sur l'Avenida 16 de Septiembre puisque la marche jusqu'à Agua Azul n'est pas de tout repos. Toujours sur l'Avenida 16 de Septiembre, du côté droit, vous passerez devant un ensemble de bâtiments modernes appartenant à l'Instituto Mexicano del Seguro Social.

Les amateurs d'art dramatique ne sauront manquer le **Teatro del Seguro Social (Teatro IMSS)** *(Avenida 16 de Septiembre s/n, ☎619-4121, voir aussi p 221).* Ce théâtre, un des plus importants de la ville, présente d'excellentes pièces. Du côté gauche se trouvent la **Casa de la Cultura**, siège de la radio culturelle de l'État, et la tour de la **Biblioteca Pública del Estado**. Au milieu d'un jardinet, juste derrière la tour, se dresse

le **Museo de Arqueología del Occidente de México** ★ *(3$; mar-dim 10h à 14h et 16h à 19h; présentation de vidéos; Avenida 16 de Septiembre n °889, ☎825-3821),* construit dans un style évoquant la base d'une pyramide. Ce petit musée présente une collection de pièces archéologiques provenant du Jalisco, ainsi que d'autres régions comprises dans l'aire des **Culturas de Occidente**. À l'aide des objets exposés, les passionnés d'antiquités précolombiennes apprendront les divers aspects de la vie quotidienne des premiers habitants de l'ouest du Mexique.

Si vous êtes à la recherche de calme et de verdure, vous n'avez qu'à traverser la Calzada Independencia, de l'autre côté du musée, pour une balade dans l'extraordinaire **Centro de Cultura Ambiental Parque Agua Azul** ★★★ *(4$; mar-dim 10h à 18h; Calzada Independencia Sur n° 973, ☎619-0333),* un des plus importants projets d'aménagement écologique urbain d'Amérique latine. Ce parc fait partie de la personnalité de Guadalajara depuis la fin du XIXᵉ siècle. Un bel édifice agrémenté d'une arcade, situé à l'extrême sud du parc, date de cette époque.

En 1991, un groupe de prestigieux architectes *tapatíos* lance le projet de créer un centre d'interprétation écologique à même le parc existant afin de sauvegarder l'environnement et de promouvoir son importance. Les travaux achevés, le nouveau Parque Agua Azul ouvre ses portes. Vous serez impressionné par les attraits naturels qui se succèdent dans cet endroit merveilleux. Juste au milieu, vous trouverez une biosphère renfermant des milliers de papillons, uniques au Mexique. Prenez le temps de vous y asseoir. Au bout d'un moment, ces petits êtres volants apparaîtront devant vos yeux, le nombre et les espèces variant selon la saison de l'année. Il s'agit d'un vrai spectacle que vous n'oublierez pas.

À quelques pas de là, vous découvrirez une énorme volière abritant environ 250 oiseaux appartenant à 53 espèces tropicales différentes. Un peu plus loin, une serre d'orchidées, cette structure en verre renforci construite en forme de pyramide, attirera certainement votre attention. En y pénétrant, vous pourrez admirer la grande variété de ces belles fleurs exposées sous un climat humide contrôlé. Nous vous conseillons de la visiter en mars ou en octobre, quand la floraison est plus abondante. Les enthousiastes de jardinage trouveront la pépinière en prenant l'allée à droite, à

mi-chemin entre l'enceinte aux orchidées et un petit lac. Outre les viviers, les laboratoires de recherche, la bibliothèque et la salle d'exposition, le Parque Agua Azul réalise une importante activité éducative auprès des habitants de la région et des visiteurs.

Si vous êtes passionné d'artisanat, il suffit de longer le Parque Agua Azul, en passant devant l'important **Teatro Experimental de Jalisco** (*Calzada Independencia Sur s/n, Núcleo Agua Azu,* ☎619-3730), et de faire quelques pas sur la Calzada González Gallo pour atteindre l'**Instituto de la Artesanía Jalisciense** ★★★ (*entrée libre; lun-ven 10h à 18h, sam 10h à 17h, dim 10h à 15h; Calzada González Gallo n° 20,* ☎619-1407 ou 619-4664, voir aussi p 225). Dans cette institution, un véritable paradis de l'art populaire, vous pourrez admirer l'intéressante collection «Roberto Montenegro» et deux salles renfermant l'exposition-vente des extraordinaires pièces fabriquées par des artisans des différentes régions du Jalisco.

Bien que le centre historique comporte la majorité des monuments coloniaux de Guadalajara, d'anciens quartiers, originalement de petits villages aux alentours de la ville, conservent d'importantes constructions qui ne manquent pas d'intérêt. Le quartier **Analco** est mentionné dans un document historique daté du 10 décembre 1560. Peuplé par des groupes amérindiens à cette époque, Analco est essentiellement l'œuvre des évangélisateurs franciscains. Pour y arriver, suivez la Calzada Independencia huit pâtés de maisons au nord de l'ensemble Agua Azul. Prendre un bus est une sage décision. À l'angle de la Calle Cuauhtémoc, tournez à droite. Un peu plus loin, vous aboutirez à une place ombragée où se trouve l'**Iglesia San Sebastián de Analco** ★★ *(Calle Cuauhtémoc n° 252)*. Sur le parvis de l'église, vous pouvez admirer une croix en pierres sculptées datant des premières années de la Nouvelle-Galice. La façade du temple principal, qui en réalité couvre l'église et deux chapelles accolées de chaque côté, est agrémentée d'un arc simple et de reliefs Art nouveau. Sa construction date du XVIIe siècle. À l'intérieur, vous découvrirez un décor curieux – un mélange de dorures baroques et néoclassiques.

Toujours sur la place, en poursuivant votre visite à gauche, vous trouverez le célèbre **Patio de los Angeles** ★★★ *(entrée libre; lun-ven 9h à 20h30, sam 9h à 14h; Calle Cuauhtémoc n° 250, ☎619-2886, ≠619-5479)*, un important centre culturel empreint d'histoire et de légendes. L'édifice actuel est conçu dans un style harmonieux, moderne, mais les arcs et les colonnes du patio, sculptés il y a plus de 250 ans, correspondent à l'ancien cloître du couvent de Santa Mónica (voir p 92). Selon la légende, ce cloître fut réalisé par de jeunes maçons particulièrement enthousiastes. La construction achevée, les religieuses du couvent cherchèrent à les payer, mais ils avaient disparu. Alors, persuadées qu'en réalité c'étaient des anges qui l'avaient construit, elles le baptisèrent «el Patio de los Angeles».

Après la guerre de la Réforme, au XIXe siècle, le couvent fut démoli. Ayant échappé miraculeusement à cette destruction, les pierres du cloître embellissent de nos jours l'édifice de ce centre culturel. Vous apprécierez certainement ses colonnes aux chapiteaux ioniques et ses arcs agrémentés de reliefs aux fleurs qui dégagent un charme naïf.

Attraits touristiques

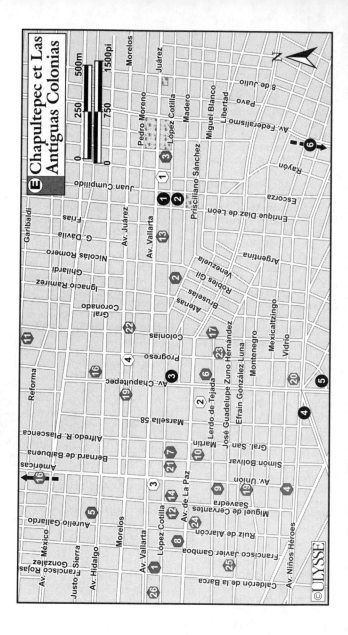

E Chapultepec et Las Antiguas Colonias

500m
250
0
1500pi
750
0

★★

Circuit E : Chapultepec et Las Antiguas Colonias

Le circuit débute à la Rectoría de la Universidad de Guadalajara, située à quelques pas du Parque Revolución de l'Avenida Juárez. Pour s'y rendre, il faut prendre un bus sur Juárez ou descendre à la station de métro Parque Revolución.

La **Rectoría de la Universidad de Guadalajara ★★★** *(entrée libre; lun-sam 9h à 20h; Av. Juárez n° 975)*, construite en 1918, est un important édi-fice représentatif du style Belle Époque en vogue au début du XIXe siècle. Conçu originalement pour abriter le nouveau palais législatif, il loge le siège du rectorat de l'université depuis sa ré-ouverture en 1925. Bien que sa belle façade ne man-que pas d'intérêt, son attrait principal réside à l'intérieur, dans les deux grandes et puissantes **fresques** réalisées par José Clemente Orozco sous la coupole et derrière la scène du **Paraninfo** (salle de séances). En longeant la Rectoría, afin d'entrer par la porte arrière, les passionnés de photos et d'arts graphi-ques trouveront le **Museo de las Artes ★** *(10$; mar-jeu et*

● **ATTRAITS**	
1. Rectoría de la Universidad de Guadalajara	4. Galería de Arte Moderno
2. Templo Expiatorio	5. Centro Cultural Jaime Torres Bodet
3. Av. Chapultepec	6. Museo del Ferrocarril

◯ **HÉBERGEMENT**	
1. Hotel del Parque	3. Hotel-Suites Bernini
2. Hotel Laffayette	4. Posada Cameleón

● **RESTAURANTS**	
1. Bistro de Thérèse	14. Los 4 Gatos
2. Circuló Francés	15. Los Itacates
3. Copenhagen 77	16. Ma come no
4. Delfín Sonriente	17. Maximino's
5. El Che	18. Mondo Café
6. El Espeto	19. Monique
7. El Globo	20. Peña Cuicalli
8. El Pargo	21. Riscal
9. Famosa Gardens	22. Sacromonte
10. Habana	23. Santo Coyote
11. Karne Garibaldi	24. Suehiro
12. La Paloma	25. Veneto Café
13. Le Grand Bordeaux	26. Vida Leve

Attraits touristiques

sam 10h30 à 18h30, ven 10h30 à 20h, dim midi à 18h; Calle López Cotilla n° 930; ☎825-8888). La petite boutique du musée propose des livres, des souvenirs ainsi que des objets en argent, et, pour le plaisir des amateurs de danse mexicaine, les CD et vidéos produits par le Ballet folklorique de l'université de Guadalajara.

En prolongeant votre visite par la Calle Escorza, vous aboutirez au Jardín Cuauhtémoc. Du côté nord du jardin, vous pourrez observer le superbe **Templo Expiatorio ★★★**, œuvre d'Adamo Boari, l'architecte de la célèbre poste centrale de México. Remarquez que cette église est construite selon la tradition artisanale du Moyen Âge, sans structures de fer ni béton. Sa **façade**, de style gothique italien, aux mosaïques fabriquées au Vatican, retient l'attention de tous ceux qui la contemplent. Ses portes sculptées en bois et embellies de parements en bronze méritent un coup d'œil. Si vous faites votre visite à 9h, midi ou 18h, vous serez charmé par l'horloge allemande d'où sort un défilé d'apôtres marquant l'heure au rythme de la musique du carillon. L'intérieur de l'église est à voir. À la lueur filtrant à travers les vitraux multicolores élaborés par des maîtres artisans français,

vous découvrirez une atmosphère aux réminiscences de siècles lointains. Ne manquez pas d'admirer l'autel en bronze doré, fabriqué à Barcelone et agrémenté d'icônes en émail.

Le quartier localisé entre le Templo Expiatorio et l'Avenida Unión s'est développé surtout au début du XXe siècle. Si vous n'êtes pas trop pressé en explorant ce quartier, vous pourrez découvrir les **belles demeures bourgeoises** appartenant autrefois aux notables de la société. Pour cette découverte, nous vous recommandons de prendre le tour long proposé par les cochers des *calandrias* (voir p 84), qui parcourent les plus belles rues de cette partie de la ville. Parmi d'autres résidences, ne manquez pas de contempler la **Casa de los abanicos** (la maison aux éventails), au numéro 1823 de l'Avenida Libertad.

Les passionnés de meubles anciens et de petites antiquités ne sauront pas manquer un dimanche matin à la **Plaza de la República ★**, située le long de l'Avenida México entre l'Avenida Chapultepec et l'Avenida General San Martín. Les brocanteurs et antiquaires de Guadalajara se donnent rendez-vous une fois par semaine pour proposer un intéressant choix de beaux objets à cet endroit sympathique appelé **El Trocadero** ★★. N'hésitez pas à y faire un saut. Même si vous n'êtes pas un bibeloteur acharné, rien qu'un tour fera plaisir à vos yeux.

En continuant votre balade par l'**Avenida Chapultepec** ★, vous aurez l'occasion de flâner sur ce boulevard embelli d'un agréable terre-plein aux fontaines et aux arbres verdoyants. Prenez le temps de vous arrêter dans un de ses nombreux cafés-terrasses pour boire un cappuccino et grignoter un morceau de gâteau (voir p 182).

Par la suite, les amateurs d'art moderne auront certainement envie de visiter la **Galería de Arte Moderno** ★ *(entrée libre; mar-ven 10h à 19h, sam-dim 10h à 14h; Avenida Mariano Otero n° 375, ☎616-32-66)*, située à un pâté de maisons du rond-point du **Monumento de los Niños Héroes**, à l'entre-croisement de l'Avenida Chapultepec, de l'Avenida Niños Héroes et de l'Avenida Mariano Otero. Depuis 30 ans, cette galerie présente des expositions temporaires de peinture, sculpture, gravure et photographies d'artistes contemporains. Enfin, la vie culturelle de la ville trouve un espace important dans le **Centro Cultural Jaime Torres Bodet** *(angle Avenida Chapultepec Sur et Avenida España, ☎615-1209)*, localisé à quelques pas de là, juste derrière la galerie. Cette belle construction moderne abrite une salle de spectacles réputée pour son extraordinaire acoustique. Vous y trouverez un excellent programme de pièces de théâtre et de concerts de qualité.

Les nostalgiques de trains seront ravis d'apprendre l'ouverture du **Museo del Ferrocarril** *(Parque del Deán, angle Avenida Lázaro Cárdenas et Calle Ramal del ferrocarril, juste devant la Siderúrgica Guadalajara)*. Les visiteurs peuvent admirer la formidable locomotive à vapeur *Niagara*, fabriquée à Schenectady, New York, dans les années quarante, ainsi qu'une collection de divers wagons et autres objets utilisés autrefois dans le transport ferroviaire au Mexique. Cette exposition s'avère certainement un attrait des plus intéressants.

Circuit F : la Minerva et El Iztépete

Parmi les symboles identifiant la ville de Guadalajara, la **Fuente Minerva** ★★ demeure sans conteste l'un

Attraits touristiques

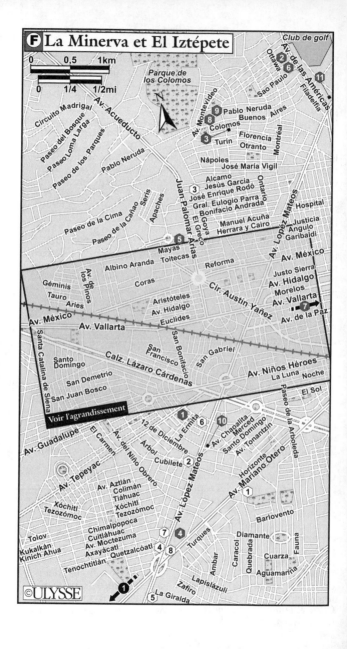

F La Minerva et El Iztépete

Club de golf

0   0,5   1km
0   1/4   1/2mi

Parque de los Colomos

Av. de las Américas

Ottawa

Sao Paulo

Filadelfia

Circuito Madrigal

Av. Acueducto

Paseo del Bosque

Paseo Loma Larga

Paseo de los Parques

Pablo Neruda

Montevideo

Pablo Neruda

Buenos Aires

Colomos

Turin

Florencia

Otranto

Nápoles

José María Vigil

Paseo de la Cima

Paseo de la Cañáo

Apaches

Seris

Juan Palomar Arias

Alcamo

Jesús García

José Enrique Rodó

Gral. Eulogio Parra

Bonifacio Andrada

El Greco

Goya

Ontario

Manuel Acuña

Herrara y Cairo

Hospital

Av. López Mateos

Justicia

Angulo

Garibaldi

Mayas

Av. de los Pinos

Albino Aranda

Toltecas

Reforma

Av. México

Géminis

Tauro

Aries

Coras

Aristóteles

Av. Hidalgo

Euclides

Cir. Austín Yañez

Justo Sierra

Av. Hidalgo

Morelos

Av. Vallarta

Av. México

Av. Vallarta

Av. de la Paz

Santa Catalina de Siena

Santo Domingo

San Francisco

San Bonifacio

San Gabriel

Calz. Lázaro Cárdenas

Av. Niños Héroes

La Luna

Noche

San Demetrio

San Juan Bosco

El Sol

Paseo de la Arboleda

Voir l'agrandissement

Av. Guadalupe

El Carmen

Av. del Niño Obrero

12 de Diciembre

La Ermita

Chapalita

Merced

Santo Domingo

Horizonte

Av. Mariano Otero

Av. Tepeyac

Árbol

Cubilete

Av. Tonantzin

Av. Aztlán

Colimán

Tiáhuac

Xóchitl

Tezozómoc

Barlovento

Xóchitl

Tezozómoc

Chimalpopoca

Cuitláhuac

Av. Moctezuma

Axayácatl

Quetzalcóatl

Turques

Diamante

Caracol

Quebrada

Cuarza

Fauna

Tolov

Kukalkán

Kinich Ahua

Tenochtitlán

Ambar

Lapislázuli

Zafiro

La Giralda

Aguamarina

©ULYSSE

● ATTRAITS	
1. El Iztépete	

○ HÉBERGEMENT	
1. Hotel Guadalajara Plaza Expo	5. Posada del Sol
2. Hotel Guadalajara Plaza López Mateos	6. Posada Guadalajara
	7. Presidente Inter-Continental
3. Hotel Margarita	8. Vista Plaza del Sol
4. Motor Hotel Américas	

◗ RESTAURANTS	
1. Bon's Café	7. Lüsherly
2. Dragón de Oro	8. Mr. Bull
3. El Gordo Steak	9. Roma Antica
4. El Sorbo de café	10. Si como no
5. Hostería del Arte	11. Tacón Galleta
6. Las Palomas	

des plus représentatifs. Cette sculpture monumentale, mesurant 8 m de hauteur, se dresse au milieu d'un beau rond-point, à l'entrecroisement de l'Avenida Vallarta, de l'Avenida López Mateos, de la Circunvalación Agustín Yáñez et de l'Avenida Golfo de Cortés. Pour s'y rendre, il faut prendre le bus *Par vial* 400 sur l'Avenida Independencia à la Rotonda, voisine de la cathédrale. Émergeant des nuages en mouvement, un effet d'optique produit par des jets d'eau fins, Minerve, la déesse de la Sagesse des anciens Grecs et Romains, garde fièrement l'entrée ouest de la ville. La place revêt un caractère populaire puisqu'elle constitue le lieu de rassemblement privélégié lors des victoires de *Las Chivas*, l'une des équipes de foot de la ville. À ce moment, des

milliers de partisans envahissent la rotonde.

À deux pas de là, à droite et en direction du centre-ville, vous parviendrez à la **Casa Museo José Clemente Orozco** *(entrée libre; lun-ven 9h à 17h; Avenida Aurelio Aceves n° 29, ☎616-8329)*, la résidence du muraliste lors de son séjour à Guadalajara. Une énorme fenêtre permettant l'illumination naturelle de son atelier domine

Attraits touristiques

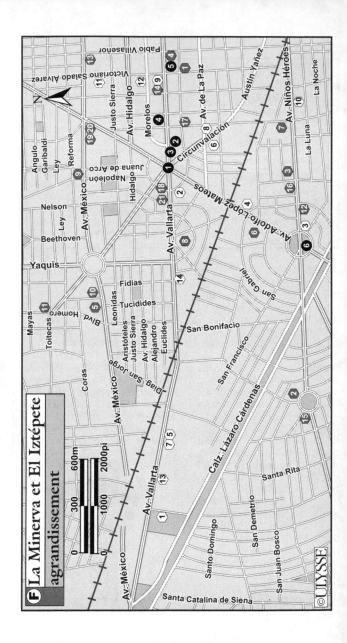

La Minerva et El Iztépete
agrandissement

● ATTRAITS	
1. Fuente Minerva	4. Observatorio Astronómico
2. Casa Museo José Clemente Orozco	5. Centro Magno
3. Arcos de Vallarta	6. Estampida

○ HÉBERGEMENT	
1. Camino Real	9. Hotel Plaza Los Arcos
2. Fiesta Americana	10. Hotel-Suites Fuente del Bosque
3. Holiday Inn Select	11. Hotel Windsor
4. Hotel del Bosque	12. Las Pergolas
5. Hotel Nuevo Vallarta	13. Malibu
6. Hotel Patricia	14. Motel Guadalajara
7. Hotel Puerto Vallarta	
8. Hotel Plaza Diana	

● RESTAURANTS	
1. Café Martinique	12. La Trattoria
2. Dalí Café	13. Los Otates
3. Estancia Gaucha	14. Lüsherly
4. El Arca	15. New York New York
5. El Italiano	16. Oliveto
6. El Libanés	17. Oui Café
7. Hacienda Navarro	18. Parilla Argentina
8. La Calle	19. Quinta Real
9. La Destilería	20. Sushi-Nori
10. La Pianola	21. Taquería de la Minerva
11. La Squina	

la façade. Le musée abrite des expositions temporaires, la bibliothèque personnelle d'Orozco ainsi qu'une fresque démontable peinte à México en 1945.

En poursuivant sur l'Avenida Vallarta, vous pourrez contempler les célèbres **Arcos de Vallarta** ★, construits dans un style qui rappelle les arcs de triomphe de l'Antiquité. Ce monument, commémorant le quatrième centenaire de la fondation de Guadalajara, est agrémenté de tuiles jaunes, tout comme les tours de la cathédrale, et flanqué d'une fontaine de chaque côté.

Toujours sur l'Avenida Vallarta, une rue après les Arcos, vous aboutirez à l'**Observatorio Astronómico** ★ *(entrée et visite guidée en espagnol 5$; mar et jeu 10h à 13h; visite guidée en français, anglais, allemand ou russe sur demande 5$; bibliothèque: lun-ven 10h à 18h;«Viernes Astronómico» conférences et vue du ciel par télescope le dernier vendredi du mois de 19h à 20h15; Av. Vallarta n° 2602, ☎616-4937)*, fondé en 1926. Les amateurs de la voûte céleste ne voudront certainement pas manquer l'occasion de contempler le ciel de Guadalajara à l'aide du télescope, une activité proposée par cet important

Attraits touristiques

centre de recherche astronomique et météorologique appartenant à l'université de Guadalajara.

Le quartier entourant la Fuente Minerva est parsemé d'importants centres commerciaux où il est agréable de flâner. Le plus récent, le **Centro Magno** ★, bordé par l'Avenida Vallarta, l'Avenida López Cotilla, le Fco. de Quevedo et l'Avenida Lope de Vega, attire l'attention par son architecture à la fois ultramoderne et rétro, harmonisant des coins accueillants dans des espaces futuristes. L'accent est mis sur le divertissement. Ainsi le Centro Magno abrite 20 salles de cinéma : le meilleur choix de la ville.

Revenez vers la Fuente Minerva et empruntez l'Avenida López Mateos en direction sud.

En descendant l'Avenida López Mateos quatre pâtés de maisons vers le sud, les passionnés de chevaux pourront admirer l'***Estampida*** ★, un magnifique ensemble de statues équestres sculptées en bronze, localisée sur le rond-point à l'angle de l'Avenida Niños Héroes. Le mouvement produit par les chevaux en débandade est impressionnant.

Il ne faut pas être féru d'histoire ni archéologue pour apprécier le site de

fouilles d'**El Iztépete** ★★★ *(entrée libre; mar-dim 10h à 18h; Prolongación Mariano Otero s/n)*, situé à l'intersection de Prolongación Mariano Otero et du Periférico Sur, au sud-ouest de la ville. Pour s'y rendre, Il faut prendre un bus sur l'Avenida Mariano Otero. Ces intéressantes ruines précolombiennes, datant probablement du VIe siècle selon les spécialistes, constituaient le noyau d'un important centre cérémoniel et quartier résidentiel de l'élite.

En contemplant l'ensemble, vous remarquerez que le style en est très simple. La structure principale, construite avec un mélange d'argile et de pierres, mesure 6 m de hauteur. Elle servait originalement de base à quatre temples qui ont disparu avec le temps. Vous pourrez observer les quatre escaliers, accolés aux murs, qui donnaient autrefois accès aux temples. Le site comprend aussi l'ensemble d'habitations des notables et une place bordée de deux petites structures. L'intérêt d'El Iztépete réside surtout dans son importance historique. L'ensemble fut construit par les aïeux des Aztèques lors de leur long pèlerinage à Tenochtitlán (aujourd'hui México), lieu signalé par les dieux comme leur patrie définitive. C'est dans l'ouest du Mexique, dans les États de Jalisco,

Colima et Nayarit, que ceux-ci développèrent des aspects de leur première culture, notamment les tombes à puits, la céramique «cloisonnée» et la métallurgie. Après un parcours dans Guadalajara, une visite d'El Iztépete vous fera découvrir un autre monde, aussi loin de la Nouvelle-Galice que du Mexique moderne.

Circuit G : le faubourg de Zapopan

Peu de choses sont encore connues à ce jour sur la période précolombienne de **Zapopan ★★**. Pourtant, des vestiges prouvent qu'il fut le siège d'un centre cérémoniel de tribus provenant du nord-ouest du Mexique entre les IVe et VIe siècles. À l'arrivée des Espagnols, Zapopan était devenu un lieu sans importance. La ville fut néanmoins fondée en 1541 et les franciscains commencèrent l'évangélisation des habitants. Un an plus tard, Fray Antonio de Segovia offrit, aux Autochtones nouvellement convertis au christianisme, une petite sculpture de la Vierge fabriquée avec une pâte de maïs par des Amérindiens du Michoacán. Depuis ce temps, des miracles lui fu-

rent attribués et, de nos jours, la Virgen de Zapopan attire des pèlerins de tout le Mexique.

À 8 km au nord du centre de Guadalajara, en empruntant la Calzada Avila Camacho, se trouve ce qui reste du village. Les arches de bienvenue marquent le début d'une importante zone piétonnière, le Paseo Teopilzintli. Ce *paseo* est intégré à la Plaza de las Américas, jolie esplanade ayant en son centre le traditionnel kiosque mexicain.

Devant vous se dresse le symbole même de Zapopan, la **Basílica de la Virgen de Zapopan ★★★**. La basilique, avec sa magnifique façade, date du XVIIe siècle et fut construite par des moines franciscains, fondateurs du couvent adjacent. Cet élégant temple abrite une image vénérée de la Vierge confectionnée avec de la pâte de maïs. Cette image fut amenée ici par des moines qui, dit-on, avaient réussi à pacifier des Amérindiens belligérants par le simple fait de voir cette image. De là son surnom, *La Pacificadora* (la pacificatrice).

En 1606, le temple s'effondra entièrement, mais l'image ne subit heureusement aucun dommage. Plus tard, on lui attribua des cures miraculeuses et autres pro-

Attraits touristiques

diges, dont celui d'avoir stopper une épidémie mortelle qui sévissait à Guadalajara. Elle fut donc déclarée patronne de Guadalajara contre les tempêtes, les orages et les épidémies. C'est donc depuis ce temps que la tradition veut que la Vierge visite durant six mois les 130 paroisses de la zone métropolitaine et retourne à son temple le 12 octobre de chaque année. À ce moment, elle est accompagnée par plus d'un million de fidèles qui lui souhaitent la bienvenue. D'ailleurs, les visiteurs attentifs auront tôt fait de remarquer les nombreuses répliques de la Vierge qui sont offertes dans les petites boutiques de souvenirs de la ville.

De la mi-octobre à la mi-avril, il est donc possible d'admirer cette image à l'intérieur de la basilique. Même si l'image de la Vierge est somme toute petite et bien humble, des enrichissements successifs sont venus l'embellir, dont une belle coupe d'argent ornée de perles. Pour rendre hommage à son titre de *Reina de Jalisco* (reine de Jalisco), elle porte une canne d'or et un ruban bleu. Un petit coffre également en or souligne quant à lui son titre de patronne des voyageurs de commerce.

À droite de l'entrée principale de la basilique, les amateurs de traditions amérindiennes voudront certainement s'arrêter au **Museo Huichol ★★** *(6$; mar-dim 9h à 14h et 16h à 19h)*, où se trouve une fascinante exposition-vente d'artisanat et de vêtements de ce peuple du nord de l'État de Jalisco.

Kiosque de la Plaza de las Américas

La visite se poursuit en descendant la Calle Morelos. Un peu plus loin, vous parviendrez au **Templo de San Pedro Apóstol ★**, une belle église néoclassique datant de la fin du régime espagnol. À l'intérieur, les amateurs de tableaux pourront apprécier une toile de Juan Correa, un important peintre du XVIIe siècle. À quelques pas de là,

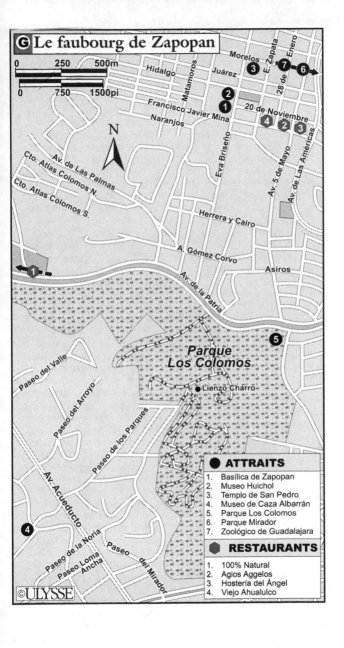

G Le faubourg de Zapopan

| 0 | 250 | 500m |
| 0 | 750 | 1500pi |

Hidalgo
Morelos
E. Zapata
28 de Enero
Juárez
Matamoros
Francisco Javier Mina
20 de Noviembre
Naranjos
Eva Briseño
Av. 5 de Mayo
Av. de Las Américas
Av. de Las Palmas
Cto. Atlas Colomos N.
Cto. Atlas Colomos S.
Herrera y Cairo
A. Gómez Corvo
Asiros
Av. de la Patria
Paseo del Valle
Parque
Los Colomos
Paseo del Arroyo
Lienzo Charro
Paseo de los Parques
Av. Acueducto
Paseo de la Noria
Paseo Loma Ancha
Paseo del Mirador

© ULYSSE

● ATTRAITS

1. Basílica de Zapopan
2. Museo Huichol
3. Templo de San Pedro
4. Museo de Caza Albarrán
5. Parque Los Colomos
6. Parque Mirador
7. Zoológico de Guadalajara

⬡ RESTAURANTS

1. 100% Natural
2. Agios Aggelos
3. Hostería del Ángel
4. Viejo Ahualulco

l'**hôtel de ville** de Zapopan, un édifice néocolonial, s'harmonise avec l'architecture du quartier.

Nul passionné de la chasse ne saurait manquer le **Museo de Caza Albarrán** ★ *(20$; dim 10h à 15h, autres jours sur rendez-vous; Paseo de los Parques nº 3530, angle Circuito Madrigal, Colinas de San Javier, ☎641-5122)*. Ce paradis de la chasse renferme l'extraordinaire collection privée du chasseur Benito Albarrán, taxidermiste reconnu. Les magnifiques trophées en exposition, provenant des cinq continents, sont présentés dans des scènes simulant leur habitat naturel. La façade du musée, qui reproduit l'entrée d'une maison soudanaise, est unique au Mexique.

Si vous voulez faire une halte au cours de votre visite, nous vous recommandons de faire un saut au **Parque Los Colomos** ★★ *(3$; tlj 6h à 18h; location de chevaux; Av. Patria, près de l'intersection avec l'Avenida Alberta, ☎641-3804, voir p 139)*. Dans ce grand parc se trouvent les sources qui alimentaient Guadalajara en eau au début du XXe siècle. Trois vieux édifices, **El Castillo**, **El Colector Curiel** et **La Torre del vigía**, construits dans le style des travaux publics en vogue à cette époque, en sont aujourd'hui

un beau témoignage. El Castillo, une sympathique construction ornée de deux petites tours crénelées, abrite actuellement un important centre culturel *(☎642-0132)*. Les amoureux de la nature apprécieront particulièrement les attraits du Parque Los Colomos. La sérénité et la simplicité propres à l'Extrême-Orient caractérisent le **Jardín Japonés**, offert en 1994 par la ville de Kyoto, jumelée à Guadalajara. Le **Lago de las aves** fournit l'occasion d'observer diverses espèces d'oiseaux et le **Reino del sol** présente un intéressant jardin botanique spécialisé en cactus.

Parmi les attraits naturels des alentours de Guadalajara, le **Parque Mirador Dr. Atl** ★★★ *(2$; tlj; Carretera a Saltillo, km 15)* est sans doute l'un des plus impressionnants. En traversant le petit jardin situé après l'entrée, vous aboutirez à un énorme balcon en surplomb qui semble être suspendu dans les airs. Depuis ce belvédère, vous pourrez admirer la majestueuse chute d'eau qu'est la **Cola de caballo** ★★★, qui tombe d'environ 150 m de haut dans le Río Santiago. Elle coule toute l'année, mais elle est plus impétueuse en saison pluvieuse. Prenez le temps d'observer cette longue cascade et le paysage qui l'entoure. Vous découvrirez une exhubérante végétation tropicale.

Si votre temps est limité ou que vous voulez jouir d'une autre belle vue depuis un autre angle, profitez du belvédère **Parque Mirador Independencia** ★★★ *(2$; tlj 6h à 19h; Calzada Independencia Norte s/n)*, mieux connu sous le nom de **Barranca de Huentitán** et situé au bout de la Calzada Independencia. Ce canyon, profond de 550 m, suit le cours du Río Santiago et prend le nom de **Barranca de Oblatos** un peu plus loin. Nous recommandons aux plus courageux de profiter des randonnées guidées dans la Baranca, proposées par la gendarmerie municipale en collaboration avec les garde-forestiers *(activité gratuite; Policía Municipal de Guadalajara, Departamento de Relaciones Públicas, ☎638-0683)*. En partant du Camino de Herradura, un chemin pavé de pierres utilisé au XVIᵉ siècle par les muletiers pour transporter des marchandises, vous pourrez découvrir des vestiges précolombiens, des plantes inconnues à l'extérieur de la Barranca et un pont construit dans le style à la mode il y a environ 100 ans.

Enfin, l'exploration de Guadalajara s'achève au nord de la ville, sur la Calzada Independencia, un peu avant le Parque Mirador. Cette aire propice à des découvertes multiples rassemble le zoo de Guadalajara, un parc de loisirs et le planétarium. Au **Zoológico de Guadalajara** ★★★ *(22$; mer-dim 10h à 18h; restaurant, boutique de souvenirs; Calzada Independencia, angle Paseo del Zoológico, ☎674-4488)*, qui sert d'habitat à plus de 500 animaux, vous pourrez contempler une

Condor

volière abritant des espèces tropicales, une autre pour les oiseaux de proie, et le plus grand herpétorium (vivarium à serpents) d'Amérique latine. Ne manquez pas de visiter le *nocturnario*, aménagé dans une construction en bordure de la Barranca de Huentitán. Dans cet endroit original, qui recrée la vie sauvage nocturne, vous pourrez observer les animaux dans le cadre naturel de la Barranca. Si vous n'avez pas particulièrement envie de marcher, prenez le petit train qui fait le tour de ce grand zoo. Vous ne serez pas déçu.

Attraits touristiques

Circuit H : San Pedro Tlaquepaque et Tonalá

San Pedro Tlaquepaque

Des tribus amérindiennes habitaient Tlaquepaque depuis le XIIIe siècle, mais il ne reste pas de vestiges de cette période. Les Espagnols y arrivèrent en 1530 et, trois ans plus tard, les franciscains entreprirent l'évangélisation de ses habitants. Compte tenu de sa localisation stratégique sur le chemin qui va de México à Guadalajara, Tlaquepaque devint vite le point de passage obligatoire d'importants personnages de l'époque. Les autorités civiles et ecclésiastiques en voyage y furent accueillies par des cortèges pompeux égayés de musiciens. Ils les accompagnaient de là à la capitale de la Nouvelle-Galice. Depuis ce temps, Tlaquepaque garde un air festif. Le faubourg reçut le nom de San Pedro Tlaquepaque en hommage à Pedro Gómez de Maraver, le premier évêque du diocèse de Guadalajara. À la fin du régime colonial, c'est à Tlaquepaque que fut signé le document proclamant l'indépendance de la Nouvelle-Galice, le 13 juin 1821. La première diligence provenant de México traversa le village en 1855 et, à la fin du siècle, les bourgeois de Guadalajara choisirent Tlaquepaque pour y faire construire de nombreuses et belles résidences secondaires.

Tlaquepaque, surnommée la *villa alfarera* (village de potiers), est située à 7 km au sud-est du centre-ville de Guadalajara. De nos jours, cet ancien faubourg fait partie de la zone métropolitaine. Mais, fidèle à sa vocation, Tlaquepaque est toujours habitée par des artisans. Une allure pittoresque encadre cette petite ville où la tradition est vécue au quotidien et où l'ambiance bohème ne manque pas.

Pour pénétrer dans Tlaquepaque, un des plus importants centres d'artisanat du Mexique, prenez la Calle Juárez jusqu'à la Calle Herrera y Cairo. La découverte des lieux commence par une balade autour d'**El Parián** ★ (voir p 193), un intéressant édifice abritant des restaurants autour d'un grand jardin central.

La visite se poursuit dans la Calle Independencia. Sous les **arcades** de cette rue piétonnière, vous trouverez un intéressant choix de bouti-

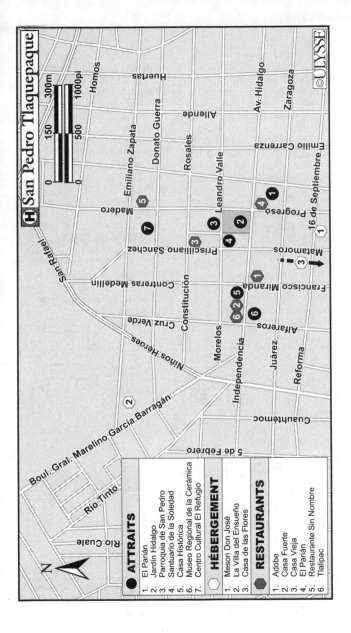

ques. À quelques pas de là, vous aboutirez au **Jardín Hidalgo ★**, une agréable place verdoyante particulièrement animée le dimanche. À Noël, les habitants y organisent les traditionnelles *pastorelas* (farces ou comédies faisant allusion à la naissance du Christ, introduites par les Espagnols au XVIe siècle).

Même si le quartier ne compte que peu d'attraits extraordinaires, il est fascinant de s'y promener pour découvrir son charme typiquement mexicain. Prenez le temps d'explorer ses rues. Vous vous surprendrez à découvrir de magnifiques jardins et des ateliers d'artisans en tout genre cachés derrière les façades de maisons apparemment sans intérêt. En prolongeant votre visite, toujours sur la place, du côté de la Calle Morelos, vous observerez la **Parroquia de San Pedro ★**, une église dont la construction date du début du XXe siècle. Sa façade, très simple, est agrémentée de quelques éléments baroques et couronnée d'une statue de saint Pierre. Un peu plus loin, dans la Calle Morelos, vous pourrez contempler le **Santuario de la Soledad ★**, une église témoignant du mélange de styles caractéristiques du

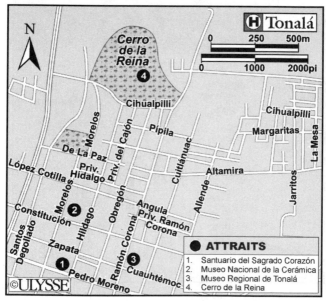

L'artisanat tapatien

Lors d'une visite de Tlaquepaque ou de Tonalá, on ne peut que constater la richesse et la variété de l'artisanat local. Plusieurs siècles déjà avant l'arrivée des Espagnols, diverses formes d'artisanat évoluaient dans le Jalisco. Argiles, cuirs, plumes d'oiseaux, pierres et métaux précieux étaient communément utilisés par les Amérindiens pour créer de beaux objets à des fins quotidiennes, d'ornementation ou de pratiques religieuses.

Avec la Conquista, toutes ces traditions ancestrales furent transformées et enrichies de nouveaux éléments, techniques et coutumes. Le Jalisco a ainsi aujourd'hui une grande tradition d'artisanat et le talent de ses artisans produit tout ce que l'imagination peut concevoir. Leur art s'exprime dans une diversité de matériels et d'objets tels que la céramique, le verre soufflé, le papier mâché, le bois d'œuvre, le cuir, le fer forgé et l'argent.

XIXᵉ siècle. Vous pouvez retourner ensuite jusqu'à la Calle Independencia, où il fait bon flâner; les amateurs d'objets faits main y trouveront un véritable paradis d'artisanat. Tout le long de la rue, de belles demeures bourgeoises converties en élégantes boutiques proposent une infinité d'articles de bonne qualité. Si vous êtes intéressé à visiter un atelier de verre soufflé, vous pouvez prendre contact avec les artisans de la Casa Camarasa, au numéro 163, pour un rendez-vous (l'atelier se trouve à l'extérieur du centre-ville de Tlaquepaque). Au numéro 208, la façade de la **Casa Histórica** ★ (la maison où les patriotes du Jalisco proclamèrent l'indépendance de la Nouvelle-Galice) mérite un coup d'œil. Les passionnés de céramique voudront certainement s'arrêter au **Museo Regional de la Cerámica** ★★ *(entrée libre; mar-dim 10h à 18h; Calle Independencia n° 237, ☎635-5404).* Ce musée renferme une collection particulièrement riche en pièces produites

Attraits touristiques

selon la tradition de Tlaquepaque, de même que l'an-
cienne cuisine de cette maison datant du XIXe siècle.
Vous pouvez également
faire un saut au **Museo del
Premio Nacional de la Cerámica
Pantaleón Panduro** ★, localisé à l'intérieur du **Centro
Cultural El Refugio** *(entrée
libre; mar-dim 9h à 19h; Calle
Donato Guerra n° 160, ☎635-
10-89)*, un bel édifice construit en 1859 pour abriter
un hôpital. Actuellement, le
Centro Cultural propose un
éventail d'intéressantes activités culturelles.

Bien qu'une visite à Tlaquepaque soit agréable à n'importe quelle époque de
l'année, nous vous recom-
mandons de venir entre le
15 juin et les premiers jours
de juillet, lors de la fête du
village. Parmi les nombreux
événements organisés à
cette occasion, les défilés
folkloriques, le festival de
mariachis, les expositions
d'artisanat et surtout le
concours national de céramique sont à ne pas man-
quer.

Tonalá

Bien avant l'arrivée des
Espagnols, Tonalá était déjà
un important lieu de com-
merce. Ses habitants produi-
saient toutes sortes d'objets
en argile qu'ils troquaient
contre des légumes et des
céréales. Au XVIe siècle,
Tonalá était devenue le
chef-lieu de Tonallan, la
seigneurie régnante sur la
vallée d'Atemajac. En 1530,
la reine Cihualpilli y accueillit le conquistador Nuño de Guzmán, le président
de l'Audience de la Nou-
velle-Espagne et fondateur
du royaume de la Nouvelle-
Galice. En même temps, un
autre groupe d'Espagnols
avait fondé la première
Guadalajara dans le territoire amérindien des Casca-
nes, à l'emplacement de
Nochistlán (à 100 km de la
ville actuelle). Mais, guettés
par ces Autochtones, ils la
déplacèrent à Tonalá en
1533, site de la deuxième
fondation de Guadalajara.
La ville fut finalement dé-
placée à son emplacement
actuel en 1542 et Tonalá
perdit son importance politique et stratégique.

De nos jours, Tonalá est
une importante banlieue de
Guadalajara située à 14 km
au sud-est du centre-ville.
Malgré cette proximité, ce
pittoresque lieu historique
garde une allure rurale.
Outre une exploitation minière limitée, l'économie de
Tonalá se consolide autour
de l'activité artisanale, notamment la production et la
commercialisation d'une
extraordinaire variété d'objets en argile. Les jeudis et
dimanches, les rues du vil

lage s'animent d'un grand marché d'artisanat (voir p 229).

La route menant de Guadalajara à Tonalá se transforme en Avenida Tonaltecas à l'entrée du village. Suivez cette voie bordée d'ateliers et de boutiques jusqu'à la Calle Pedro Moreno, que vous emprunterez à droite. Vous aboutirez à la place principale, un agréable jardin embelli d'un beau kiosque aux arcs en pierre. À gauche se dresse le **Santuario del Sagrado Corazón ★**, un intéressant exemple du style néogothique en vogue au Mexique vers la fin du XIXe siècle. Sur sa façade, vous reconnaîtrez sans doute les contours propres aux cathédrales gothiques du Vieux Continent, mais simplifiés et adaptés à une atmosphère semi-tropicale. Le charme de la place se complète par la **Presidencia Municipal**, un édifice de style néocolonial, et par la **Parroquia de Santiago Apóstol ★**, une belle église datant du XVIIe siècle.

Les amateurs d'architecture religieuse pourront faire une halte à l'ancien couvent accolé à l'église. En pénétrant à l'intérieur, ils découvriront des gargouilles aux reminiscences médiévales couronnant le cloître. En partant de la place, vous pouvez prendre n'importe quelle rue pour continuer votre visite. Le plaisir de la découverte de Tonalá réside dans l'exploration au hasard de ce berceau de l'artisanat de l'ouest du Mexique. C'est en parcourant ses rues bordées d'ateliers et de petites boutiques que vous pourrez rencontrer les artisans chez eux.

Bien que la découverte du village ne nécessite pas d'itinéraire, vous pourrez toujours visiter les deux musées présentant d'intéressantes collections : le **Museo Nacional de la Cerámica ★** *(entrée libre; mar-dim 10h à 17h; Calle Constitución n° 110, entre Hidalgo et Morelos, ☎683-04-94)*, qui compte 10 salles consacrées à l'exposition et à la vente d'objets en argile et en céramique provenant de toutes les régions du Mexique, et le **Museo Regional de Tonalá ★** *(entrée libre; mar-dim 10h à 17h; Calle Ramón Corona, entre Cuauhtémoc et Constitución)*, une rustique maison villageoise construite avec des briques d'argile séchées au soleil. Cette maison convertie en un musée reflétant l'atmosphère traditionnel tonaltèque comprend une intéressante exposition-vente de la production locale.

Enfin, si la marche n'est pas un obstacle pour vous et que vous voulez profiter d'une extraordinaire vue sur la vallée d'Atemajac, nous

Attraits touristiques

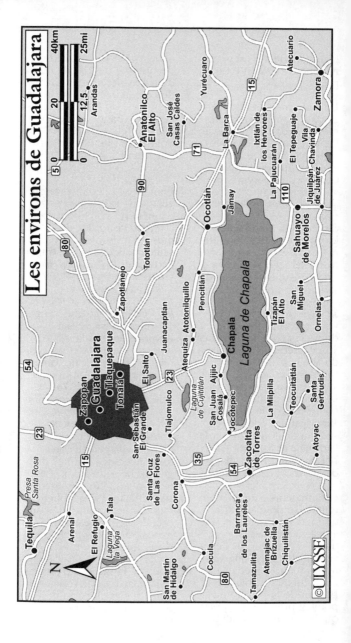

Les environs de Guadalajara

vous conseillons de faire un détour par le **Cerro de la Reina ★★★**, localisé au bout de la Calle Hidalgo. Le sommet de cette colline est couronné d'une petite église en pierre et d'un monument à la reine Cihualpilli commémorant la bataille entre les révoltés tonaltèques et l'armée du conquistador Nuño de Guzmán en 1530. Ce belvédère permettant de mesurer la complexité du grand Guadalajara est à ne pas manquer.

Quoique Tonalá attire des visiteurs tout au long de l'année, une visite le 25 juillet s'avérera fascinante puisqu'il s'agit de la date de la fête de saint Jacques, saint patron du village. Ce jour-là, vous pourrez apprécier une extraordinaire animation. La **danza de los Tastoanes ★★★** mérite une attention toute particulière. Cette danse, datant de la conquête de la Nouvelle-Espagne, représente la bataille des Espagnols contre les Tastoanes révoltés. Sous la houlette de saint Jacques, monté à cheval et brandissant une épée, l'armée de Nuño de Guzmán lutte contre les Amérindiens qui portent des masques et des perruques. Après plusieurs heures de combat, les Amé-

Martin-pêcheur

rindiens remportent la bataille et l'on élit alors la personne qui aura l'honneur d'interpréter le rôle de saint Jacques l'année suivante. La fête s'achève par des *castillos* (feux d'artifice typiquement mexicains).

Circuit I : Laguna de Chapala

Les rives de la Laguna de Chapala, le plus grand lac du Mexique, constituent l'une des premières régions habitées de l'ouest du pays. Des pointes de flèche trouvées près du lac prouvent que des groupes de nomades y arrivèrent il y a environ 6 000 ans. Mais ce ne fut qu'au XIIe siècle que s'y installèrent des habitants sédentaires. À cette époque, des Amérindiens d'origine aztèque fondèrent la seigneurie de Chapallan sur la rive nord. Lors de l'arrivée des Espagnols au XVIe siècle, le chroniqueur franciscain Antonio Tello relata dans ses descriptions que cette région était assez peuplée. Les moines commencèrent l'évangélisation des Autochtones et construisirent des

Attraits touristiques

ATTRAITS

1. Presidencia Municipal
2. Hotel Nido de Chapala
3. Casa Branift
4. Malecón
5. Ancienne gare

HÉBERGEMENT

1. Villa Monte Carlo
2. Nido de Chapala

RESTAURANTS

1. Árbol de café
2. Cozumel
3. Mariscos Guicho e hijos

Av. Los Charales
P. Moreno
Av. de la Estación
M. Martínez
Manzanillo
Fco. I. Madero
Juárez
5 de Mayo
Hidalgo
López Cotilla
Morelos
Av. Cristinia
Laguna de Chapala
R. Corona
Point de départ des bateaux d'excursion
©ULYSSE
Chapala

églises et des couvents à Chapala et à Ajijic. Vers la fin du XIXe siècle, des bourgeois mexicains et étrangers découvrirent ce bel endroit au bord du lac, entouré de collines. Ils construisirent de belles demeures à Chapala, et ce paisible village de pêcheurs se transforma peu à peu. Il prit son essor en tant que station balnéaire quand le président Porfirio Díaz vint y passer ses vacances de 1904 à 1909. L'inauguration de la voie ferrée reliant Chapala et Guadalajara contribua considérablement au développement de la ville.

Située à 48 km au sud de Guadalajara, Chapala a été la source d'inspiration de poètes, de musiciens et de peintres depuis le XIXe siècle. Son cadre naturel, rehaussé par un climat printanier tout au long de l'année, en fait un lieu de villégiature très prisé. Cela a séduit un très grand nombre d'étrangers installés sur les rives de ce grand lac de 1 690 km^2. Parmi les personnalités ayant vécu à Chapala, notons l'écrivain anglais D.H. Lawrence, qui y écrivit *le Serpent à plumes*. Selon les archives du consulat des États-Unis à Guadalajara, déjà un millier d'Américains y résidait au début du XXᵉ siècle. Actuellement, la communauté d'expatriés en résidence permanente compte environ 30 000 Américains, 13 000 Canadiens (surtout anglophones) et un certain nombre d'Européens. La communauté double en hiver.

La présence de nombreux artistes au sein de cette communauté a favorisé la vie culturelle de la région. La Music Appreciation Society organise une saison de concerts en hiver dans la salle de concerts **El Auditorio del lago**, à Ajijic, et fournit un service d'autocars vers le Teatro Degollado à Guadalajara durant la saison d'opéra. Il existe aussi une troupe de théâtre, **The Lakeside Little Theatre**, qui se produit régulièrement en langue anglaise depuis plus de 20 ans. Plusieurs peintres, graveurs, sculpteurs et photographes organisent des expositions et des stages à travers des associations telles que l'Ajijic Society of Arts et le CABA (Centro Ajijic de Bellas Artes).

Chapala

La visite de Chapala débute à la **Presidencia Municipal ★**, un intéressant édifice construit dans le style en vogue au début du XXᵉ siècle à l'angle de la Calle Madero et de la Calle Hidalgo. À deux pas de là, toujours par la Calle Madero, vous parviendrez à l'**Hotel Nido ★★**, construit en 1902, dont la façade s'harmonise avec la Presidencia. À l'intérieur, vous remarquerez une extraordinaire collection d'anciennes photos sur les murs du hall. Vous vous surprendrez à découvrir des voiliers naviguant sur le lac à une époque où Chapala donnait l'impression d'être un port de pêche.

Un peu plus loin, de l'autre côté de la rue, se dresse la **Parroquia de San Francisco de Asís**, datant du XVIIIᵉ siècle. Ses tours asymétriques, couronnées d'une structure pointue couverte de tuiles jaunes, rappellent la cathédrale de Guadalajara. À l'angle de la Calle Madero et de la Calle Ramón Corona, ne manquez pas de jeter un coup d'œil sur la célèbre **Casa Braniff ★** (aujourd'hui Restaurant Cazadores), une ancienne villa d'allure européenne qui est devenue un symbole de Chapala.

La Calle Madero aboutit au **Malecón ★** (promenade) et au quai long de 130 m. Situé entre une petite plage et le **Parque Ramón Corona**, le coin ne manque pas de charme. Si vous aimez les promenades en bateau, les bateliers proposent diverses possibilités. Nous recom-

Attraits touristiques

mandons aux amateurs d'histoire de ne pas manquer l'excursion à l'**Isla de**

Mezcala (Isla del Presidio) ★★★, localisée à environ 25 km à l'est de Cha-

Les *balnearios* de la Laguna de Chapala

Le climat exceptionnellement chaud de Guadalajara pendant toute l'année est une véritable bénédiction pour les Mexicains habitant la région. Il n'est pas rare de voir le mercure franchir la barre des 35°C.

Pour tempérer cette chaleur intense, pourquoi ne pas se rendre à l'un des parcs aquatiques de la Laguna de Chapala. Ces *balnearios* proposent de nombreuses activités pouvant répondre aux goûts de toute la famille : glissades d'eau, eaux thermales, sports aquatiques, etc.

Le village de San Juan Cosalá a une longue tradition d'accueil des visiteurs en quête de fraîcheur. En effet, c'est depuis le début du XXe siècle que cette station balnéaire reçoit des visiteurs attirés par les eaux aux vertus thérapeutiques. Acatlán de Juárez, Villa Corona et Ajijic sont

également de belles destinations pour les baigneurs.

Pour les eaux thermales, glissades d'eau et autres activités nautiques, **Chimulco** *(3,50$; tlj 8h à 18h; à 0,5 km du Camino Real, Estipac, Villa Corona,* ☎*778-0014)* et **Agua Caliente** *(2$; tlj 8h à 18h; à 58 km sur la route de Barra de Navidad, Villa Corona,* ☎*778-0022)* à Villa Corona sont intéressants. **Tobolandia** *(4$; tlj 10h à 18h; boul. Ajijic n° 57, Chapala,* ☎*766-2120),* avec ses piscines chauffées et ses gigantesques glissades d'eau, est le plus gros du genre dans la région. Finalement, **Las Alberquitas** *(1,20$; tlj 9h à 19h; Prolongación Zaragoza, Acatlán de Juárez,* ☎*772-0065)* est une autre option avec ses piscines, son boisé et son terrain de camping.

pala. Un **bagne** fut construit dans cette île, la plus grande du lac, vers la fin du régime colonial. L'île ayant été transformée en **forteresse** pendant la guerre d'Indépendance, les patriotes mexicains la défendirent vaillamment pendant quatre ans. Mais ils furent vaincus à la suite d'un long siège. Vous pourrez apprécier les parapets, les murs de défense et le portail néoclassique de cet édifice historique envahi par une exubérante végétation semi-tropicale. À quelques pas de ce site, les ruines d'une petite église en pierre attireront votre attention.

Pélican

En continuant votre exploration de Chapala, une balade dans la Calle Ramón Corona s'avère agréable. En partant de la Calle Madero, vous pourrez contempler quelques **beaux hôtels particuliers à la française**, des témoins d'une époque où Chapala était fréquentée par une bourgeoisie cosmopolite. Enfin, la découverte des lieux s'achève à l'**ancienne gare ★★**, localisée à l'intersection de l'Avenida Cristianía et de l'Avenida de la Estación. Cet intéressant édifice, situé au bord du lac et construit à la fin de la Première Guerre mondiale,

remplissait une double fonction : celle de gare riveraine desservie par les petits bateaux à vapeur mis en service en 1885 entre les différents ports de la région et celle de gare ferroviaire desservant la ligne Chapala-Guadalajara. Sa façade, un mélange de styles Belle Époque et Art déco, mérite le détour. Les deux plus grandes fêtes traditionnelles des lieux sont le **carnaval** et la **Saint-François**, le patron de la ville, célébrée entre la fin septembre et le 4 octobre.

★

Ajijic

Cette pittoresque bourgade riveraine, aux rues pavées et aux maisons colorées, se situe à 7 km de Chapala. En arrivant, prenez la Calle Colón, l'artère principale. Vous aboutirez à la **place principale ★★**. Autour du kiosque, d'énormes arbres couverts de feuilles ombragent des bancs en fer. Prenez le temps de vous y asseoir et de goûter le dépaysement de ce village typique qui fait rêver du Mexique d'autrefois. Du côté nord de la place, vous pourrez observer la **Capilla del Rosario**, une

Attraits touristiques

chapelle construite au XVIIe siècle. En poursuivant jusqu'à la rue suivante, vous parviendrez à la Calle Marcos Castellanos, où se trouve la **Parroquia de San Andrés ★★**, qui date de la même époque que la chapelle. Le parvis de cette belle église, construite en pierre et agrémentée d'une façade blanche décorée de contours jaunes, sert de scène à la représentation du procès et de la crucifixion de Jésus pendant les trois derniers jours de la Semaine sainte. Retournez à présent vers la Calle Colón et descendez-la sur quelques pâtés de maisons en direction du Lago. Vous aboutirez au **Malecón ★** (promenade) et au quai qui offrent tous deux une magnifique vue sur le lac. La vie paisible d'Ajijic se transforme lors de la **Saint-André**, le patron du village. Ces neuf jours de *fiesta* trouvent leur apogée le 30 novembre au moment des *castillos*.

Circuit J : Tequila et sa région

Des Tiquiles, une tribu d'origine aztèque, avaient fondé une seigneurie amérindienne dans la région de Tequila avant l'arrivée des Espagnols. De nombreux objets en argile et en pierre trouvés à l'emplacement de Teochichán, leur chef-lieu, témoignent de la vie de ses habitants. En 1530, Cristóbal de Oñate conquiert les Amérindiens, tandis que les franciscains s'occupèrent de leur évangélisation. À cette époque, l'économie de la région était basée sur l'agriculture et l'élevage. En 1600, Don Pedro Sánchez de Tagle, marquis d'Altamira, y installe la première distillerie de tequila. Cette industrie devient vite l'activité principale des *haciendas* de ce lieu et les collines se couvrent de plantations d'agaves bleus (*Agave azul tequilana weber*), la matière première de la tequila. D'élégantes demeures coloniales furent construites et le profil de cette petite ville se transforma peu à peu. Au début de la guerre d'Indépendance, Tequila fut le quartier général des opérations de la région.

Aujourd'hui, Tequila attire l'attention des visiteurs venus des quatre points cardinaux. Ce fief de la célèbre boisson du même nom, situé au pied du volcan éteint de Tequila, à 50 km au nord-ouest de Guadalajara, constitue un attrait à ne pas manquer.

Tequila

Le plaisir de la découverte de Tequila consiste à parcourir ses rues et à découvrir son charme. Sur la place principale, vous pourrez contempler le **Templo de Santiago Apóstol** ★, construit au XVIIe siècle avec des pierres des mines d'opale du village voisin, Magdalena, et agrémenté d'une façade baroque. Et c'est sur son parvis que l'on peut observer chaque jour un amusant phénomène naturel. En effet, un peu avant le coucher de soleil, vers 17h, se produit le **Volcano de aire** ★, soit de petits tourbillons d'air provoqués par la configuration unique des édifices de la place. Juste en face se trouve la **Capilla de los Desamparados**, une église néocoloniale construite vers 1950.

En poursuivant à gauche du Templo de Santiago, vous aboutirez à la **Plaza de Armas**, une agréable place agrémentée d'un kiosque d'inspiration française. Du côté nord-est, vous pourrez observer un hôtel colonial abritant le **Museo Recinto Javier Sauza Mora** ★ *(contribution volontaire; lun-sam 10h à 14h, sam-dim 10h à 17h; magasin d'artisanat; Albino Rojas n° 47, ☎ 742-0247)*. Ce musée renferme une inté-

ressante exposition de la distillerie Sauza. À l'aide d'une peinture murale, de vieux alambics de fabrication française et d'outils utilisés autrefois, vous apprendrez le processus et le développement de l'industrie de la tequila. Le superbe bureau en bois de l'ancienne distillerie, datant de 1870, mérite une attention spéciale.

En poursuivant un peu plus loin, vous trouverez l'**ancien quartier des producteurs** ★ et des distilleries importantes, où il fait bon flâner. Vous y percevrez immédiatement l'odeur de l'agave cuit. Prenez le temps d'admirer les belles façades des maisons bordant ses rues. À 7h, à 15h et à 20h, vous pourrez entendre *el silbato*, le sifflet annonçant le changement de poste des ouvriers des distilleries. Le soir, le quartier est illuminé pour le plaisir des flâneurs et l'atmosphère y est détendue. Le kiosque de renseignements touristiques *(☎ 742-1819)*, localisé sur la Plaza de Armas, à l'entrée de la mairie, propose un choix de visites guidées (en espagnol, français ou anglais) aux distilleries, dégustation comprise. Si vous souhaitez découvrir une plantation d'agaves, faites une halte au **Rancho El Indio** ★★, situé sur la route de Magdalena, à la sortie de la ville. Enfin, nous recommandons la vi-

Attraits touristiques

Les distilleries de Tequila

Une journée à Tequila ne serait pas complète sans une visite de l'une des nombreuses distilleries de la ville. Outre par le *Tequila Express* (voir p 55), il est possible de faire une visite commentée des installations d'une distillerie. Au programme : les champs d'agaves bleus, la distillation et le processus de maturation et, enfin, l'historique de la boisson nationale du Mexique. Des visites guidées commanditées par l'État de Jalisco partent de l'Office du tourisme toutes les heures *(2,50$; tlj 10h à 17h)* en espagnol et en anglais, et se rendent directement dans les distilleries. Le coup d'envoi des visites organisées par les distilleries est donné depuis leurs usines respectives toutes les heures. Les usines **José Cuervo** & **Sauza** *(2$; lun-sam 9h à 14h; durée 1 heure; ☎ 742-0050)*, les deux plus grandes distilleries, se dressent côte à côte, à deux pâtés de maisons au nord de la Plaza. Évidemment, toutes les visites se terminent par une dégustation de ce que la ville a de meilleur…

site de Tequila par le *Tequila Express* (voir p 55).

Magdalena

Située à 30 km à l'ouest de Tequila, Magdalena est surtout connue pour sa production d'opales. Outre l'église franciscaine **El Señor de los Milagros** ★, qui date du XVIIᵉ siècle, l'attrait principal de Magdalena réside dans la possibilité de visiter une mine d'opales. On vous prêtera un marteau et, si vous y trouvez une belle pierre, elle sera à vous. Si vous êtes à la recherche d'une expérience différente, un détour par Magdalena vous comblera. La société **Ópalos de México** ★★★ *(entrée libre; lun-sam 9h à 20h, dim 9h à 14h; visites guidées à une mine en espagnol ou anglais sur rendez-vous; Independencia nº 115, ☎/≈ 744-0447)* présente une extraordinaire collection de créations qui mérite une attention spéciale; on peut acheter les pièces.

Les Aztèques appréciaient cette pierre semi-précieuse iridescente qu'ils nommaient *vitzitziltecpatl* (pierre colibri). Une très grande opale de la période précolombienne, *le Dieu du Soleil aztèque*, fit partie de la célèbre collection de pierres précieuses «Hope», achetée par le Musée d'histoire naturelle de Chicago en 1881 et intégrée par la suite à la collection «Tiffany». Pendant le régime coloniale, l'activité minière de Magdalena s'est arrêtée, mais, vers 1840, elle a repris. Actuellement, il reste environ 200 mines d'opales dans la région ainsi que quelques exploitations de turquoises et d'agates.

Circuit K : Tapalpa et la montagne

La *sierra* était habitée bien avant l'arrivée des Espagnols et même des Aztèques. Les immenses pierres gravées de symboles préhistoriques localisées à l'entrée de Tepec confirment la présence de groupes humains il y a environ 6 000 ans. À l'emplacement de Tapalpa, des Amérindiens d'origine aztèque fondèrent le village de Tlacpacpan vers le XII siècle. La région fut conquise par Alonso de Ávalos en 1523 et, peu après, les moines franciscains commencèrent à s'occuper de la vie spirituelle des Autochtones.

Pendant le régime colonial, les gisements d'or et d'argent de la Sierra de Tapalpa attirèrent des aventuriers à la recherche de richesses. Mais bientôt ces gisements s'épuisèrent. C'est donc plutôt le fer qui y fut alors exploité, comme en témoigne la Ferrería de Tula, une fonderie datant de cette époque.

Après l'indépendance, La Constancia, la première usine à papier de son genre en Amérique latine, fut construite près du village et ouvrit ses portes en 1840. Cette tentative d'industrialisation fut gérée par un Anglais de Manchester. De nos jours, l'élevage, les produits laitiers et le tourisme constituent la base de l'économie de la région.

Le pittoresque village de **Tapalpa** ★★★, «terre des couleurs» selon l'étymologie en langue aztèque, se trouve à 90 min au sud de Guadalajara. Située au cœur des montagnes de la Sierra Madre Occidental, à 2 560 m au-dessus du niveau de la mer, cette charmante bourgade d'environ 5 000 habitants est entourée de boisés verdoyants et de ruisseaux murmurants.

En arrivant sur la place principale, vous serez surpris de découvrir ses belles maisons blanches aux balcons de bois embellis de géraniums évoquant les villages suisses. Vous pourrez y commencer votre flânerie, dans ce contexte où la tradition est vécue au quotidien, par l'ancienne église paroissiale de **San Antonio de Padua** ★. Sa façade de style plateresque, construite par des moines franciscains à la fin du XVIIᵉ siècle, montre deux colonnes et un arc : un concept très simple mais très élégant. Juste en face, une nouvelle église en brique harmonise son style traditionnel avec l'architecture locale.

La visite se poursuit en prenant l'escalier qui monte de la place à la Calle Hidalgo et en empruntant cette dernière à droite. Après quelques minutes de marche, vous trouverez **La Pila del Pescado** ★, la première de cinq petites fontaines *pilas* datant de la fin du XIXᵉ siècle, avec l'image d'un animal sculpté en guise d'écusson. Entourées de légendes colorées, ces sympathiques fontaines identifient chaque quartier de Tapalpa. Descendez la Calle Zarapoza pour atteindre la petite **Plaza El Fresnito** ★. Si vous prenez la rue à droite, vous verrez une autre fontaine, **La Pila Las Culebras** ★. En descendant quelques mètres dans la Calle Vicente Guerrero, et puis dans la Calle Madero, près de **La Pila Colorada** ★, vous aboutirez à l'église **Nuestra Señora de la Merced** ★, dont le style est un mélange de néoclassique et d'éléments baroques. Remontez alors le chemin vers la place principale pour explorer les boutiques du coin.

Les amateurs de plein air ne voudront pas manquer de faire une randonnée aux alentours de Tapalpa. Cachées dans un paysage magnifique, à quelques kilomètres du village, se trouvent les imposantes ruines d'une construction aux réminiscences de la révolution industrielle anglaise. Cette découverte inattendue correspond à **La Constancia** ★, la vieille usine à papier construite au XIXᵉ siècle. Elle est facilement accessible à cheval *(location de chevaux à Tapalpa autour de la place principale)*, mais il est aussi très agréable de s'y rendre à pied. Un peu plus loin, vous arriverez à **Las Piedrotas** ★, de gigantesques pierres ciselées par la nature et déposées mystérieusement sur un terrain ouvert.

Pour les plus hardis, les vestiges de **La Ferrería de Tula** ★, localisée à 23 km de Tapalpa, s'avèrent un beau but pour une balade. En hiver, nul ornithologue amateur ne saurait manquer une excursion au **poste d'observation de l'oie blanche canadienne** *(Chen cœrules-cens)* organisée par l'université de Guadalajara à Atoyac *(sur réservation au Departamento de Ciencias Ambientales, Laboratorio de Sayula, ☎682-0374, poste 152, ≠682-0072, g_barba@yahoo. com).*

M.Poison

Plein air

De par sa complexité urbaine et sa pollution ambiante, la métropole du Jalisco ne se prête guère aux activités de plein air.

La pratique du vélo ou du patin à roues alignées déjà rendue difficile en ces lieux incongrus devient carrément dangereuse en présence de l'infernale circulation automobile dans les rues et avenues. Heureusement, la ville compte de multiples parcs, surtout concentrés dans les beaux quartiers du nord-ouest, où la pratique de divers sports est relativement aisée. Mais en règle générale, les personnes à la recherche d'activités sportives devront s'adresser à l'un des divers centres de conditionnement physique installés pour la plupart dans les grands hôtels de la Minerva ou se résoudre à se rendre à l'extérieur de la métropole pour avoir accès aux terrains de golf et aux parcs naturels.

Parcs

Circuit F : la Minerva

Le **Parque Los Colomos** *(accès par la Calle Chaco n° 3200 ou Av. Patria n° 1805, Col. Provi-*

dencia), situé en plein cœur du quartier Providencia, est considéré comme un des poumons verts de la ville. Dès 1597, ce site naturel fut exploité pour ériger le Castillo, château d'eau chargé d'alimenter l'aqueduc de la ville. Reboisée et aménagée en parc en 1902, cette gigantesque aire de détente (140 ha dont 60 ha boisés) abrite toujours aujourd'hui le Castillo (Casa de las Bombas), un centre culturel et un lac artificiel. Dans la section sud, de nombreux sentiers de randonnée promettent de belles balades ou du bon jogging matinal. Au nord, une zone plus sauvage rend possible le camping en ville tout au long de l'année.

Circuit G : le faubourg de Zapopan

Le **Parque Mirador Independencia** *(tlj 6h à 19h; tronçon final de la Calzada Independencia)* est un immense parc naturel formé d'un canyon creusé par le Río Santiago et d'une profondeur de 500 m. Le parc compte de nombreux sentiers de randonnée qui vous permettront de découvrir une flore extraordinaire, tels de beaux jardins de roses, de marguerites et de jasmins. Un circuit facilite le tour des sept plates-formes d'observation offrant une

vue imprenable sur tout le canyon. Un téléférique d'une longueur de 1 900 m donne une chance unique de survoler le ravin pour s'émerveiller de la nature locale. D'agréables haltes ont été aménagées pour les pique-niques, certaines étant pourvues d'un barbecue et de restaurants et d'autres d'un théâtre en plein air.

Pour changer des balades du dimanche et surtout pour amuser petits et grands, le **Parque Alcalde** *(accès par la Calle Mariano Bárcenas, près de la Calle Jesús García)* et le **Zoológico Guadalajara** (voir p 119) disposent tous deux d'équipements de fête foraine à longueur d'année.

Situé aux limites nord du faubourg de Zapopan, le **Bosque de la Primavera** *(accès au Km 20 de la Carr. Guadalajara-Tepic-Puerto Vallarta, autoroute 15)* est considéré comme un autre des poumons verts de la ville. Le boisé de conifères qui couvre presque tout son territoire vallonné constitue un bel endroit pour de jolies promenades ou pour une journée de pique-nique en plein air. Par ailleurs, c'est à cet endroit que l'université de Guadalajara possède ses installations sportives, ce qui rend ainsi possible la pratique du volleyball et de la natation moyennant un prix minime. De plus, une source d'eaux thermales propres à la baignade, qui se maintient à une température de 40°C, est accessible aux visiteurs.

Circuit H : San Pedro Tlaquepaque et Tonalá

Inauguré récemment lors du premier sommet ibero-américain, le **Parque de la Solidaridad Iberoamericana** *(lun-ven 10h à 17h, sam-dim 8h à 18h; Av. Malecón, Tetlán)* est l'un des plus grands parcs urbains d'Amérique latine avec ses 110 ha d'espaces verts. Par temps libre, des centaines de Tapatiens s'y réfugient l'après-midi afin de pratiquer quelques sports ou simplement pour se détendre. De plus, on y trouve un stade de football et une piste de motocross; même un voyage en train panoramique est au nombre des activités.

Circuit I : Laguna de Chapala

Aujourd'hui, Chapala fait figure de station balnéaire un peu démodée où anciens hôtels prestigieux et immenses demeures sont les témoins d'une époque un peu folle. Sur la route d'Ajijic se trouve une station balnéaire d'époque encore bien vivante : le parc aquatique **Tobolandia** *(20 pesos; tlj 10h à 18h; boul. Ajijic n° 57, Chapala,* ☎ *766-2120)*. De multiples piscines et glissades d'eau feront la joie de tous par les journées de grande chaleur.

Circuit K : Tapalpa et la montagne

Situé à environ une heure et demie de Tapalpa, près du village de Las Moras, le **Salto de Nogal** *(de Taplapa, prenez la route d'Atacco, ensuite de Cafradía et finalement de Barranca, d'où partent les expéditions)* est la chute la plus haute de tout l'État du Jalisco. Le sentier pédestre vous menant à la chute vous permettra de découvrir les trésors de la flore locale. Mais, attention, ce chemin est relativement difficile; il est donc recommandé d'être accompagné d'un guide. Au nord de Tapalpa, cette fois, se trouvent **Las Piedrotas** *(de Taplapa, prenez la route de Chiquilistlán pendant quelques kilomètres)*, aussi connues sous le nom de Valle de los enigmas (vallée des énigmes). Il s'agit d'un curieux champ jonché d'énormes pierres dont l'origine demeure inexpliquée.

Plein air

Activités de plein air

Club sportifs

De nombreux clubs sportifs existent dans la région métropolitaine et ce n'est un secret pour personne que les Jaliciens sont de grands amateurs de *fútbol*. Chaque quartier a son terrain. À Guadalajara, plus encore peut-être que dans le reste du pays, ce sport déplace les foules. L'équipe professionnelle locale s'appelle les Chivas et compte chaque année parmi les prétendants les plus sérieux au titre national. Pour le touriste qui désire se maintenir en forme durant son séjour, les choses sont cependant moins aisées, car peu d'infrastructures existent encore à ce jour pour les accueillir. Vous trouverez ci-dessous quelques adresses des clubs où vous pourrez pratiquer divers sports.

Club deportivo universidad de Guadalajara
Francisco de Quevedo n° 175
☎*615-6725*

Squash Club & Gym
Av. México n° 2530
☎*616-4577*

Squash, judo, musculation et gymnastique.

Club Olympia
Calderón de la Barca n° 129 (entre La Paz et L. Cotilla)
☎*615-7859*
Natation, squash, aérobic, karaté et musculation.

World gym
Jesús García n° 804, angle Miguel Angel de Quevedo
Col. Providencia
☎*640-0704*
Gymnastique, aérobic et musculation.

Golf

Tout comme ailleurs, le golf est devenu ici une spécialité sportive fort appréciée et la zone métropolitaine compte de nombreux terrains de golf de haut niveau. Malheureusement, plusieurs terrains sont privés et leur accès est donc interdit aux visiteurs. Nous en avons donc sélectionné quelques-uns qui méritent l'attention soit pour leur parcours intéressant, soit pour leur environnement exceptionnel.

Aménagé dans un complexe résidentiel au pied des montagnes qui entourent la ville, le **Club de Golf Santa Anita** ravivera les mordus de ce sport. Le parcours à 18 trous y est varié et des plus agréables à arpenter.

Renseignements et réservations :
Club de Golf Santa Anita S.A. de C.V.
tlj 7h à 17h
Carratera Guadalajara-Morelia
Km 6,5
Tlajomulca de Zúñiga
☎*686-1431*

En plus d'être situé en zone urbaine, **El Palomar Country Club** a l'avantage d'offrir un parcours à 18 trous dans un décor de montagnes situé à 2 000 m au-dessus de la mer. Tout en frappant des balles, vous aurez droit à de belles vues sur la ville de Guadalajara et le Nevado de Colima. Réservations par le biais du Camino Real (voir p 158) et du Presidente Intercontinental (voir p 159) si vous y logez.

Renseignements et réservations :
El Palomar Country Club
Paseo de la Cima n° 437
Fracc. El Palomar Country Club
☎*684-4434*
≈*684-2411*
www.palomarcountryc.com.mx

Tennis

Tenis del Bosque
☎*122-0283*

Hébergement

Plusieurs types d'hébergement sont disponibles pour les visiteurs à Guadalajara, des modestes *posadas* aux luxueux hôtels *Gran Turismo*, dont de nombreux hôtels pour gens d'affaires.

Au Mexique, l'hébergement petit budget ne représente pas toujours une très bonne valeur par rapport au prix qu'il faut payer. Par contre, dès que l'on accepte de payer entre 20$ et 40$, on peut trouver un lieu d'hébergement très confortable offrant beaucoup de charme et un excellent rapport qualité/prix. **Le petit déjeuner n'est que rarement compris dans le prix de la chambre.** Dans les très rares cas où il l'est, nous l'avons indiqué. Généralement, le personnel de la réception de l'hôtel parle au moins un peu l'anglais et il est d'usage de laisser entre 0,50$ et 0,60$ par valise au porteur.

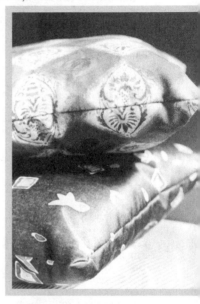

Les saisons n'ont pas une grande influence sur les prix. Exception faite de la majoration des tarifs des hôtels accueillant des congrès, les prix varient peu durant l'année. Plusieurs hôtels pour gens d'affaires affichent même des prix réduits la fin de semaine, histoire d'améliorer l'occupation hebdomadaire. À vous d'en profiter.

Classification de l'hébergement

Le tableau des prix ci-dessous s'applique toute l'année, pour une chambre standard à occupation double, la taxe (IVA) de 15% comprise, sans le petit déjeuner.

$	moins de 20$
$$	de 20$ à 40$
$$$	de 40$ à 70$
$$$$	de 70$ à 100$
$$$$$	plus de 100$

Les hôtels

Guadalajara et ses environs comptent de nombreux hôtels de luxe, dont quelques-uns au charme extraordinaire, mais beaucoup n'ont de luxe que leurs tarifs. Dans ce guide, nous avons décrit les avantages et les inconvénients de chaque hôtel en écartant soigneusement les établissements où le rapport qualité/prix est inintéressant. La presque totalité des chambres dispose d'un téléviseur, d'un téléphone et d'une salle de bain privée, quel que soit le tarif.

Au Mexique, les frais exigés pour un appel téléphonique effectué depuis votre hôtel sont très élevés. Ainsi, il en coûte très cher la minute pour appeler à l'étranger, d'autant plus que les tarifs interurbains pratiqués au Mexique sont les plus coûteux du continent américain. Vous aurez donc intérêt à utiliser les services de Canada Direct ou de France Direct (voir p 70) : en général, aucuns frais ne vous sont facturés à l'hôtel et vous ne paierez à peine plus que les frais habituels dans votre pays.

Les *posadas*

Les *posadas* sont des hôtels de toutes catégories, mais qui ont en commun un cachet plus humain et plus chaleureux que les grandes chaînes d'hôtels. Dans les établissements qui se présentent sous cette appellation, vous pourrez généralement vous attendre à retrouver une atmosphère conviviale où les couleurs chaudes à la mexicaine sont à l'honneur.

Le camping

Les terrains de camping sont très rares à Guadalajara. Vous trouverez quand même deux adresses intéressantes (voir p 160). Dans cet ouvrage, nous avons cherché à sélectionner les lieux d'hébergement nous apparaissant comme les meilleurs dans chacune des catégories.

Quelques établissements qui se distinguent

Pour les gens d'affaires

Pour les amateurs d'histoire

Pour les amateurs de luxe

Pour la chaleur de l'accueil

Pour les meilleurs prix

Pour la vie nocturne

Pour les plus belles vues

Pour les romantiques

Pour la plus belle piscine

Pour les plus beaux jardins

Pour les ambiances mexicaines

Circuit A : le berceau de Guadalajara

Voir carte p 81.

Hotel Las Américas

$

bp, tv, ⊗

Av. Hidalgo n° 76, C.P. 44100

☎*613-9622*

Dans un environnement sonore peu invitant tout à côté de la sortie du tunnel Hidalgo, l'Hotel Las Américas accueille honnêtement les visiteurs dans un hall aux meubles lourds et sombres dont la prestance rappelle les salons d'Espagne. Cette adresse mérite considération pour sa localisation à trois pâtés de maisons de la cathédrale.

Hébergement

Hotel Francés
$$
bp, tv, ℜ, ⊗
Maestranza n° 35, C.P. 44100
derrière le Palacio del Gobierno
☎*613-1190*
≈*658-2831*
www.hotelfrances.com

L'Hotel Francés est un véritable monument de Guadalajara. Construit en 1610 pour accueillir les commerçants de passage en voyage vers México, l'hôtel fut témoin de tout le développement de la ville et du Mexique moderne. Au fil des ans, il hébergea de nombreux acteurs de l'histoire de la République. Il fut aussi l'un des lieux de tournage du film *The Exil that Men Do* mettant en vedette Charles Bronson, qui a lui même logé à l'hôtel.

Aujourd'hui, le plus vieil hôtel de la ville est classé monument historique par l'État et donc protégé contre toute modification. Et pour cause : vous sentirez tout de suite l'héritage colonial en pénétrant dans le hall où flânent clients et pigeons. Les amateurs de planchers rutilants et d'œuvres d'art ne seront pas déçus par les couloirs des étages supérieurs, mais dont on ne peut malheureusement apprécier toute la richesse étant donné le manque d'éclairage. Les chambres sont tout aussi d'époque, mais sans grand confort et des moins insonorisées

(voyageurs au sommeil léger, vous êtes prévenus).

La Rotonda
$$
bp, tv, ℜ, ⊗
Av. Liceo n° 130, C.P. 44100
☎*614-0387*

Tout près de la place du même nom, l'hôtel La Rotonda loge dans une ancienne demeure bourgeoise, aujourd'hui rénovée dans un certain style. Le confort est bel et bien présent dans chacune des 32 chambres, mais on y trouve un mobilier qui est loin de cadrer avec l'âge du bâtiment. Une rafraîchissante et aérée cour intérieure sert de lieu de rencontres aux hôtes et surtout de restaurant où l'on mange bien.

Hotel de Mendoza
$$$
bp, tv, ≡, ≈, ℜ, S
Venostiano Carranza n° 16, angle
Calle Independancia, C.P. 44100
☎*613-4646 ou 800-361-2600*
≈*613-7310*
www.mexplaza.com/dmendoza

L'Hotel de Mendoza, adjacent au Teatro Degollado, est très certainement un hôtel de classe. Les décorateurs ont su conserver certains éléments originaux de l'immeuble antique, comme le hall et le restaurant richement garnis de sculptures et de chaises Louis XV. Les corridors à caissons lambrissés de bois vous mèneront à des chambres meublées modestement mais ornées d'un vitrail dans la salle de bain. Mais dépêchez-vous de vous installer au balcon pour profiter du soleil et de la vue sur la piscine! Ou peut-être préférez-vous vous étendre sur la terrasse aménagée sur le toit afin de profiter de la splendide vue sur la ville. Les personnes à la recherche du grand luxe auront pour leur part le loisir d'admirer la cathédrale dans toute sa splendeur de l'une des suites situées aux étages supérieurs. Pour les sportifs, on trouve une salle d'exercices et, pour les gens d'affaires, une salle de réunion.

Circuit B : demeures et places du vieux Guadalajara

Voir carte p 91.

Hotel Jorge Alejandro
$
bp, tv, S, ⊗
Av. Hidalgo n° 656, Zona Centro
C.P. 44100
☎*658-1051*

Le nouvellement rénové Hotel Jorge Alejandro, décoré dans les tons de rose et de blanc, s'avère bien tenu. Les chambres y sont propres. Une bonne note pour le personnel courtois et les tarifs qui sont meilleur marché lorsque le séjour est de trois jours ou plus.

Hotel Maya
$
bp, tv, S
López Cotilla n° 39, C.P. 44100
☎*614-5454*

Se situant dans une petite rue à quelques enjambées de la cathédrale, l'hôtel Maya dispose de 55 chambres aménagées sobrement et sans grand apparat. Bien que sa situation centrale constitue un atout important, c'est surtout par ses prix accessibles aux petits budgets que l'hôtel vaut la peine d'être mentionné. Certaines chambres disposent de quatre grands lits.

Posada Regis Guadalajara
$
bp, tv, ℜ, ⊗
Av. Corona n° 171, secteur Juárez,
C.P. 44100
☎/≈*613-3026*

C'est depuis 1870 que la Posada Regis Guadalajara ouvre ses portes aux touristes venus découvrir la «perle de l'Occident», Guadalajara. Le hall couvrant tout le premier étage d'un édifice colonial du XVIIIᵉ siècle, vous serez surpris par ses allures de jardin, d'un calme apaisant. C'est tout autour de cette oasis que se trouvent les 18 chambres de modeste taille, au mobilier d'époque raffiné et aux hauts plafonds d'origine. En guise d'accueil, la charmante vieille dame qui tient l'hôtel sera fière de vous réciter la liste des services offerts tels qu'une salle à manger, une buanderie, un téléviseur grand écran en plus de ceux des chambres et,

Hébergement

surtout, une attention personnalisée de sa part.

Posada de San Pablo
$
bc, ⊗
Av. Madero n° 218, C.P. 44100
☎613-3312

Installée au deuxième étage d'un édifice historique du cœur de la ville, la Posada de San Pablo est accessible par un grand escalier en fer forgé d'époque d'où l'on remarque le coquet vitrail inséré dans les hauts plafonds. Dans ce qui devait être autrefois un appartement bourgeois, on retrouve aujourd'hui 10 chambres meublées avec beaucoup moins d'apparat, et qui mériteraient un sérieux rafraîchissement. Les voyageurs avec sac au dos trouveront en cet endroit une simple pension certes, mais dont le prix plus qu'abordable saura faire oublier les désagréments de la douche commune et le dépouillement des lieux.

Posada Tapatía
$
bp, ⊗
Av. López Cotilla n° 619, entre Pavo et 8 de Julio, C.P. 44100
☎614-9146

Établie non loin du centre historique, la Posada Tapatía propose quelques chambres à même les anciennes pièces d'une villa d'époque où se trouvent toujours de hauts plafonds et plusieurs détails décoratifs d'origine. Avec un décor chaleureux et un accueil qui fait honneur à l'hospitalité des Mexicains, l'atmosphère prend

ici des airs de printemps chaque jour de l'année.

Hotel Fénix
$$$
bp, tv, ≡*,* ℜ
Av. Corona n° 160, C.P. 44100
☎*614-5714 ou 800-361-1100*
⇜*613-4005*

En vous baladant sur l'Avenida Corona, vous aurez tôt fait de remarquer l'un des seuls bâtiments d'aspect moderne du quartier qui ne cadre pas du tout avec l'environnement architectural qui l'entoure, avec ses 250 chambres au décor en recherche de style. On est en en droit de se poser des questions sur le prix élevé demandé pour une nuitée. Des tarifs spéciaux sont souvent proposés aux exposants des différentes foires de Guadalajara : ça vaut la peine de s'informer. Les chambres des étages supérieurs, du côté nord, offrent une belle vue sur la cathédrale. Il faut mentionner com-

me avantages les quelques salons de grande capacité pouvant servir à toutes sortes d'événements et la localisation de l'établissement, à quelques pas de la Plaza de Armas.

Circuit D : Analco, Las Nueve Esquinas et le parc Agua Azul

Voir carte p 101.

Hotel Costa Brava
$
bp, S, ⊗
Calz. Independencia Sur n° 739, angle
Av. Los Angeles, C.P. 44100
☎*619-2327*
C'est dans les couleurs de la côte que le nouvel Hotel Costa Brava vous invite à passer la nuit. Les habitués des auberges de jeunesse y retrouveront le même confort de base, la même simplicité de l'accueil et les mêmes petits prix.

Hotel Continental
$$
bp, tv, S
Av. Corona n° 450, angle Calle Libertad,
C.P. 44100
☎*614-1117*
Construit à l'époque faste des années soixante-dix pour ce quartier adjacent au centreville, cet important hôtel de 128 chambres est demeuré inchangé depuis sa construction. Le hall et les chambres au mobilier démodé, voire kitsch, sont cependant toujours confortables et calmes. Si les tons d'orange et de vert

limette ne vous agressent pas trop, il s'agit d'une adresse convenable pour ses prix qui sont, eux aussi, rétro.

Don Quijote Plaza
$$
bp, tv, ≡, S, ℜ
Av. Héroes n° 91, C.P. 44100
☎*658-1299*
⊨*614-2845*
Bon rapport qualité/prix, voilà qui résume bien le Don Quijote Plaza. L'hôtel occupe un vieil édifice colonial ayant échappé à la vague de modernisation qui frappa le secteur dans les années soixante. Il s'agit d'un des rares exemples de réussite de rénovation d'un bâtiment historique alliant charme d'antan et confort moderne. La cour intérieure, entourée de dizaines de plantes, constitue un havre de paix et les chambres sont impeccables, sans être très spacieuses par contre.

Nueva Galicia
$$
bp, tv, S, ℜ
Av. Corona n° 610, angle Calle La Paz,
C.P. 44100
☎*614-8780*
Outre le sourire de l'aimable personnel, l'hôtel Nueva Galicia n'a pas de quoi se distinguer de ses concurrents. Une fois de plus, l'orange strident semble avoir été la couleur fétiche du décorateur, ce qui n'aide pas à rendre les lieux attrayants. Cet hôtel retiendra une clientèle familiale à petit budget qui veut éviter les

posadas ou les auberges de jeunesse.

Hotel San Francisco
$$
bp, tv, ℜ, S, ⊗
Calle Degollado n° 267, angle Priscilliano Sánchez, C.P. 44100
☎613-8959
≈613-3257

Dans un environnement de Calle populaire, l'Hotel San Francisco occupe une ancienne demeure coloniale à l'architecture si caractéristique. À l'intérieur, vous retrouverez l'esprit de cette époque en parcourant les couloirs organisés autour de deux petites cours intérieures fleuries à souhait. Le restaurant Don Quijote, installé au rez-de-chaussée, ajoute à l'ambiance animée de l'endroit en servant du matin au soir des repas variés. Du côté des chambres, bien qu'il soit un peu décevant de constater qu'elles ne sont pas conçues avec autant de souci que le reste, leur grande taille et leur confort contribueront à vous faire passer une nuit reposante.

Hotel Santiago de Compostela
$$$
bp, tv, ≡, ≈, S, ℜ
Calle Colón n° 272, C.P. 44100
☎613-8954 ou 800-365-5300
≈658-1925

Avec sa superbe façade néo-Renaissance qui trône sur le Jardín de San Francisco, l'Hotel Santiago de Compostela bénificie d'un emplacement près du beau quartier de Las

Nueve Esquinas et un cachet digne d'être souligné. Les chambres sont propres, d'un confort inégalé, et pourvues de grandes fenêtres qui diffusent un éclairage naturel une bonne partie de la journée. Une rafraîchissante piscine sur le toit procure le cadre idéal pour profiter du doux climat de la ville. Bref, une très bonne adresse dans sa catégorie.

> ## Circuit E :
> ## Chapultepec et Las
> ## Antiguas Colonias

Voir carte p 106.

Posada Cameleón
$
bp, tv, ℜ, ☉
Av. Morelos n° 1613, près de Chapultepec, C.P. 44130
☎825-0584

Sise dans la Zona Rosa, qu'on dit la plus paisible du Guadalajara métropolitain, la Posada Cameleón intéressera surtout les voyageurs en quête d'un logement bon marché. Dans cette maison familiale convertie sans grand-peine (peut-être pour y garder un cachet plus authentique), on accueille honnêtement les chambreurs de passage. Attention, cette *posada* de 10 chambres seulement est rapidement complète; arrivez donc tôt pour y réserver votre lit pour la nuit.

Hotel-Suites Bernini
$$
bp, tv, ℂ, ℝ, S
Av. Vallarta n° 1881, angle Unión
C.P. 44160
☎616-0858 ou 800-362-8200
⇌616-7274
C'est avec un art marqué par le modernisme italien des années vingt que les décorateurs ont conçu cette imposante tour de 16 étages. Idéales pour ceux qui doivent séjourner plus longtemps à Guadalajara, les suites se louent à la nuitée, à la semaine ou au mois, le tarif quotidien se réduisant à mesure que le séjour se prolonge. Chacune des suites de une ou deux chambres inclut une cuisine et un salon garnis d'un mobilier aussi aux lignes du modernisme italien. N'hésitez pas à signifier votre intérêt pour celles donnant sur l'Avenida Vallarta, afin d'éviter l'effet de serre qui réchauffe les pièces exposées au soleil de midi.

Hotel del Parque
$$
bp, tv, ℝ, S, ⊗
Av. Juárez n° 845, près de Federalismo, C.P. 44100
☎825-2800
⇌826-6648
Voisin d'un joli et trop rare parc de la ville, l'Hotel del Parque est par contre un peu éloigné du centre. Comptez 15 min à pied pour vous rendre à la cathédrale. La décoration de l'hôtel est limitée à l'essentiel et le mobilier commence à vieillir quelque peu, quoiqu'il soit toujours en bon

état. Sourire et courtoisie caractérisent le personnel.

Hotel Laffayette
$$$$
bp, tv, ≡, ℝ, ≈
Av. La Paz n° 2055,
angle Av. Chapultepec, C.P. 44140
☎615-0045 ou 800-362-2200
⇌630-1112
À deux pas de l'Avenida Chapultepec se trouve un autre géant de l'hôtellerie pour gens d'affaires. L'Hotel Laffayette dispose de plusieurs salles et salons de grande capacité installés sur les deux premiers étages, un atout important qui rend l'établissement fort populaire pour la tenue des congrès. Pour leur part, les chambres, à la décoration standardisée, occupent les 11 autres étages. Note appréciable pour les voyageurs de fins de semaine, l'hôtel affiche des tarifs presque à demi-prix les vendredi, samedi et dimanche, ce qui améliore grandement son rapport qualité/prix.

Circuit F : la Minerva et Iztépete

Voir cartes p 110 et 112.

Hotel Puerto Vallarta
$
bp, tv, ⊗, S
Av. Vallarta n° 4003, angle Calle Don Bosco, C.P. 45049
☎121-7361
Pour vous loger à bon compte, rendez-vous à l'Hotel Puerto Vallarta, un petit hôtel

comme il y en a rarement dans cette zone commerciale. L'accueil est simple et les chambres sont sans prétention, vu la simplicité du mobilier limité à l'essentiel.

Hotel Windsor
$

bp, tv, S, ⊗
V. Salado Álvarez n° 131, entre Av. México et Calle Justo Sierra, C.P. 44130
☎*615-7790*
Après avoir localisé l'hôtel, aidé par sa grande enseigne, vous serez heureux de constater le calme étonnant de l'endroit, étant donné sa localisation au cœur d'un tranquille quartier résidentiel. C'est justement dans une ancienne maison unifamiliale que vous pourrez louer l'une des chambres à la carte, chacune étant de taille différente et équipée ou non d'un téléviseur. Au moment de choisir une chambre, prenez note de l'absence de fenêtre dans certaines d'entre elles, ce qui empêche l'évacuation de l'humidité qui s'y trouve. Sonnez pour entrer.

Hotel Nuevo Vallarta
$$

bp, tv, ℜ, ⊗, S
Av. Vallarta n° 3999, angle Gran Plaza, C.P. 45049
☎*629-8610*
⇆*121-1086*
Voisin de la chambre de commerce de Guadalajara, l'Hotel Nuevo Vallarta vous accueille dans un hall plutôt froid, mais heureusement réchauffé par la convivialité du personnel. Les simples chambres dans les

tons de brun avec stuc blanc sont, à défaut d'être belles, bien entretenues. Une adresse convenable à laquelle il est conseillé de réserver.

Hotel Patricia
$$

bp, tv, S, ⊗
Cir. Agustín Yañez n° 2745-C, C.P. 44120
☎*630-0117*
⇆*616-4136*
Ce petit hôtel de 18 chambres, propres, est installé dans un édifice moderne quelconque dont le seul avantage est la proximité de la Minerva. Choisissez une chambre avec fenêtre puisque certaines n'en sont pas munies.

🛥 Hotel del Bosque
$$

bp, tv, ℂ, ℝ, S, ≈, ℜ, ⊗
Av. López Mateos Sur n° 265, angle Calle Inglaterra, C.P. 44100
☎*121-4020*
⇆*122-1955*
L'Hotel del Bosque, avec une gamme de services intéressants et des prix raisonnables, constitue un bon choix. Le joli jardin intérieur s'avère un havre de paix, une denrée rare dans le secteur. Les chambres sont décorées avec goût, sont étonnamment calmes, et une récente rénovation du complexe assure maintenant une propreté quasi infaillible. De plus, pour ceux qui doivent travailler ou résider à Guadalajara pour une longue période, l'hôtel dispose de quelques chambres munies de cuisinettes. Bon rapport qualité/prix.

Motel Guadalajara
$$
bp, tv, ≡, ≈, S, ℜ
Av. Vallarta n° 3305, C.P. 44100
☎**647-8489**

Le Motel Guadalajara mérite une mention pour le nombre de services disponibles versus le tarif abordable affiché. Même si la décoration est réduite à sa plus simple expression et que la propreté pourrait être revue, ce motel suffira à ceux qui voyagent avec un budget restreint.

Motor Hotel Américas
$$
bp, tv, S, ℂ, ≈, ℝ, ≡, ℜ
Av. López Mateos Sur n° 2400, C.P. 45050
☎**631-4415**
≈**631-4048**

Localisé juste en face du centre commercial Plaza del Sol, le gros Motor Hotel Américas dispose de 96 chambres décorées très moyennement, mais particulièrement bien entretenues. Quelques chambres ont une jolie vue sur les montagnes qui encerclent la ville. De plus, non pas une, mais bien deux piscines extérieures constituent un atout non négligeable.

Posada del Sol
$$
bp, tv, ℜ, ≈, ⊗, ✱
López Mateos Sur n° 4205, angle La Giralda, C.P. 44550
☎**631-5205**

Pour qui aime être entouré de verdure et du calme champêtre des *posadas*, la Posada del Sol constitue un bon choix. Les chambres, toutes simples, sont mignonnes. La salle à manger, à l'atmosphère conviviale, mérite une mention. Enfin, la grande piscine, ouverte à longueur d'année, et la vaste pelouse verdoyante procurent un séjour agréable.

Las Pergolas
$$-$$$
bp, tv, ≡, ℜ, ≈, S, △
Av. Morelos, C.P. 44130
☎**630-1727**
≈**630-0576**

Malgré une façade un peu déprimante, de l'époque où le béton était si populaire auprès des architectes, Las Pergolas compte 158 chambres aménagées de manière moderne et agréable. Cette bonne adresse offre une panoplie de services pour les gens d'affaires; plusieurs forfaits viennent adoucir les tarifs déjà raisonnables. Bien que la décoration n'ait pas fait l'objet d'intenses recherches, ce cadre calme et sans prétention pourra convenir à plusieurs.

Hotel-Suites Fuente del Bosque
$$-$$$
bp, tv, ≡, ℂ, ℝ, ⊛, ℜ, S
Av. Niños Héroes n° 2655, angle López Mateos, C.P. 44520
☎**122-0214 ou 800-366-4700**
≈**122-1667**

Localisé dans l'aéré quartier du Jardines del Bosque, l'Hotel-Suites Fuente del Bosque vous accueille, comme son nom l'indique, par une jolie fontaine qui rafraîchît l'environnement. L'établissement offre la pratique formule d'«appart-hôtel» et les différentes suites ressemblent à s'y confondre à des appartements tout équipés. Du reste, les chambres sont meublées de façon conventionnelle et confortable, le service est aimable et les prix sont honnêtes.

Hotel Plaza Los Arcos
$$-$$$
bp, tv, S, C, ⊗, ℝ
Av. Vallarta n° 2452, angle Fco. de Quevedo, C.P. 44100
☎615-1845
⇌616-3817

Suites Moralva
$$$
bp, tv, S, C, ⊗, ℝ
Av. Vallarta n° 2477, C.P. 44100
☎615-4804
⇌615-4805

L'Hotel Plaza Los Arcos et son cousin, Suites Moralva, situé juste en face, offrent tous deux la formule avantageuse d'«appart-hôtel». En effet, la grande majorité des chambres disposent de cuisinettes qui donnent l'illusion de loger en appartement. Le premier hôtel propose une version meilleur marché avec un décor convenable et un hall d'entrée de style Art déco. Le second, plus récent, offre des chambres de différentes grandeurs, chacune avec un balcon attenant. Finalement, les deux bénéficient d'une bonne localisation, face à l'opulent centre commercial Centro Magno.

Malibu
$$$
bp, tv, ≈, ♯, ℜ, ⊗, S, ≡
Av. Vallarta n° 3993, à côté de Gran Plaza, C.P. 45120
☎121-7676 ou 800-365-2500
⇌122-3192

Une fois entré sous les voûtes de l'hôtel Malibu, vous serez heureux d'avoir troqué le bruit des voitures pour le doux pépiement des oiseaux qui nichent dans le jardin intérieur. Avec sa grande fontaine et sa piscine semi-olympique, voilà un bel endroit où se détendre. Le centre d'affaires, les deux restaurants et la salle de banquet optimiseront le séjour de ceux qui sont ici pour travailler. Quant aux chambres, elles sont standards et d'aspect quelque peu dépouillé. Pour une vue intéressante, louez une chambre en hauteur du côté de l'Avenida Vallarta.

Hotel Margarita
$$$
bp, tv, ℑ, ⊗, S, ≈, C, ℝ
Juan Palomar y Arias n° 283, Fracc. Monraz, C.P. 44670
☎673-1176
⇌673-2508

Tout au fond d'un parc jalonné de petites maisons mexicaines, vous trouverez l'Hotel Margarita. Ce nouveau complexe hôtelier loue 38 chambres pour de courts ou longs séjours. L'aménagement astucieux des lieux, mettant à profit un vallon naturel, rend cet endroit idéal pour ceux qui aiment marier confort, calme et détente.

Hotel Plaza Diana
$$$
bp, tv, ≡, ℜ, S, ≈, ☺, ℝ
Av. Circunvalación Agustín Yañez
n° 2760, angle La Paz, C.P. 44100
☎*615-5510*
⇋*630-3685*
Localisé à proximité de la fontaine de la Minerva, l'Hotel Plaza Diana constitue une autre belle opportunité de logement pour la clientèle de gens d'affaires. Le hall illuminé par de beaux vitraux et le dévoué personnel méritent chacun une mention. Des chambres entretenues de façon irréprochable assurent le confort nécessaire, tandis que le double vitrage procure le calme voulu. Un bon restaurant ouvert toute la journée réjouira les gourmets et un piano-bar ouvert jusqu'aux petites heures du matin enchantera les oiseaux de nuit.

Posada Guadalajara
$$$
bp, tv, ℜ, ≈, ≡, S
Av. López Mateos n° 1280, C.P. 45046
☎*121-2022*
⇋*122-1834*
Dotée d'une façade qui laisse deviner un intérêt soutenu pour la décoration, la Posada Guadalajara se distingue par son hall de bon goût et sa cour intérieure fleurie. Le style de décoration mexicain s'exprime dans toute sa splendeur dans la cour munie d'une magnifique fontaine, d'arcades et d'une flore variée. Malheureusement, ce qui a du cachet à l'extérieur des chambres devient d'un goût douteux

une fois à l'intérieur. Les vastes chambres versent en effet quelque peu dans le kitsch à force de vouloir en mettre plein la vue. On regrette également le laisser-aller du service, mais, dans l'ensemble, cette *posada* présente quand même un bon rapport qualité/prix. Réservation nécessaire.

Vista Plaza del Sol
$$$
bp, tv, ℜ, ≡, ≈, S
Av. López Mateos Sur n° 2375, C.P. 45050
☎*647-8890*
⇋*647-8565*
www.vistahotel.com
Situé au carrefour de l'Avenida López Mateos et de l'Avenida Mariano Otero, le Vista Plaza del Sol fait partie d'une chaîne d'hôtels établie dans tout le pays. Constitué de deux tours regroupant 357 chambres et suites, l'hôtel apparaît un peu cher, même si le nombre de services offerts peut justifier une partie du prix demandé. À noter que loge dans l'hôtel un bureau de l'American-Canadian Club, qui offre aux retraités nord-américains des forfaits pour passer leurs jours heureux sous le soleil paisible du Jalisco.

Hotel Guadalajara Plaza Expo
$$$$
bp, tv, ≈, ≡, S, ☺, ℝ
Av. Mariano Otero n° 3261, angle Topacio, C.P. 44550
☎*669-0215 ou 888-223-7646*
⇋*122-2850*
L'Hotel Guadalajara Plaza Expo, aux lignes futuristes, a l'avantage d'être bien situé. En

Hébergement

effet, il permet d'avoir accès en quelques secondes au centre d'exposition de Guadalajara et en quelques minutes au Guadalajara World Trade Center. Tel que son emplacement le laisse supposer, tout y est aménagé pour les gens d'affaires. Pour les rares moments de détente entre deux rendez-vous, une jolie piscine installée sur le toit fera à coup sûr descendre la pression.

🏝 Hotel Guadalajara Plaza López Mateos
$$$$
bp, tv, ≈, S, ℜ, ≡
Av. López Mateos Sur n° 2128, angle Cubilete, C.P. 45050
☎*647-5279*
⇥*122-1842*
Appartenant à la même chaîne et portant le même nom, l'Hotel Guadalajara Plaza López Mateos est une copie presque conforme de son frère jumeau décrit ci-dessus. Le service y est tout aussi impeccable et le confort est de nouveau au rendez-vous. Une différence notable cependant, vous pouvez ici louer à bon prix de belles suites calmes autour de la piscine circulaire.

Holiday Inn Select
$$$$-$$$$$
bp, tv, ≡, ⊘, ◙, ≠, ≈, ℝ, ℜ, △, S
Av. Niños Héroes n° 3089, angle López Mateos, C.P. 44520
☎*122-2020 ou 800-HOLIDAY*
Bâti depuis à peine quelques années pour répondre à la forte hausse de la clientèle de gens d'affaires aisée, cet hôtel de niveau international au

décor éclectique peut facilement faire croire qu'on se trouve à Chicago ou à Hong Kong. Le hall, le restaurant, le bar et chacune des chambres sont dessinés avec le charisme des années quatre-vingt-dix, très différent de ce à quoi la célèbre chaîne nous a habitués. La clientèle, exclusivement des gens d'affaires, se sentira à l'aise avec le grand nombre de services mis à sa disposition dont certains inusités, comme des étages non-fumeurs, un téléphone dans toutes les salles de bain et un ascenseur panoramique. Élément exceptionnel, une piscine chauffée, juchée au sommet de l'édifice, donne accès à une vue de 360 degrés sur toute la ville. Finalement, le personnel est, tel qu'il le dit, *a sus ordenes* (à vos ordres).

🏝 Camino Real
$$$$$
bp, tv, ≡, ⊛, ⊘, ◙, ≈, ℝ, ℜ, △, S
Av. Vallarta n° 5005, angle Niño Obrero, C.P. 45040
☎*647-8000*
⇥*647-6781*
Parmi les multiples hôtels qui jalonnent l'Avenida Vallarta, nombreux sont ceux dont l'aspect moderne et impersonnel a de quoi faire déprimer. Mais il s'en trouve encore de très invitants comme le Camino Real qui méritent une mention. On a préféré ici construire en largeur plutôt qu'en hauteur, ce qui humanise l'endroit en lui donnant des airs de maison de campagne. Les chambres sont dotées d'un

mobilier contemporain de bon goût et chacun des salons d'affaires adjacents aux suites est conçu selon des lignes éclectiques de beau style. Au restaurant Aquellos Tiempos, tous les repas de la journée sont servis soit sur la terrasse face à la vaste pelouse bichonnée à l'anglaise, soit à l'intérieur, pour un plus grand chic. Il vous sera bien difficile ne pas apprécier cet endroit si vous pouvez vous l'offrir.

Fiesta Americana
$$$$$

bp, tv, ≈, ≡, ☉, ℝ, ℜ, △, S
Aurelio Aceves n° 225, Glorieta Minerva, C.P. 44100
☎825-3434 ou 800-504-5000
≈630-3671

L'énorme édifice aux allures de *bunker* dominant toute la zone de la Minerva abrite l'un des plus gros hôtels de la ville. Heureusement, l'intérieur du Fiesta Americana présente un aspect plus accueillant avec un hall d'entrée spacieux (surtout en hauteur) et un bar-terrasse où il fait bon se détendre. Le voyageur appréciera une des 390 chambres meublées avec tout le confort nord-américain et une vue étonnante sur la ville, peu importe où l'on se situe. L'hôtel met à la disposition de ses hôtes des salons pour gens d'affaires, un court de tennis et une agréable piscine extérieure. Quelques commerçants complètent la gamme de services offerts intra-muros et même le Consulat du Canada y officie. Enfin, l'accueil du personnel,

tout comme le prix, est fidèle à ce qu'on est en droit de s'attendre à retrouver dans un établissement de catégorie cinq étoiles.

Presidente Inter-Continental
$$$$$

bp, tv, ≡, ☉, ◙, ≈, ℝ, ℜ, △, S
angle Av. López Mateos et Calle Moctezuma, C.P. 44050
☎678-1234 ou 800-9-0444
≈678-1222

Fidèle à sa réputation internationale reconnue, le Presidente Inter-Continental propose, à ceux qui peuvent se l'offrir, luxe et qualité. Derrière sa façade entièrement faite de vitrage miroitant, se cachent pas moins de 420 chambres, meublées presque à la carte tellement le choix de suites y est grand. Tout est ménagé pour répondre à tous les besoins et désirs de la classe d'affaires internationale la mieux nantie. La liste des services proposés est interminable et le personnel de service vous obéira au doigt et à l'œil. Ne manquez pas le seul coin de l'hôtel présentant un certain cachet, soit le restaurant de cuisine mexicaine La Moreña, qui est une réplique de l'Hacienda de la Barca, un village pittoresque près de Guadalajara. Somme toute, les amateurs de très hauts standards de qualité seront comblés.

Hébergement

Circuit G : le faubourg de Zapopan

Voir carte p 117.

Hotel Primavera
$$
bp, ℂ, ≈, ☺, ℜ, S, ⊗
Carr. a Nogales, Km 24, Zapopan
☎616-6673

Entouré des collines de Zapopan, le moderne Hotel Primavera a été conçu pour ceux qui en ont assez de l'austère paysage urbain. Sa localisation au milieu d'un paisible boisé, le Bosque de la Primavera, a en effet de quoi changer du bruyant trafic automobile de la ville. Le complexe de 99 chambres se présente comme un centre de détente équipé d'une piscine chauffée, d'un terrain de volley-ball et de quelques sentiers pédestres. Les réservations se font auprès de l'Oficina corporativas hoteles universidad de Guadalajara (*Francisco de Quevedo n° 175*, ☎616-1689, ≈615-0600).

Rose

Circuit H : San Pedro Tlaquepaque et Tonalá

Voir carte p 122.

Camping San José del Tajo
km 15, route 15 vers Morelia, Guadalajara
☎686-1495

Camping Hacienda Trailer Park
Ciudad Granja
☎627-1724 ou 121-5084

Mesón Don José
$$$ pdj
bp, tv, ≈, S, ⊗
Av. Reforma n° 139, entre Progreso et Matanoros, C.P. 45500, San Pedro Tlaquepaque
☎639-3085
≈659-9315

Cachée dans la Calle Reforma à quelques minutes à pied du centre du village, la Mesón Don José est une auberge de style campagnard établie dans le cadre très charmant d'une belle villa. Toutes les chambres sont soigneusement décorées avec le charme de l'ancien qui vous rappellera que vous vous trouvez dans une ville d'artisans. De plus, le petit nombre de chambres crée une atmosphère familiale et discrète. Finalement, la petite cour verdoyante où se prend le petit déjeuner se prête particulièrement au flânage des matinées de vacances.

Palacio de Gobierno exhibe sa belle façade baroque à l'accent rocaille, ont le deuxième niveau s'orne de balcons en fer forgé. - *Tibor Bognár*

L'Instituto Cultural Cabañas abrite un des plus importants centres cu
turels du pays et l'Unesco l'a déclaré «patrimoine de l'humanité». - *T.*

La Villa del Ensueño
$$$ pdj
bp, tv, ≈, ⊗, ℑ, S
Av. Florida n° 305, C.P. 45500, San Pedro
Tlaquepaque
☎*635-8792*
⇏*659-6152*
*www.mexonline. com/ ensueno.
html*

Dans une petite rue calme du
village à quelques minutes du
centre, La Villa del Ensueño se
révèle être un *bed and break-
fast* plein de charme. Tout est
fait pour que le voyageur s'y
sente comme chez lui : petits
balcons pour les chambres à
l'étage, aires communes de
style champêtre et 10 cham-
bres possédant une personna-
lité distincte. Les oiseaux de la
cour, les fleurs dans la fon-
taine et la piscine, voilà de
petits extras qui font toute la
différence. Une petite mer-
veille, si ce n'était de son prix
qui rivalise avec les grands
hôtels du centre-ville. Bref,
l'un de ces endroits où l'on
aimerait avoir pension toute
l'année.

Casa de las Flores
$$$ pdj
bp, ⊗, S
Santos Degollado n° 175, C.P. 45500, San
Pedro Tlaquepaque
☎/⇏*659-3186*
www.casadelasflores.com

La Casa de las Flores est un
autre *bed and breakfast* situé
dans une rue désertée par la
horde de touristes qui défile
au centre. Bien tenu, l'établissement plaira à ceux qui recherchent le cachet unique de
Tlaquepaque, les propriétaires

ayant puisé dans l'artisanat
local pour façonner un décor
où leurs hôtes se sentiront à
l'aise. Des services de guide
personnalisés et d'interprètes
sont proposés.

Hotel Casa Grande
$$$$$
bp, tv, ⊗, ≈, ℜ, △, S
Aeropuerto Internacional Miguel Hidalgo,
C.P. 45640
☎*678-9000*
⇏*678-9002*

Attenant à l'aéroport de la ville
et relié à celui-ci par une pas-
serelle, cet établissement dispose de nombreux services et
installations : centres d'affaires,
service de navette gratuit avec
le centre-ville, restaurant de
grande capacité, etc. La décoration, tant des chambres que
du grand hall, s'inspire de
celle d'une froide aérogare,
mais heureusement tout est
insonorisé contre le trafic aé-
rien continu. La localisation
pratique de l'hôtel influence
bien sûr son prix, assez élevé.

Circuit I :
Laguna de Chapala

Voir carte p 129.

Villa Montecarlo
$$$
bp, ℜ, ≈, S, ⊗
Av. Hidalgo n° 236, Chapala
☎*615-3998*

Tout comme le Primavera
(voir p 160), le Villa Montecar-
lo est un hôtel géré par l'uni-
versité de Guadalajara *(réser-*

Hébergement

vation: Oficina corporativas hoteles universidad de Guadalajara, Francisco de Quevedo n° 175, ☎616-1689, ⇔615-0600). Cette fois, c'est à Chapala qu'il est possible de réaliser un séjour santé dans un complexe sportif au bord du lac, au milieu des palmiers, tout en étant bercé par la clémence légendaire du climat de la lagune. Les deux piscines et les 46 chambres, sobres mais confortables, avec vue sur le lac, forment le cadre propice au relâchement serein des stations balnéaires.

Nido de Chapala
$$
bp, tv, S, ⊗, ℜ, ⊗
Av. Madero n° 202, Chapala
☎**765-2116**
Sur l'Avenida Madero, l'hôtel Nido de Chapala avec son faste d'antan rappelle que Chapala était très prospère au début du XXᵉ siècle. En plus de la façade coloniale, le hall présente un intérêt historique et les photographies réparties un peu partout témoignent des nombreuses inondations qui ont marqué la petite histoire locale. On y loue des chambres vieillottes et quelque peu sombres, mais bon marché.

Real de Chapala
$$$
bp, tv, ≡, ≈, ℝ, ℜ, S
Paseo del Prado n° 20, Ajijic
☎/⇔**766-0021**
L'important Real de Chapala constitue le grand chic de l'hébergement de la région.

Les 82 chambres commodes et confortables situées au bord du lac satisfont les plus exigeants.

Villa Buenaventura
$$$
bp, tv, ℜ, ⊛, ≈, △, ⊗
Carr. Chapala-Jocotepec, km 13,5, San Juan Cosalá
☎**761-0303**
San Juan de Cosalá est réputé depuis longtemps pour ses sources d'eau chaude curative qui ont déjà attiré des pèlerins venus du monde entier. Le Villa Buenaventura offre toujours aujourd'hui des installations telles que sauna, piscine, glissade, bain de vapeur, eaux thermales, etc. qui font le bonheur des hôtes.

Nueva Posada
$$$
bp, tv, ℜ, S, ≈, ⊗
Av. Donato Guerra n° 9, C.P. 45920, Ajijic
☎**766-1444**
Tenu par un sympathique Canadien qui a lui-même bâti son hôtel en 1986, l'hôtel Nueva Posada dégage beaucoup de charme. Tandis que l'architecture évoque les belles maisons de la côte du Pacifique, l'intérieur est marqué par le style colonial traditionnel. Les 19 chambres et quatre villas d'un rose discutable, décorées un peu lourdement, ont leur propre balcon. Certaines sont même aménagées pour les handicapés. L'endroit est bien populaire auprès des Nord-Américains. La réputation du restaurant, qui a précédé celle de l'hôtel, attire les fines bou-

ches avec son excellente cuisine internationale dans le même cadre accueillant.

Circuit J : Tequila et sa région

Voir carte p 127.

Nuevo Hotel Colonial
$
bp, tv, ⊗
Av. Morelos n° 52, angle Sixto Gorjón, Tequila
☎742-0355
Comme il est écrit à l'entrée, «Services, moralité et hygiène» sont les mots d'ordre du Nuevo Hotel Colonial. Services pour ceux qui veulent être en contact direct avec l'animation du quartier, moralité assurée même si le prix n'est que de 80 pesos par nuitée et hygiène qui garantit un seuil de propreté acceptable. Mais mieux vaut être prévenu qu'à ce prix aucune extravagance n'est permise dans le mobilier et qu'il faut avoir le sommeil facile pour ne pas être importuné par l'activité environnante.

Hotel Abasolo
$
bp, tv, ⊗, S
Calle Abasolo n° 80, Tequila
☎742-0195
Le modeste Hotel Abasolo loue des chambres aménagées simplement à la décoration absente, mais à un prix particulièrement intéressant. Accueil souriant.

Las Delicias
$$$
bp, tv, ⊗, ≈, S
Carr. Internacional n° 595, Tequila
☎742-1094
Pour un hôtel de qualité dans un environnement paisible de campagne de l'Agave, l'hôtel Las Delicias s'avère une bonne adresse. Seul désavantage majeur, son éloignement du centre-ville qui demande au visiteur une voiture pour se déplacer.

Circuit K : Tapalpa et la montagne

Voir carte p 127.

Posada La Hacienda
$
bp, ⊗, ℂ, S
Av. Matamoros n° 7, Tapalpa
☎432-0193
Malgré la désagréable impression d'entrer dans une banque lorsqu'on est accueilli à la réception, la Posada La Hacienda a beaucoup à offrir et présente un bon rapport qualité/prix. Occupant une ancienne *hacienda* qui fait face à la place centrale du village, la *posada* possède, encore de nos jours, beaucoup de charme. Les 32 chambres réparties sur deux paliers et reliées par un bel escalier ont gardé un beau style rustique propre à Tapalpa. De plus, certaines ont une cuisinette (formule appelée *bungalow*) et une belle vue sur la vallée à l'arrière. Pour le reste, les cham-

Hébergement

bres standards sont peu garnies, pas très spacieuses et un peu en retrait, mais conviendront à une clientèle qui ne veut pas se ruiner.

🚢 Casa de Maty

ouvre seulement les fins de semaine
$$
bp, ℜ, S, ℑ
Av. Matamoros n° 69, Tapalpa
☎*432-0189*

Le style rustique trouve son achèvement presque absolu à la Casa de Maty, une *posada* coquette. Regroupant sous un même toit une auberge et un restaurant, cet endroit conviendra parfaitement à ceux qui sont à la recherche de charme, de calme et de détente. Les 14 chambres, chacune avec son propre nom et sa propre personnalité, se révèlent être de véritables havres de paix où le bois de pin est omniprésent. Elles sont fraîches en été et quelque peu froides en hiver (utilisez le foyer). À l'arrière, un bassin à remous commun avec vue sur la vallée promet des heures de plaisir. On doit cependant déplorer les prix un peu élevés.

🚢 Cabañas La Frontera

$
bp, tv, ℑ, ℂ, S
7 km avant d'arriver à Tapalpa
☎*637-4768*

Les Cabañas La Frontera constituent un classique de l'hébergement de la région. Ces maisons de bois rond, au cœur d'une pinède, sont un endroit idéal pour se ressourcer au naturel. Capacité de deux à six personnes par chalet.

Hotel Las Margaritas

$$
bp, ℂ, S, ⊗
16 de Septiembre n° 81, Tapalpa
☎*432-0799*

L'Hotel Las Margaritas, une *posada* de modeste taille, est établi dans une de ces maisons typiques de Tapalpa. À l'entrée, une petite boutique exposant les belles créations des propriétaires donne le ton au décor du reste de l'établissement. En effet, chacune des chambres est décorée avec une attention toute particulière. Chambres pour une à huit personnes avec ou sans cuisinette.

Il existe une multitude d'excellents restaurants dans la région de Guadalajara spécialisés d'abord dans la cuisine mexicaine traditionnelle, mais aussi dans une grande variété d'autres cuisines.

Bien que les *tacos*, *quesadillas* et *moles* figurent toujours au menu, n'allez pas croire que la cuisine mexicaine se limite à ces plats. En effet, un renouveau dans la cuisine nationale permet de déguster de la *Nueva cocina mexicana*, qui renoue avec une excellente tradition culinaire du passé. En outre, plusieurs restaurants ethniques existent, permettant ainsi à tous d'y trouver son compte.

En règle générale, les heures de service dans les restaurants s'étendent de 13h30 à 16h30 et de 20h à 23h. Le repas le plus important pour les Mexicains est le déjeuner; ne vous surprenez pas de vous faire servir une généreuse portion à cette heure de la journée. Comme peut en témoigner l'heure du déjeuner, qui s'étend de 14h à 16h, les Mexicains ont coutume de passer du temps à table. Vous devrez donc demander l'addition *(la cuenta, por favor)* en plus d'attendre la monnaie plusieurs minutes. Donc, il n'y pas de raison d'être impatient. On ne veut pas vous presser, c'est une question de politesse.

Dans cet ouvrage, nous avons tenté de donner la meilleure sélection possible de restaurants pouvant convenir à tous les budgets.

Il est à noter qu'en soirée la majorité des restaurants offrent à leur clientèle de la *música en vivo*, plus souvent la fin de semaine. Il s'agit en fait de représentations musicales en salle à manger offertes par les talents locaux. Bien que de qualité inégale, ces petits spectacles agrémenteront vos repas.

Classification des restaurants

Les prix ci-dessous s'appliquent à un repas pour une personne, taxe incluse, comprenant une soupe, le plat principal, un café et un dessert. Les boissons et le service ne sont pas compris.

$	moins de 5$
$$	de 5$ à 8$
$$$	de 8$ à 12$
$$$$	de 12$ à 16$
$$$$$	plus de 16$

Services et tarifs

Le terme *propina incluida* signifie que le pourboire est compris dans l'addition. En général, il ne l'est pas et le client doit calculer lui-même le montant alloué pour ensuite le remettre à la serveuse ou au serveur. Il est d'usage de laisser entre 10% et 15% de l'addition en pourboire selon la qualité du service rendu. Contrairement à ce qui est pratiqué en Europe, service et pourboire sont une seule et même chose en Amérique.

Lexique gastronomique de la cuisine mexicaine

Tortillas, tacos, empanadas, enchiladas, autant de mots prêtant à confusion pour qui est confronté la première fois à la cuisine mexicaine. Les préjugés ayant la vie dure (plats trop pimentés) face à l'inconnu, trop souvent le visiteur opte pour la cuisine internationale. Toutefois, s'il est vrai que les Mexicains aiment manger une cuisine forte en piments, la cuisine mexicaine offre une variété infinie de plats, allant du plus doux au plus épicé. Elle peut être diversifiée et raffinée. Afin d'aider le voyageur à naviguer dans ses délicieux méandres, nous vous proposons ci-dessous un lexique gastronomique.

Sachez que, la plupart du temps, les mets sont servis accompagnés de riz *(arroz)* et de fèves *(frijoles)* noires ou rouges. Souvent on déposera sur votre table une corbeille de pain garnie ici de *tortillas* chaudes. Bien sûr, la sauce *(salsa)* piquante ne sera jamais loin et vous pourrez remarquer qu'il en existe une impressionnante panoplie! Traditionnellement, on la prépare au mortier avec de la tomate, de l'oignon, de la coriandre et différents piments doux et forts.

Notez aussi que le *desayuno* est le petit déjeuner, l'*almuerzo* le déjeuner et la *cena* le dîner. La *comida* corrida est servie l'après-midi, jusque vers 17h ou 18h et il s'agit en fait d'un menu du jour, souvent à bon prix. Les Mexicains n'ont pas l'habitude de manger beaucoup le soir. Alors, surtout dans les villages, faites attention pour ne pas vous retrouver devant des portes de restaurants fermées après 18h.

Ceviche
Plat de poisson blanc ou fruits de mer, «cuits» seulement dans le jus de citron; au Mexique, on y ajoute de l'oignon, des tomates, des piments forts et de la coriandre.

Chicharrón
Couenne de porc frite, servie la plupart du temps avec l'apéritif.

1. Poivre de Cayenne
2. *Mirasol colorado*
3. Petit poivre de Cayenne
4. Poivre de Cayenne nain
5. *Pequín*
6. *Hontaka*
7. *Ancho*
8. *Güero*
9. *Mulato*

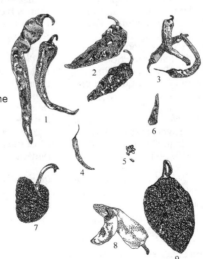

Chile

Piments (il en existe plus de 100 variétés) frais ou séchés qui peuvent être préparés de mille et une manières : farcis (*relleno*) ou servant eux-mêmes de farce, en sauce, bouillis, cuits dans l'huile, etc.

Empanada

Chausson farci avec de la viande, de la volaille, du poisson, etc.

Enchilada

Tortilla (voir plus bas) enroulée et fourrée, souvent au poulet, recouverte d'une sauce pimentée, de crème, et parsemée de fromage, parfois doré au four.

Fajitas

Lamelles de poulet marinées et grillées avec des oignons, de l'ail et des piments doux. On sert généralement ce mélange accompagné de sauce tomate, de crème et de légumes, que l'on peut mettre dans une *tortilla* que l'on enroule.

Guacamole

Purée d'avocats salée et poivrée à laquelle on a ajouté de petits dés de tomates, d'oignons et de piments frais, le tout mélangé avec un peu de jus de lime. Même si souvent ce plat ne figure pas au menu en tant que tel, n'hésitez pas à demander le *guacamole con totopos* (avec chips au maïs), un mets très connu constituant une rafraîchissante entrée ou un bon amuse-bouche.

Huevos Rancheros

Œufs frits dans une sauce tomate et servis sur une *tortilla* généralement relevés d'une sauce piquante.

Mole

Ce terme désigne des sauces onctueuses composées de plusieurs sortes de piments et d'un mélange de nombreuses épices dont du cacao, parfois de noix et de bien d'autres aliments encore. Chaque région du pays ou presque possède sa propre recette. Les sauces les plus connues sont la Mole Poblano et la Mole Negro Oaxaqueno. Ces sauces accompagnent les plats de volaille et de viande.

Nopal

Feuilles de cactus (sans les épines bien sûr!) cuites dans l'eau ou servies dans une soupe ou en salade.

Pozole

Ragoût consistant à base de grains de maïs et de porc accompagné de radis, d'oignons, de coriandre et de jus de lime. Il existe en deux versions : le ragoût vert et le ragoût rouge, ce dernier étant le plus pimenté.

Quesadilla

Tortilla fourrée, repliée et réchauffée dans la poêle, généralement au fromage.

Recettes

Carne en su jugo
(viande dans son jus)

500 g de surlonge de bœuf
250 g de tomates vertes ou rouges coupées finement
500 g d'oignon haché
250 g de lard salé tranché
250 ml d'eau
1 gousse d'ail
1 c. à table de coriandre
1 lime pressée
sel et poivre

Trancher le lard salé, en couvrir le fond du chaudron. Lorsqu'il est doré, ajouter les tranches de bœuf, le sel et le poivre. Faire revenir, ajouter l'ail, les tomates et l'eau. Amener à ébullition, réduire le feu et laisser mijoter. Au moment de servir, ajouter l'oignon haché, la lime pressée et la coriandre.

Flan mexicain

1 litre de lait
5 œufs
1 bâton de cannelle
250 g de sucre

Chauffer le lait jusqu'à frémissement. Ajouter le sucre. Retirer du feu. Battre les œufs sans les monter en neige. Les saler. Tout en brassant, mêler lentement le lait aux œufs. Ajouter la cannelle moulue.

Déposer la préparation dans des moules beurrés en pirex. Ranger les moules dans une lèche-frite à demi remplie d'eau tiède et cuire à four modéré (180°C) pendant environ 75 min ou quand la lame du couteau en ressort nette. Mettre au réfrigérateur.

Restaurants

Taco

Tortilla garnie de divers ingrédients que l'on mange enroulée. Dans la rue, des kiosques préparent de la viande marinée et grillée que l'on sert sur une *tortilla* et que vous pouvez garnir vous-même de divers légumes et bien sûr de sauce piquante.

Tamale

Petit pâté à base de purée de maïs, de viande, de volaille ou de poisson. Plusieurs légumes et épices sont également ajoutés à la farce, chacun variant selon la région. Le tout est cuit enroulé dans des feuilles de bananier.

Topos, totopos

Morceaux de *tortilla* frits dans l'huile. Elles peuvent se présenter sous une forme ronde ou triangulaire.

Tortilla

Il s'agit littéralement du pain de l'Amérique latine. Ce sont des galettes minces et rondes, faites à base de farine de maïs et cuites dans la poêle. Traditionnellement cuisinées à la main sur un four à bois, elles sont aujourd'hui préparées dans des fabriques. On trouve aussi de plus en plus de *tortillas* faites avec de la farine blanche. À ne pas confondre avec les *tortillas* espagnoles (plat confectionné avec des œufs et des pommes de terre).

Les boissons mexicaines

La bière

Si vous êtes à la recherche d'une bière de «caractère», optez pour les bières **Bohemia** ou **Indio**. Ambrées, elles ont beaucoup plus de goût que les blondes et constituent une excellente boisson en guise d'apéritif. Pour ceux qui ne «jurent que par les blondes», les très célèbres **Corona** et **Sol** ou les moins connue **Lager, Dos Equis** et **Modelo** sauront agréablement les rafraîchir. De plus, sachez que l'**Estrella** est brassée à Guadalajara pour les amateurs de produits locaux.

Les vins

Dans la plupart des cas, le vin le moins cher servi dans les restaurants est le vin mexicain. Vous ne verrez pratiquement jamais de demi-bouteille en vente sur la carte des vins. Comptez 7,50$ pour une bouteille de vin mexicain, de 9,50$ à 11$ pour un vin chilien et de 18$ à 30$ pour un vin français. Étant donné les conditions de stockage et le climat, il est conseillé de consommer du vin local plutôt que de l'importé. De plus, vous goûterez ainsi aux produits du terroir.

Les apéritifs et les digestifs

Reine de tous les apéritifs, la **Margarita** vous fera perdre la tête rapidement si vous en consommez sans modération. Il s'agit d'un cocktail composé de jus de lime, de tequila, de «triple sec» et de sirop de sucre de canne, le tout mélangé avec de la glace concassée, le rebord du verre étant préalablement garni de cristaux de sel. La **tequila**, fabriquée ici même, provient de l'agave (une plante originaire du Mexique), dont on broie la base bulbeuse. Le jus récolté est ensuite longuement fermenté et distillé afin d'en obtenir un alcool blanc et sec. Traditionnellement, elle se boit immédiatement après avoir absorbé une pincée de sel. Vient ensuite toute une variété de boissons dérivée de cette même *bebida nacional* qui rejoindra tous les goûts.

Index par type de cuisine

Restaurants

Restaurants qui se distinguent

Circuit A : le berceau de Guadalajara

Voir carte p 81.

Pollo-Chicken
$

Plaza Guadalajara n° 17

Si votre estomac crie famine à la sortie d'une visite spirituelle de la cathédrale de Guadalajara, il est bien pardonnable de s'arrêter au Pollo-Chicken. Disons-le tout de suite, les prix sont imbattables : 1,60$ pour une poitrine de poulet, deux *tacos* et un rafraîchissement, voilà de quoi combler les visiteurs à petit budget. Il est vrai que la salle à manger est chaude au point où l'on se demande si ce sont les *tacos* ou nous-mêmes qui sommes en train de cuire, mais, à ce prix-là, il ne faut pas trop en demander!

RinConada
$$

Av. Morelos n° 86, Plaza Tapatía

☎*613-9914*

La RinConada occupe un lieu unique. L'édifice d'architecture coloniale est le seul, avec celui de l'Office du tourisme, à être demeuré inchangé depuis sa construction au XVIIIe siècle. La cour intérieure, les arcades coloniales et les jolis vitraux rappellent avec quel souci du détail les bâtisseurs du passé travaillaient. Malheureusement, les propriétaires actuels n'ont pas su mettre à profit tout le potentiel de la décoration, se contentant de compromis regrettables. Les ventilateurs, la musique d'ambiance et le faux chic du mobilier semblent attirer quand même les touristes.

Las Sombrillas del Hospicio
$$

Paseo Hospicio, Local 110, face à l'Instituto Cabañas

☎*618-6966*

À la sortie d'une visite de l'Instituto Cabañas, c'est une bonne idée de s'arrêter pour un verre ou un repas sur la grande terrasse parsemée de parasols de Las Sombrillas del Hospicio, qui constitue en fait quatre restaurants en un. Los Lauretes, cuisine mexicaine traditionnelle; la Casa de los moles, *moles*; El Jimador, *molcajetes* et fruits de mer; et l'Uriger, cuisine internationale rapide : tous vous satisferont avec, en prime, une magnifique vue sur la façade de l'Instituto Cabañas.

Restaurants

Antigua
$$-$$$
*dim-mer 8h à minuit, jeu-sam
8h à 2h*
Morelos n° 371, petite entrée sur la Plaza
Guadalajara
☎*614-0648*
Installé au deuxième étage
d'un immeuble d'époque,
l'Antigua bénéficie d'une des
plus belles vues de la ville,
directement sur la cathédrale.
On y déguste de la vieille cuisine mexicaine qui, à défaut
d'être originale, est 100% authentique. Service des plus
aimables.

Sandy's
$$-$$$
Plaza Guadalajara
Quelle bonne idée de s'arrêter
à la terrasse du Sandy's, à
l'ombre des parasols vert forêt
de la très touristique Plaza
Guadalajara. Ce resto sert une
cuisine internationale de
bonne qualité et relativement
bon marché compte tenu de
sa localisation exceptionnelle,
face à la cathédrale. Très fréquenté par les touristes.

Cafés et pâtisseries

Café Madrid
$
tlj 7h30 à 22h30
Av. Juárez n° 264
☎*614-9504*
Au Café Madrid, vous pourrez
prendre le temps de boire
votre café salutaire du matin
en déjeunant avant d'amorcer
une journée de visite dans le
centre-ville. Comme en témoi-

gnent le mobilier et la ma-
chine à café de style Sante Fe,
c'est depuis les années cinquante que les touristes et
habitués s'y désaltèrent à un
prix rétro.

Circuit B : demeures et places du vieux Guadalajara

Voir carte p 91.

 Panificadora la Nacional
$
Pedro Moreno n° 587
☎*614-9489*
La Panificadora la Nacional est
sûrement l'une des meilleures
pâtisseries du tout Guadalajara.
Chaque matin, depuis 1915,
on retire du fourneau
d'excellentes galettes, beignets,
pains et gâteaux, tous élaborés
selon les meilleures recettes
mexicaines. C'est ainsi que, de
génération en génération, le
voisinage et les touristes continuent d'affluer pour goûter les
doux délices frais du jour,
chaque jour.

Sanborn's
$$$
tlj 7h30 à 1h
Juárez, angle 16 de Septiembre
Le restaurant Sanborn's n'est
sûrement pas étranger à ceux
qui connaissent le Mexique. La
chaîne, qui dispose de succur-
sales dans tous les points stra-
tégiques de la ville, est répu-
tée, d'une part, pour la qualité
de sa nourriture, et, d'autre
part, pour l'efficacité de son

service. Le menu propose de la cuisine mexicaine et internationale. De plus, une boutique de livres et de musique, une parfumerie et une pharmacie sont connexes à chacune des succursales.

Fonda San Miguel
$$$-$$$$
Donato Guerra n° 25
☎*613-0809*
Les propriétaires du Fonda San Miguel ont su tirer le maximum de la beauté de l'ancien couvent construit en 1690 dans lequel loge leur restaurant. En effet, la cour intérieure qui tient lieu de salle à manger regorge de beaux objets artisanaux plus originaux les uns que les autres. Même la salle de bain a été décorée avec soin. L'environnement sonore est étonnamment plaisant avec les cris des perroquets, l'eau fraîche de la fontaine et la *música en vivo*. En outre, le menu démontre hors de tout doute que la cuisine mexicaine ne consiste pas seulement en des *tacos* et sauces qui anesthésient la langue, mais bien en des mets qui peuvent se révéler très raffinés. Mais, attention, la qualité des plats est inégale.

Circuit C : le Panteón de Belén et son quartier

Voir carte p 99.

La Gorda
$
tlj 13h à minuit
Juan Álvarez n° 1336, angle Gral. Coronado
☎*825-2239*
Vous l'aurez deviné, la maison se fait ici un point d'honneur de servir une nourriture riche et nourrissante : *enchiladas*, *moles*, *tacos*, *tamales* et bien d'autres classiques de la cuisine mexicaine. Voilà un bon rapport qualité/prix.

Circuit D : Analco, Las Nueve Esquinas et le parc Agua Azul

Voir carte p 101.

Vamos a licuar
$
lun-sam 9h à 20h
Niños Héroes 1560, angle E.D. de León, voisin du Qué Pues
C'est bien connu, les jus de fruits au petit déjeuner ensoleillent la journée et nourrissent le corps de riches vitamines essentielles. Au Vamos a licuar, on prépare des jus de fruits frais sous vos yeux, et selon vos goûts les plus fous, pour bien réveiller les papilles gustatives encore endormies.

Siglo XV Mesón
$$$$
lun-sam 14h à 2h
Colón n° 383
☎*614-4278*

Au XVᵉ siècle en Espagne, c'était probablement dans ce genre d'endroit que navigateurs et marchands discutaient d'une nouvelle route pour les Indes qui allait mener plus tard à la découverte du Mexique. Tables et bancs de bois massifs, armures, chandelles et vaisselles en fer forgé, tout rappelle ici le Moyen Âge des grands banquets. Les saveurs des plats nous ramènent également à l'époque médiévale avec entre autres la célèbre paella. Pour prendre l'apéro ou le digestif dans un cadre très original, il ne faut pas avoir peur de descendre le petit escalier en colimaçon qui donne accès à la salle du donjon. Les barils servant de bancs et la quasi-obscurité de la pièce rappellent dans quelle hostilité vivaient les prisonniers de l'époque.

Circuit E : Chapultepec et Las Antiguas Colonias

Voir carte p 106.

Peña Cuicalli
$
tlj 13h à 1h
Avenida Niños Héroes n° 1988
☎*825-4690*

Après un peu de magasinage sur l'Avenida Chapultepec, une halte au Peña Cuicalli (qui signifie «maison de la chanson» en nahuatl) pour goûter le plat du jour à midi se justifie facilement. Pour un billet bleu de 20 pesos, il est possible de se restaurer suffisamment pour poursuivre sa route encore longtemps. Le soir venu, la *cantina* se transforme en centre culturel pour vibrer au son des multiples chanteurs folkloriques villageois. Avec une des nombreuses boissons nationales à la main, les amateurs de musique locale apprécieront alors l'exotisme rafraîchissant de la culture amérindienne.

Vida Leve
$
dim-jeu 14h à 23h, ven-sam 14h à 1h
Avenida López Cotilla n° 1580
☎*616-8754*

Quoi de plus agréable que de se retrouver entre amis, café à la main, refaisant le monde au gré des dicussions. C'est cette ambiance que vous retrouverez au Vida Leve, qui dispose d'une terrasse et d'un décor entièrement façonné par des artistes locaux. Une jeunesse estudiantine y flâne en jouant aux échecs et aux dominos, tout en comblant un creux par un sandwich, un *bagel* ou une salade maison.

Los 4 gatos
$-$$
tlj 13h à 1h
Av. López Cotilla n° 1835
☎*616-8277*

Los 4 gatos constitue une escale agréable pour les amoureux de la cuisine méditerranéenne, même si les repères décoratifs méditerranéens en sont quasi absents. Au déjeuner, un menu du jour intéressant est offert pour aussi peu que 45 pesos, tandis qu'au dîner l'ambiance est réchauffée par la *música en vivo* de *flamenca* et de *romántica*. La paella valencienne vaut à elle seule le détour.

Los Itacates
$$
tlj 8h à minuit
Av. Chapultepec Norte n° 110
☎*825-1106*

Pour retrouver l'authentique Mexique d'autrefois, rendez-vous chez Los Itacates. Les soleils aux murs, le mobilier de bois multicolore et l'ambiance souriante évoquent avec goût et bonhomie la passionnante culture des Amérindiens du Mexique; le menu aussi, avec ses *tacos dorados*, sa soupé au riz avec un œuf et son filet *huastec*. Pour se désaltérer, la tequila est, tradition oblige, à l'honneur. Que ce soit pour manger sur place ou pour emporter, le voyageur y trouvera assurément une bonne adresse.

Karne Garibaldi
$$
Garibaldi n° 1306, angle Clemente Orozco
☎*826-1286*

La *carne en su jugo* à son meilleur est servie dans le temps de le dire. D'ailleurs, le restaurant détient le record Guinness du repas servi le plus rapidement au monde : 13,5 secondes!

Café Fridas
$$
lun-sam 8h à minuit
Marcos Castellanos, face au Parque Revolución

C'est à la même adresse que le Copenhagen 77 (voir plus bas), mais cette fois au rez-de-chaussée, que l'on peut commencer la journée au Café Fridas, qui sert de nourrissants petits déjeuners français, mexicains ou américains, selon l'humeur et l'appétit du client. Le décor apaisant des azulejos, l'éclairage feutré et la tranquillité du Parque Revolución, juste en face, aideront sûrement à démarrer la journée du bon pied. Bon rapport qualité/prix matin, midi et soir.

El Ché
$$$
tlj 13h30 à minuit
Av. Hidalgo n° 1798, angle A.L. Gallardo
☎*615-0325*

C'est d'abord par le nez qu'on remarque le restaurant de cuisine argentine El Ché! En effet, comme la cuisine à aire ouverte se trouve sur la façade, on peut, depuis l'extérieur, admirer le chef à l'œuvre et surtout sentir l'agréable odeur de viande qui se dégage du gril. Une fois l'appétit ouvert par un tel appât, il est possible de se satisfaire d'une variété intéressante de coupes argentines. Le tout dans une ambiance résolument familiale en compagnie des habitués de la place.

Copenhagen 77
$$$
lun-sam 14h à 1h30
Marcos Castellanos, face au Parque Revolución

Ah! Jazz quand tu nous tiens! Les amateurs de chaudes nuits jazzées feront le détour pour se ressourcer au Copenhagen 77. En effet, tous les soirs de 20h à 1h30, un groupe de jazzmen vient envoûter les gourmets venus se délecter de la cuisine espagnole et internationale.

El Espeto
$$$
lun-sam 13h à 23h, dim 13h à 18h
Av. Chapultepec n° 287, angle Lerdo de Tejada
☎825-0392

Nostalgie brésilienne? El Espeto vous ramènera rapidement dans l'ambiance des rues agitées de Sao Paulo avec ses couleurs et son hospitalité bien connue. Ce restaurant aux allures de cafétéria sert tous les jours un buffet de rafraîchissantes salades et de viandes cuites à la manière brésilienne. Pour accompagner cette cuisine simple et copieuse, le choix de boissons,

aussi brésiliennes, est si grand qu'il est facile d'en perdre son latin, surtout avec les étiquettes en portugais.

Habana
$$$
tlj 13h30 à minuit
Av. La Paz n° 2199, angle Simón Bolívar
☎616-0096

C'est le Cuba de la gastronomie qu'on retrouve au Habana, l'un des seuls restos cubains de la ville. Le décor mérite une mention de par son mariage unique entre images du Cuba d'antan et mobilier aux lignes fluides des années quatre-vingt-dix. Toutes les spécialités insulaires sont offertes dans une ambiance animée par des chanteurs cubains. Idéal pour les soirées en tête-à-tête.

Ma come no
$$$
tlj midi à 2h
Avenida Américas n° 302, angle Calle Manuel Acuña
☎615-4952

Le petit frère du Si como no (voir p 187) se révèle être d'un tout autre style, mais avec autant de caractère. En effet, le visiteur trouvera à cette adresse le nec plus ultra des restaurants de cuisine italienne à Guadalajara. Du plancher au plafond, de la terrasse au bar, chaque centimètre a été pensé selon le bon goût italien. La carte, qui bénéficie du même raffinement, se compose de fruits de mer, poissons, pâtes et pizzas à pâte mince. Bref, une visite s'impose. Et l'on ne doit pas manquer de saluer le sympathique gérant, Darío Pérez, qui offre un verre de vin ou une Margarita si vous êtes un lecteur d'Ulysse!

Riscal
$$$
tlj 13h30 à 22h30
Avenida López Cotilla n° 1751, angle Calle Simón Bolívar
☎616-8677

Le Riscal propose quant à lui une cuisine de tradition espagnole. On retrouve ainsi l'incontournable paella mais aussi une variété surprenante de viandes, poissons et fruits de mer apprêtés avec peu d'originalité. L'environnement a la prestance des vieilles maisons coloniales, mais quelque peu désuètes et pas très invitantes.

Sacromonte
$$$
tlj 14h à minuit
Avenida Pedro Moreno n° 1398
☎825-5447

Quand vous verrez la jolie maisonnette aux chaudes couleurs du Sacromonte, vous aurez tout de suite le goût de vous y engager pour découvrir ce qu'elle cache. Et vous ne serez pas déçu! De la cour intérieure couverte au sympathique bar, en passant par le salon consacré au taureau et la terrasse à l'étage, vous verrez avec quel souci du détail le propriétaire décore ses murs. Sa collection exposée comprend des photographies du Guadalajara d'antan, des œuvres d'art de la gent féminine

et d'intéressantes poteries. Dans un décor si mexicain, on ne peut que servir une *vieja cocina mexicana* comme le filet *San Mateo* ou le *Chamorrilo El Manglar*. Bref, vous pourrez y passer une agréable soirée en tête-à-tête ou entre amis, au son d'un jazz rythmé.

Bistro de Thérèse
$$$-$$$$
tlj 13h30 à 23h
Calderón de la Barca n° 95, angle Avenida López Cotilla
☎616-2947

En plus d'offrir à la contemplation les murs habillés d'objets d'art de bon goût, le Bistro de Thérèse prodigue à ses hôtes une bonne cuisine française du terroir. Les soupes, fruits de mer et viandes vous transporteront, le temps d'un repas, au cœur de la campagne hexagonale. Quelques fausses notes toutefois, comme les fautes d'orthographe sur le menu et le rapport qualité/prix très moyen, devront se faire oublier, peut-être à l'aide d'un des nombreux vins de la maison.

El Pargo
$$$-$$$$
tlj 13h30 à 17h
Avenida de La Paz n° 2140
☎615-7465

Les amateurs de savoureux produits de la mer ont l'embarras du choix dans une des trois succursales d'El Pargo. Le *pescado* et le *camarón sarandeado* ne sont que quelques exemples qui honorent une carte constituée exclusivement de produits de la mer. Une fois attablé au milieu de ce restaurant-cafétéria au son de la *música en vivo* et entouré d'une vivifiante brise d'air marin, vous constaterez à quel point l'endroit est fréquenté le midi, ce qui est bon signe. Réservation conseillée et personnel polyglotte.

Circuló Francés
$$$$
tlj 13h30 à midi
Avenida López Cotilla n° 1221
☎825-0515

Le pionnier des restaurants de cuisine française a été fondé en 1942 par la société locale des Barcelonnette, des familles d'immigrants français qui sont à l'origine de plusieurs institutions françaises à Guadalajara (voir encadré p 26). Aujourd'hui, cet établissement continue d'attirer les francophiles de la ville, dans un décor d'après-guerre demeuré probablement inchangé depuis sa fondation, comme en témoigne la sombre salle à manger ornée d'un lustre d'époque. Malheureusement, l'essence hexagonale du restaurant s'est un peu diluée avec le temps, puisque c'est une table aux accents internationaux qu'on y retrouve, peut-être pour plaire à une plus grande clientèle. Prix quelque peu excessifs.

Delfín Sonriente
$$$$
tlj 13h30 à 23h
Avenida Niños Héroes n° 2239
☎616-0216

Ah! la mer et ses mille et un délices! C'est au Delfín Sonriente que vous pourrez retrouver les richesses gustatives du Grand Bleu, des plats de fruits de mer à la salade de thon en passant par le poisson fumé. Toutefois, mis à part le dauphin au mur qui jette un regard indiscret sur les clients, il n'y a rien pour surprendre dans la décoration réduite ici à sa plus simple expression.

🛶 Le Grand Bordeaux
$$$$
tlj 13h30 à minuit
Avenida López Cotilla n° 1002
☎825-2011

Installé dans une ancienne demeure bourgeoise au cœur du quartier français, le restaurant Le Grand Bordeaux est un de ces endroits que les fins connaisseurs de bonne cuisine auront tôt fait de remarquer. Le chef Frederick Berbille, Bordelais d'origine, orchestre merveilleusement un authentique menu de cuisine française. La terrine de foie, le saumon frais mariné et le filet de bœuf au vin rouge sont les perles de la carte. Bien que de simples images de vieilles publicités françaises forment l'essentiel du décor, les lieux ont résolument des allures d'Europe, avec leur raffinement caractéristique. Une valeur sûre.

Maximino's
$$$$
tlj 13h à minuit
Calle Juan Ruiz de Alarcón n° 221, angle
Avenida Lerdo de Tejada
☎**630-0280**

Rouvert récemment selon une formule plus détendue et moins formelle que celle à laquelle l'ancienne adresse nous avait habitués, le nouveau Maximino's demeure un endroit sophistiqué. Les murs tapissés de peintures modernes et le mobilier de bois raffiné préparent le terrain à une carte de choix. Crêpes *Moctezuma* et soupe *Azteca* comme entrées, *Rotelli putanesca* aux crevettes et poulpes comme plat principal, et un bon parfait Amaretto au dessert : tout ce qui fait une expérience culinaire unique. Pour une ambiance plus décontractée, on offre la possibilité de s'installer au jardin, ce qui s'avère une excellente idée lors des douces soirées d'été propres à Guadalajara.

Santo Coyote
$$$$
tlj 13h à 1h
Avenida Lerdo de Tejada n° 2379 angle
Calle Tepic
☎**616-6978**

Le Santo Coyote saura sans doute vous impressionner. En effet, l'aménagement des lieux mérite une mention. Tous les clichés et les objets de culte mexicains tels que la Vierge de Guadalupe, les haciendas de campagne et les cactus en forme de chandelier sont réunis pour orner chacune des sections de la large terrasse. Vous aurez donc le choix de vous complaire devant un bon repas de nouvelle cuisine mexicaine dans une réplique d'une hacienda de l'Ouest, sous un toit de paille égayé d'une grande fontaine, ou encore dans une joyeuse atmosphère villageoise. Côté menu, tandis que comme entrée de succulentes *Huesitos en sal* vous mettent en appétit, les plats principaux comme le *cabrito al Pastor* (spécialité de la maison) sont de véritable délices. Au dessert, le *Rollo de piña* décroche la palme. Une fois que vous aurez commandé, ne manquez pas de surveiller du coin de l'œil le chef cuisinier qui prépare votre mets près de votre table.

Famosa Gardens
$$$$-$$$$$
tlj dès 13h
Calle Unión n° 322
☎**615-7415**

Trouver un bon restaurant chinois à Guadalajara n'est pas chose simple. Au Famosa Gardens, on peut savourer une cuisine cantonaise traditionnelle de qualité. Sis dans une antique demeure à l'architecture d'Afrique du Nord, la salle à manger séduit par son élégance. Vases chinois et fenêtres mauresques font bon ménage en donnant beaucoup de classe aux déjeuners d'affaires. Bien installé à l'air conditionné, vous pourrez vous attaquer au riz sauté, aux rafraîchissantes salades ou au *Pato entero Loquedo* (spécialité de la maison).

Suehiro
$$$$$
tlj 13h à 1h
Avenida de La Paz n° 1701
☎ **826-0094**

Pour changer de la cuisine mexicaine, le restaurant-bar Suehiro propose de la grande cuisine japonaise. Dans un décor de grand chic, vous aurez d'abord le choix de passer au bar où l'on sert l'unique *sake* (alcool de riz) ou de vous diriger directement vers la salle à manger qui donne sur un coquet jardin à la japonaise. Une fois attablé à un beau mobilier aux formes orientales, vous constaterez que le choix ne manque pas au menu de plusieurs pages noircies de noms de plats plus exotiques les uns que les autres. Profitez-en donc pour échanger avec le sympathique personnel habillé selon la tradition du pays du Soleil levant et vous faire recommander les délices de la maison. Les serveurs vous mentionneront sans doute les *sushis* (morceaux de poisson frais enrobés de riz), les *sukiyakis* (fines tranches de bœuf accompagnées de légumes, le tout sauté dans une sauce de soja), les *sashimis* (mets de poisson) ou les délicieux *tempuras* (combinaison de poissons et légumes marinés et frits) qui méritent tous considération. Ce cadre solennel conviendra parfaitement à ceux qui veulent impressionner clients d'affaires ou amis.

Cafés et pâtisseries

El Globo
$
Avenida López Cotilla n° 1749, angle Calle Simón Bolívar
☎ **616-6408**
Avenida Rubén Darío n° 640, angle Calle Bonifacio Andrada
☎ **641-7849**

Tel que la maison se targue de l'afficher, c'est depuis 1884 qu'El Globo sert de délicieuses pâtisseries à sa clientèle fine bouche. L'endroit vaut surtout le déplacement pour son grand choix et ses prix modérés. Pour emporter seulement. Deux adresses.

Mondo Café
$
tlj 8h à 22h30
Avenida Chapultepec Sur n° 48, angle Av. Pedro Moreno
☎ **616-2709**

L'une des occupations préférées des flâneurs de café est sans doute d'observer le long et lent cortège toujours changeant qui va et vient sur le trottoir, les regards des passants croisant nonchalamment ceux des consommateurs installés aux tables. C'est précisément ce qu'on peut faire au Mondo Café, où une immense vitrine et une terrasse donnant tous deux sur la très courue Avenida Chapultepec permettent de ne rien manquer de la faune qui s'y balade. Outre la vue, ce café au décor urbain plutôt froid n'a rien de particulier. Le personnel, tout aussi jeune que la clientèle, sert une restauration légère et de bons cafés frappés.

Monique
$
tlj 8h30 à 22h30
Calle Unión n° 410, angle Avenida Montenegro
☎**615-6851**
Chez Monique, une réputée pâtisserie française, il faut d'abord prendre le temps de choisir au comptoir parmi la variété de tentations sucrées avant de se mettre à table. Une fois assis, on ne peut que constater à quel point ces pâtisseries sont délicieuses.

La Paloma
$
tlj 8h à minuit
Avenida López Cotilla n° 1855
☎**630-0195**
Pour découvrir une vraie terrasse mexicaine, celle que le tout Guadalajara aime à fréquenter à toute heure du jour pour son cachet local (et sans grand style), rendez-vous à La Paloma. C'est là que de jeunes consommateurs installés sur la terrasse viennent passer le temps en prenant le petit déjeuner ou un simple verre.

Veneto Café
$$
tlj 11h à 1h
Calle Francisco Javier Gamboa n° 284-1, angle Av. Efrain González Luna
☎**615-8892**
Fréquenté surtout par la jeunesse et les familles du quartier, le Veneto Café est un petit endroit sympathique et calme pour consommer un café ac-compagné d'un dessert ou d'un sandwich fait de pain cuit sur place. Tandis que le puits de lumière procure un éclairage naturel aux murs de stuc blanc, un mobilier de bois design confère un raffinement italien à l'ensemble de la pièce.

Circuit F : la Minerva et El Iztépete

Voir cartes p 110 et 112.

La Calle
$-$$
tlj 13h à 23h
Calle Autlán 2-A, angle Avenida Vallarta
☎**647-7595**
Face à un joli square verdoyant près de la Fuente de la Minerva, le restaurant La Calle sert une cuisine mexicaine sans façon et sans grande surprise. Les néons aux fenêtres et les pubs de chaussures qui tapissent les murs ne doivent pourtant pas vous empêcher d'apprécier les énormes portions qui sont servies : 50 pesos pour un repas nourrissant incluant une délicieuse crêpe caramel. Toute une aubaine!

Roma Antica
$
Avenida Pablo Neruda n° 3006
☎**641-2511**
Rien ne vaut une bonne pizza pour combler les fringales les plus intenses. Une des trois succursales du Roma Antica propose depuis 20 ans un grand choix de pizzas qu'on

dit les meilleures en ville. Pour un tout petit prix, vous obtiendrez une grande pizza style *mexicana*, *roma*, *picolli* ou *chorizo*. Que ce soit pour déguster en salle à manger ou pour emporter, Roma Antica fera la joie de ceux dont le temps est précieux.

Taquería de la Minerva
$
tlj 24 heures sur 24
Avenida Vallarta, angle Calle Isabel la Católica

Située à deux pas de la fontaine du même nom, la Taquería de la Minerva est la Mecque des *comidas corridas* dans ce secteur. Ouvert jour et nuit, ce petit restaurant simple et propre propose un menu dans la plus pure tradition populaire. Les voyageurs à budget limité se plairont à manger les *tacos al pastor* (aussi offerts à la cervelle, à la langue et aux tripes pour les plus courageux), les *quesadillas* ou encore les *tacos tostados* des plus nourrissants. Idéal pour les repas pris sur le pouce ou les creux de fin de soirée. Pour une discussion à saveur locale, ne vous gênez pas pour interpeller le cuisinier en lui demandant ce qu'il pense de la dernière partie des Chivas!

El Gordo Steak
$$
tlj 13h30 à minuit
Avenida Terranova n° 1244, angle Calle Milán
☎642-0127

Sis sur la très bourgeoise Avenida Terranova, El Gordo Steak mérite une mention pour son décor feutré, à l'abri des trop chauds rayons du soleil. Au menu, des viandes de toute sorte sont délicieusement préparées pour en faire de véritables fêtes pour le palais.

La Squina
$$
dim-jeu 13h30 à minuit, ven-sam 13h30 à 1h
Avenida Golfo de Cortés n° 4182-8
☎813-0513
Avenida Aztlán n° 3787
☎122-3526

Pour les rages de hamburgers, La Squina a de quoi combler les plus déchaînés. Le menu invite d'abord à savourer des entrées mexicaines traditionnelles et à poursuivre avec l'une des deux spécialités du chef : les hamburgers de tous types et les *sincrozinadas* garnies à toutes les sauces. Le tout servi sur une paisible terrasse à la manière des bistros méditerranéens. Beau, bon, pas cher. Deux adresses.

New York New York
$$-$$$
tlj 8h à minuit
Avenida Guadalupe n° 1258
☎121-8657

Face à la Glorieta Guadalupe se trouve un autre restaurant de quartier où l'on peut manger à bon prix. Une cuisine familiale est servie dans un cadre sans originalité. Ambiance conviviale.

Oliveto
$$-$$$
tlj 13h à minuit
Avenida Niños Héroes n° 3000-A
☎*121-8364*

L'Oliveto n'est autre qu'un simple restaurant de quartier servant une cuisine italienne. Dans une atmosphère décontractée au milieu de chaudes couleurs, offrez-vous des pâtes garnies de toutes les sauces ou, pour un peu plus de raffinement, le filet *Chili Oliveti*, cuit avec mangues et gingembre. Malgré la qualité des mets offerts, il est dommage que la carte souffre d'un manque d'originalité certain et que les bruits de la rue envahissent un peu trop la salle à manger.

Las Palomas
$$-$$$
tlj 8h à 1h
Av. Américas n° 1491,
Col. Providencia
☎*817-2798*

Établi sur la terrasse d'une maisonnette mexicaine, garnie d'un mobilier *equipales*, Las Palomas est spécialisé dans la cuisine typiquement mexicaine. Tandis qu'une *leticia* (une boisson à base de vodka) aiguise l'appétit, les plats principaux, tels les *moles*, les *enchiladas* et le *molcajete*, sont de véritables plaisirs pour le palais. Pour les simples fringales, une restauration légère est toujours possible.

El Arca
$$$
tlj 13h30 à 23h
Av. Vallarta n° 2425, Centro Magno
☎*630-0860*

C'est sous le sceau de l'originalité que le restaurant El Arca a ouvert ses portes à l'hiver 1999. Girafes, hippopotames, zèbres et chevaux, tous juchés dans un arche géant au centre de la salle à manger, forment le décor haut en couleur. Le mobilier «peau de vache» perpétue l'effet safari de l'endroit. Malheureusement, là s'arrête l'originalité, puisqu'on y sert une cuisine internationale sans surprise.

Dragón de Oro
$$$
tlj 13h à minuit
Avenida Américas n° 1637
☎*817-1655*

Établi au sein même d'un temple chinois, Dragón de Oro sert évidemment des mets cantonais, mongols et sichuanais, en plus de quelques plats internationaux. Les deux étages au décor asiatique sont équipés de pianos qui s'animent tous les soirs. Le pionnier des restaurants chinois de la ville semble toutefois avoir quelques difficulté à faire le plein de clientèle, ce qui n'empêche en rien d'en profiter à vous seul.

Restaurants

Hacienda Navarro
$$$
tlj 13h à 23h
Avenida Arcos n° 588
☎*121-1179*

L'Hacienda Navarro est un véritable temple pour les carnivores. Viande est le mot d'ordre lorsqu'on commande au menu, bien que des fruits de mer et des salades y figurent pour ceux qui s'avèrent un peu moins mordus de la chose. *Steak house* comme il y en a partout.

El Libanés
$$$
tlj dès 13h
Avenida López Mateos n° 550
☎*121-3009*

Pour un peu d'exotisme, le visiteur peut faire un saut à l'un des seuls restaurants libanais de la ville. D'abord, le taboulé et les kebabs ont de quoi ouvrir l'appétit bien grand, avant que les succulents *shish taouk* ou au *wara arich* (feuilles de vigne farcies) n'arrivent sous vos yeux. Et, pour combler le dernier creux, rien ne vaut les tentations sucrées dont seuls les Libanais ont le secret! Du reste, le seul élément décoratif consiste en une série d'arcades mauresques qui ne fait pas honneur à l'architecture élaborée des villes du Proche-Orient. Pianiste tous les soirs.

Mr. Bull
$$$
lun-sam 13h à 23h, dim 13h à 18h
Av. Buenos Aires n° 3090-A, angle Av. Pablo Neruda
☎*641-2734*

Parquet de bois foncé, têtes de bétail empaillées, roues de charrette, voilà de quoi attirer les amants des ranchs et de la culture du Far West chez Mr. Bull, un restaurant de grillades sur charbons de bois. Humant une rassurante odeur de braise, on goûte à ce qui a fait la renommée culinaire de l'Ouest. Essayez l'un des excellents vins mexicains si peu connus au nord du Rio Grande. Et, pour le digestif, passez au bar adjacent, où vous tomberez dans un authentique décor de saloon.

Los Otates
$$$
tlj 13h30 à minuit
Avenida México n° 2455-2
☎*630-2855*

Pourquoi ne pas faire un arrêt chez Los Otates, où de bons plats traditionnels mexicains vous seront servis. Le menu, légèrement plus élaboré que d'habitude, offre un choix de *tacos, tacos tostados*, viandes et fruits de mer. Si vous êtes deux, n'hésitez pas à vous attaquer au *Los Otates*, une combinaison des meilleurs plats de la maison dans une assiette très généreuse. Depuis la fondation de l'établissement en 1951 par deux influentes familles de la ville, la décoration des murs n'a cessé de s'enrichir d'ornements amérindiens tels que de la *barra negra* et autres peintures et pièces tissées de qualité.

⚓ Oui Café
$$$
tlj 8h30 à 2h30
López Cotilla n° 2171
☎**615-0614**

Plafond à caissons, vitraux omniprésents, œuvres d'art classiques, tel est le décor du Oui Café. Que ce soit sur la terrasse lors des beaux jours ou sous l'immense verrière en salle à manger, on ne cesse d'être impressionné par les éléments décoratifs de style Art nouveau, si bien qu'on finit par se croire dans un resto du début du XXᵉ siècle. À défaut d'être originale, la carte de cuisine internationale conviendra à toutes les bouches. On se doit cependant d'essayer le *cappuccino l'amour*, élaboré d'après une recette italienne impossible à divulguer, comme se plairont à vous le dire tous les serveurs.

⚓ Parilla Argentina
$$$
lun-sam 13h30 à minuit, dim 13h30 à 19h30
Avenida Fernando Celada n° 176, près de la Minerva
☎**615-7361**

Si vous avez envie de mordre dans un tendre morceau de steak, allez droit à la Parilla Argentina, qui sert tout une gamme de délicieuses viandes importées, pour la plupart, directement d'Argentine. Tout

y est pour reproduire l'atmosphère des légendaires prairies de la Patagonie : peaux de vaches, roues de charrette et toits de tuiles rouges nous font croire qu'on se trouve dans un ranch. Les amateurs de vin ne seront pas non plus déçus de constater que la maison dispose d'une grande variété de vins rouges chiliens et argentins.

La Pianola
$$$
tlj 7h30 à minuit
Avenida México n° 3220A
☎**813-1385**

La Pianola affiche fièrement ses couleurs, son cachet de village mexicain et ses ribambelles multicolores; ici, on vit de traditions mexicaines. Peut-être un peu trop, le mobilier *equipales*, la terrasse fleurie et les couleurs pastel étant à la limite de verser dans le kitsch? Les habituels plats mexicains figurent au menu et un buffet est proposé le midi.

Si como no
$$$
tlj 13h30 à minuit
Avenida Chapalita n° 120
☎**122-5926**

C'est une cuisine internationale sans grand exotisme qui garnit votre assiette au Si como no, au grand réconfort des bouches timides. C'est plutôt dans le décor que jaillit toute l'originalité de ce restaurant-bar. Outre le mobilier coloré en bois massif, vous vous étonnerez d'être assis à l'intérieur même d'une énorme serre où

Restaurants

se développe une flore exotique. Ce poumon vert aura de quoi vous changer de l'austère paysage urbain du quartier.

Sushi-Nori
$$$
sam-jeu 13h30 à 23h30, ven 13h30 à 1h30
Avenida México n° 2705, angle Av. López Mateos
☎615-2323

À l'intersection des avenues México et López Mateos, le Sushi-Nori n'offre pas seulement des *sushis*, mais aussi toute une variété d'unique plats nippons. Que vous preniez place au bar ou à une table face à une jolie fontaine, les *teparyakis* et les *makis* vous seront servis avec le même raffinement. Le décor japonais est élégant, mais on doit quand même déplorer la présence d'une télévision.

La Trattoria
$$$
tlj 13h à minuit
Avenida Niños Héroes n° 3051
☎122-4425

L'importante diaspora italienne de la ville peut expliquer l'existence d'un autre bon restaurant de cuisine italienne, La Trattoria. Pour un prix raisonnable, vous aurez droit à d'excellents mets tels que les traditionnelles pâtes (10 variétés), les tendres escalopes et les pizzas, tous préparés avec les recettes originales parfumées à l'huile d'olive. De quoi faire saliver, n'est-ce pas? Pour les plus pressés, un comptoir

permet d'emporter cette généreuse cuisine.

La Destilería
$$$-$$$$
lun-sam 13h à minuit, dim 13h à 16h
Avenida México n° 2916, angle Calle Nelson
☎640-3110

Quoi de plus jaliscien que sa boisson nationale, la tequila. La chaîne La Destilería se fait un point d'honneur de mettre en valeur le délicieux liquide distillé de l'agave, orgueil de tous les habitants de l'État de Jalisco. Le restaurant-musée se fait également un devoir d'instruire sa clientèle sur les trois étapes du processus de fabrication de la tequila (cuisson, fermentation et distillation) à l'aide des nombreuses pièces originales qui composent le décor. De plus, plusieurs plats sont cuisinés avec de la tequila : la soupe de fruits de mer et limette, la fondue aux trois fromages et la poitrine de poulet en sont quelques exemples. Idéal pour ceux qui n'ont pas le temps de se rendre directement à Tequila.

Hostería del Arte
$$$-$$$$
lun-sam 14 à 1h
Avenida Manuel Acuña n° 3141-B
☎641-6936

La clientèle d'habitués de l'Hostería del Arte y revient sûrement pour l'environnement charmant qu'on retrouve à chaque visite. La galerie d'art, les murs de briques et les azulejos forment un cadre

bien agréable dans cette coquette maison mexicaine.
Choisissez les salons aux multiples ambiances de l'intérieur
plutôt que la froide terrasse,
afin d'apprécier pleinement la
cuisine italienne et française
qui est servie pour un prix,
lui, un peu moins apprécié.

Estancia Gaucha
$$$$
tlj 13h30 à minuit
Avenida Niños Héroes n° 2860-A
☎122-6565

Pour un repas d'affaires réussi,
prenez rendez-vous à
l'Estancia Gaucha, l'une des
meilleures ambassades culinai-
res d'Argentine dans la métropole. Les concepteurs du restaurant ont judicieusement su
tirer profit de l'éclairage naturel filtré par les vitraux et ver-
rières du toit. Même quelques
arbustes profitent de cette
luminosité si rafraîchissante. La
table est résolument argentine
avec des spécialités telles que
le *Chamorro de ternera* et
l'*Alsado de costilla*.

El Italiano
$$$$
tlj 13h à 23h
Av. México n° 3130
☎813-2984

Chez El Italiano, vous aurez
l'impression de pénétrer dans
un de ces endroits hautement
exclusifs fréquentés par la
diaspora sicilienne. Les repas
se prennent sur de jolies nappes à carreaux entourées de
divers objets chers au propriétaire, dont une ribambelle
d'assiettes autographiées par

les clients les plus célèbres.
Les grands classiques de la
cuisine italienne sont servis de
manière plutôt formelle. Il est
prudent de réserver.

Lüsherly
$$$$
*lun-sam 13h à minuit, dim
13h à 19h*
Calle Duque de Rivas n° 5, angle Avenida
Morelos
☎615-0509

Établi depuis près de 20 ans
dans une mignonne maison-
nette à colombages d'un quartier résidentiel, Lüsherly amène
à votre table les spécialités de
la Suisse allemande et romane.
Les nappes à carreaux rouges,
le piano ainsi que les tables
du balcon donnant sur la cour
intérieure recréent avec un
certain succès l'ambiance des
auberges de ce pays. Le menu
est composé de
l'incontournable fondue au
fromage, de l'unique chou-
croute et de l'émincé à la zuri-
choise, tous préparés habile-
ment par le chef suisse Lüsher.
Les prix ne rompent malheureusement pas avec la tradition helvète.

Quinta Real
$$$$$
tlj 7h à minuit
Avenida México n° 2727, angle Av. López
Mateos
☎615-0000

Ceux qui apprécient les ambiances sophistiquées et le
service tiré à quatre épingles
se plairont au restaurant de
l'hôtel Quinta Real, où l'on
peut très bien manger à toute

Restaurants

heure du jour. Gens d'affaires et touristes aisés se côtoient dans un décor somptueux inspiré des riches châteaux d'Espagne. Si vous avez le portefeuille bien garni, vous pourrez savourer sans compromis les multiples spécialisées d'un menu de cuisine espagnole thématique changeant toutes les trois semaines.

Cafés et pâtisseries

Bon's Café

$

tlj 8h à minuit
Avenida Tepeyac n° 455, Chapalita
☎122-0601

Pour de la variété, le Bon's Café s'impose. Les 23 saveurs de cafés et les 14 variétés de pâtisseries préparées sur place feront découvrir des arômes inconnus à ceux qui prétendent avoir tout vu et tout essayé. À cet effet, il faut goûter au *Café Diablo* (café, brandy et *contry*) ou au *Sara García* (chocolat chaud, café et tequila) pour comprendre qu'ici on a une large définition du mot «café». Le terme «variété» ne s'applique toutefois pas à la décoration, plutôt monotone tape-à-l'oeil. Clientèle de gens d'affaires le matin, BCBG le soir.

Café Martinique

$

tlj 8h à minuit
Avenida López Cotilla n° 2071, en face du Centro Magno
☎616-0413
www.orbinet.com.mx/clieu

Un fin connaisseur de café de Guadalajara recommandera à coup sûr le Café Martinique, baptisé en l'honneur de ce département d'outre-mer français. Ici le café est élevé au rang de culte. Des plantations sauvages de Veracruz jusqu'à la tasse, en passant par le moulage et la filtration par d'authentiques machines italiennes, tout est contrôlé pour garantir le meilleur café de la métropole. À l'aide des trois brochures explicatives, vous pourrez vous instruire sur les procédés d'élaboration de la célèbre boisson. Un tel sérieux dans la culture du bon café ne peut que se refléter dans cet endroit des plus sophistiqués. Des plats de cuisine internationale sont servis à titre d'accompagnement. Un incontournable.

Dalí Café

$

lun-jeu 8h à minuit, ven-sam 8h à 1h, dim 9h à 23h
Avenida Guadalupe n° 1144, face à la Glorieta de Guadalupe
☎122-5655

C'est un décor inspiré des toiles du peintre catalan Salvador Dalí qu'on découvre au Dalí Café. Au petit déjeuner, en compagnie d'hommes d'affaires, on y mange une cuisine familiale. L'après-midi, voisinant avec des étudiants branchés, on peut se détendre tranquillement en sirotant l'une des nombreuses boissons figurant à la carte dont l'unique Café-Dalí, un cappuccino avec Bailey's. Dommage cependant que le bruit incessant des voitures circulant sur l'Avenida Guadalupe vienne troubler cette séance de relaxation.

El Sorbo de Café
$
Plaza del Sol Local 21
☎122-8228
Ceux qui sont las de faire du lèche-vitrine autour de la Plaza del Sol peuvent s'arrêter au raffiné El Sorbo de Café. Chaud, froid, long, court, le café y est toujours bon. À vrai dire, c'est un pur plaisir d'y goûter de nouvelles saveurs à chaque visite tout en y lisant un journal, une douce odeur de café moulu caressant les narines. À voir la variété de la clientèle qui s'y presse, ce petit café fait l'unanimité.

Tacón Galleta
$
lun-jeu 14h à 23h, ven-sam 14h à 1h
Calle Mar Báltico n° 2240-102, près du Country Club
☎817-5299
Cafés, pâtisseries, salades, entrées et même sandwichs avec choix de garnitures figurent au menu du café snack-bar Tacón Galleta. Le décor contemporain très design plaît aux jeunes professionnels qui le fréquentent. À l'étage comme à la terrasse, le jazz permet de

se détendre à toute heure du jour. Une seule question, qu'est-ce que vient faire un banal téléviseur dans un cadre si inspiré?

Circuit G : le faubourg de Zapopan

Voir carte p 117.

Viejo Ahualulco
$-$$
Calle 20 de Noviembre
Le long de la rue piétonnière principale de Zapopan, la Calle 20 de Noviembre, se trouve une succession de petits casse-croûte disposant de terrasses installées à même la chaussée. Tous servent à peu près le même genre de nourriture, soit en général des fruits de mer, sans grande originalité certes, mais à prix raisonnable. Parmi ceux-ci, le Viejo Ahualulco a l'avantage de proposer un peu plus de variété, comme des soupes, viandes et autres plats à la mexicaine. Cet endroit plaira à ceux qui affectionnent les bains de foule.

Agios Aggelos
$$-$$$
tlj 13h30 à minuit
Calle 20 de Noviembre n° 342
☎633-1131
L'Agios Aggelos est une autre preuve que les habitants de Guadalajara apprécient les cuisines du monde. Le seul restaurant grec de la région est un endroit qui plaît aux cinq sens. Le goûter est comblé par

Restaurants

les irremplaçables *souvlakis*, *gyros* et *musakas*, tandis que l'odorat se complaît du bouquet du vin hellénique. La vue se ravive devant la terrasse de parasols bleu mer d'Égée et le toucher se laisse chatouiller par la douce brise qui berce le cœur de Zapopan une fois la nuit tombée. Pour ne rien oublier, l'ouïe s'enchante de la *música en vivo* qui débute en soirée. Que demander de plus?

Hostería del Ángel
$$-$$$
tlj 8h à minuit
Avenida 5 de Mayo n° 295
☎656-9516

Le chef cuisinier de l'Hostería del Ángel a ramené de son long séjour d'étude en Espagne une forte influence européenne. Tous les mets qu'il conçoit regorgent de saveurs ibériennes dont le *Platón de Carne de la Casa*, qui saura à coup sûr ravir les plus difficiles. Le cadre chaleureux, inondé de couleurs vives, rappelle avec quel exotisme la culture mexicaine fait voyager ses visiteurs. Attention toute spéciale du personnel et prix défiant toute concurrence.

100% Natural
$$$
tlj 7h à minuit
Avenida Patria n° 714
☎673-5640

Manger au naturel, c'est ce que vous pourrez faire matin, midi et soir au 100% Natural, un restaurant de cuisine végétarienne. Cette chaîne de restaurants, établie surtout sur les côtes mexicaines, a maintenant planté son toit de paille à Guadalajara. L'utilisation exclusive d'aliments frais et biologiques de la meilleure qualité est ce qui a fait la réputation de la maison. La table est des plus variées, allant des pâtes italiennes aux hamburgers américains et des jus tropicaux aux *burritos* mexicains. Alors, pas de complexe à manger toutes ces bonnes choses avec appétit, tous les plats étant faibles en gras. Pousser la gourmandise en fin de repas est même facile avec un brownie intégral noyé de yogourt glacé. *¡Buen provecho!*

Circuit H : San Pedro Tlaquepaque et Tonalá

Voir carte p 122.

Adobe
$$$
tlj midi à 19h
Calle Independencia n° 195, Tlaquepaque
☎957-2792

Établie à même la magnifique galerie d'artisanat du même nom, l'Adobe est un incontournable dans le village de Tlaquepaque. L'omniprésence de pièces d'artisanat exposées ne pourra que vous donner des idées pour de prochains achats. La carte présentée dans une enveloppe de fer blanc est malheureusement la seule originalité du menu qui présente une cuisine mexicaine contemporaine aux accents internationaux. Ce resto-galerie dispose également d'une terrasse à l'avant.

Casa Fuerte
$$$
tlj midi à 20h
Calle Independencia n° 224, Tlaquepaque
☎639-6481

Heureux changement que la table de la Casa Fuerte, un restaurant spécialisé dans les plats de volaille et de poisson, ainsi que dans la cuisine d'Oaxaca. Après une tequila, accompagnée d'originaux amuse-gueule en guise d'apéritif, le tout servi au salon à l'européenne, on vous dirigera dans l'agréable salle à manger occupant l'intérieur d'une cour fleurie. À l'heure du dîner, de la *música en vivo* viendra se joindre, en crescendo, au chuchotement des oiseaux nichant dans le jardin.

Casa Vieja
$$$
lun-jeu 8h à 23h30, ven-dim 8h à 1h
Avenida Guillermo Prieto n° 99, angle Calle Constitución, Tlaquepaque
☎657-6250

Au bout de l'Avenida Guillermo Prieto se trouve un excellent restaurant de cuisine raffinée. Le menu affiche d'étonnantes salades et des *molcajetes* élaborés avec les recettes de Tlaquepaque.

Restaurante Sin Nombre
$$$
dim-jeu 8h30 à 21h, ven-sam 8h30 à minuit
Avenida Francisco I. Madero n° 80, Tlaquepaque
☎635-4520

Un peu à l'écart des très touristiques rues Independancia et Juárez, dans une petite rue d'un calme villageois, le Restaurante Sin Nombre est un endroit qui mérite une mention. En effet, pour qui désire profiter d'une jolie cour intérieure à l'éclairage feutré et d'un peu de tranquillité, ce resto constitue un lieu idéal. Au pied de fascinants arbustes près de la galerie d'artisanat ou dans la cour en compagnie des poules et des coqs qui se baladent en toute liberté, vous trouverez un menu affichant divers plats mexicains. Essayez les *Chiles en nogada*, qui, contrairement à ce que l'appellation indique, ne sont pas trop piquants pour les bouches étrangères.

Cafés et pâtisseries

El Parián
$
tlj 9h à 1h
Jardín Hidalgo, angle Calle Progreso
☎659-2362

Bien visible au cœur de Tlaquepaque, El Parián est considéré comme une attraction touristique en soi (voir p 120). L'énorme café-restaurant est cependant victime de son succès. Les nombreux serveurs payés à la commission ne

Restaurants

cesseront de s'arracher le client potentiel afin de l'attirer à sa table. Bien sûr, une fois assis devant le mobilier *equipales*, toute courtoisie se sera vite envolée. Sans parler de la sollicitation incessante dont on est victime de la part des nombreux vendeurs de rue qui considèrent cet endroit comme le prolongement du marché adjacent. Donc, si vous êtes capable d'endurer tout ce va-et-vient, vous vous plairez probablement à écouter les mariachis qui se produisent à chaque heure au kiosque du café.

Tlalipac
$
tlj 9h à 20h
Calle Independencia n° 270, Tlaquepaque
☎635-0706

Que ce soit dans sa jolie salle décorée de nombreux objets d'artisanat ou dans son plaisant jardin enjolivé de fleurs et d'oiseaux, les amateurs de *botanas* mexicaines se feront un devoir de goûter au *guacamole* du Tlalipac. Les nombreux amuse-gueule figurant à la carte accompagneront merveilleusement une rafraîchissante prise de bière entre amis. Vous en redemanderez!

Circuit I :
Laguna de Chapala

Voir carte p 129.

À San Juan Cosalá, la plupart des restaurants sont situés le long du lac de Chapala et servent à peu près tous les mêmes plats de poisson et de fruits de mer. De qualité égale, mais sans grand raffinement, ils conviendront quand même aux amateurs de ce genre de mets.

Salvador's
$$-$$$
tlj 8h à 23h
Carretera Oriente n° 56, Ajijic
☎766-2301

À Ajijic, il est inévitable de noter la présence de nombreux restaurants de cuisine internationale du fait du grand nombre d'étrangers qui habitent dans la ville en hiver. Parmi ces restaurants, Salvador's est, sans se distinguer des autres, une adresse convenable. Les salades (comptoir), les simples plats de viande et de volaille ou hamburgers sont servis dans un lieu lui aussi dépourvu de style.

Cozumel
$$$
mar-dim 11h à 22h
Paseo Ramón Corona n° 22-A, Chapala
☎765-4606

Les propriétaires du restaurant Cozumel ont troqué leur île

paradisiaque pour la régularité du climat de Chapala, mais en prenant bien soin d'emporter avec eux ce qu'ils avaient de mieux : leur cuisine. Ainsi, le caviar, le saumon et le homard figurent à la carte, mais la meilleure idée reste la *Carne a la Tampiqueña*, une combinaison de trois viandes cuites à la mexicaine. Le service en anglais est ou en espagnol est teinté d'amabilité et le décor est tapissé des photos de l'île de Cozumel, qui flotte au large de la péninsule du Yucatán.

Mariscos Guicho e hijos
$$$
mer-lun 11h à 20h
Calle Ramón Corona n° 20, Chapala
☎765-3232

Le restaurant Mariscos Guicho e hijos constitue un agréable endroit pour un repas à la fois simple et bon. À l'étage, vous pourrez savourer poissons et fruits de mer en ayant une jolie vue sur le lac; au rez-de-chaussée, *molcajetes* et *ceviches* sont servis sur des tables recouvertes de nappes à carreaux.

Los Telares
$$$$
dim-jeu midi à 21h, ven-sam midi à 22h
Avenida Morelos n° 6, Ajijic
☎766-0428

Los Telares, le restaurant sophistiqué d'Ajijic, répond à la demande de la clientèle fortunée résidente du village. Choisir de s'asseoir au jardin plutôt qu'en salle à manger,

c'est profiter de la jolie fontaine, du soleil éblouissant et de la vaisselle aux tons printaniers qui orne les tables. Le menu va des fruits de mer aux pâtes en passant par les salades.

Cafés et pâtisseries

Árbol de Café
$
lun-ven 8h à 16h, sam 8h à 14h
Calle Hidalgo n° 236, Plaza de las Palmas, Chapala

Le café se prend bien à l'Árbol de Café. Aussi bien sur la terrasse qu'à l'intérieur, il est bon d'apprécier le café chaud ou froid préparé à l'aide de toute une variété de grains. L'après-midi, on peut écrire tranquillement ses lettres d'amour, rêvasser ou laisser courir son regard sur les passants de la rue. Et, comme l'indique le menu, le service se fait avec le sourire!

🌴 El Santuario de Caba
$$
Calle Colón n° 43, Ajijic
☎766-1920

Après une visite de la galerie d'art et de l'imprimerie, une petite allée au fond de la cour vous mènera à El Santuario de Caba. C'est à l'intérieur de ce paisible jardin fleuri que deux charmantes Sud-Américaines tiennent la perle des cafés d'Ajijic. Chocolat fin, glaces raffinées, sandwichs-baguettes et cafés italiens, tous ces délices sont réunis pour le plus

Aïe tequila!

La tequila, la légendaire boisson nationale du Mexique, tire son nom du village localisé au cœur de la région où elle est produite. Selon ses habitants, il semble que les Amérindiens fabriquaient un type de boisson similaire à l'époque précolombienne. Mais ce ne serait qu'à l'arrivée des Espagnols au XVIᵉ siècle, avec l'établissement de grandes *haciendas tequileras* dans la région, que cette boisson serait produite avec le même procédé qui est utilisé de nos jours.

Le sol rougeâtre des flancs du volcan éteint Tequila et de ses alentours possède les propriétés agricoles nécessaires qui permettent la culture de l'agave bleu, tout en lui conservant ses caractéristiques spécifiques. Cette variété d'agave, portant le nom scientifique d'*Agave tequilana weber* en hommage au biologiste allemand qui l'étudia au début du XXᵉ siècle, est la matière première de l'authentique tequila. Il existe pourtant une autre région de production localisée à l'est de Guadalajara, entre les villes de Zapotlanejo et d'Arandas.

Le processus d'élaboration de la tequila est similaire à celui de tous les spiritueux, mais la première phase est intéressante à remarquer. D'abord, après la préparation des terrains, les rejetons des agaves sont sélectionnés et plantés. La période de croissance dure de 8 à 10 ans. Au moment de la récolte, les feuilles sont coupées et le cœur prend la forme d'un énorme ananas. Ces «ananas» sont alors transportés à la distillerie. Ils y sont cuits au four pendant 24 heures, après quoi ils reposent pour encore 24 heures. C'est durant ce temps que la sève du cœur de l'agave se transforme en un sirop naturel. Ce liquide, d'un parfum particulier, est extrait par un pressoir. La fermentation dure de 72 à 96 heures et la distillation se fait en alambic. Suit une période de vieillissement dont la durée plus ou moins longue déterminera s'il s'agit d'une tequila *joven*, *reposado* ou *añejo*.

Le prestige de la bonne tequila s'est accru dans le monde surtout depuis la mise en vigueur de la dénomination «appellation contrôlée» au début des années soixante-dix. Actuellement, de strictes normes de contrôle de qualité régissent tant la culture et le transport de l'agave que la production et la mise en bouteille de ce traditionnel spiritueux mexicain.

pur plaisir des sens. Dommage que le bruit des maisons voisines vienne troubler la sérénité des lieux. Mais, pour demeurer dans un tel cadre, c'est fou ce que l'on peut pardonner.

Circuit J : Tequila et sa région

El Callejón
$$
tlj 9h30 à 23h
Avenida Sixto Gorjón n° 105, Tequila
☎742-1037
Parmi les restaurants de Tequila, rares sont ceux qui se distinguent de par leur raffinement. Pourtant, El Callejón fait exception à cette règle pour plusieurs raisons. D'abord, une peinture murale qui évoque avec fierté le quotidien des gens d'ici. Ensuite, la carte compte de nombreux plats relevés avec de la tequila. Un menu touristique pour quatre personnes est offert (*queso fundido, guacamole, tacos dorados*, rafraîchissements, *tacos* et une bouteille de tequila).

Mariscos El Mar
$$
Carr. Int. Curva de la Toma, Tequila
☎742-1029
À la sortie de la ville, sur la route de Magdalena, Mariscos El Mar attire les amateurs de fruits de mer avec une réputation qui dépasse les frontières de la ville. Juchée au bout d'un champ d'agaves, la petite maison offre un panorama superbe de toute la région.

La Posta
$$
tlj 8h à 14h30
Avenida Sixto Gorjón n° 111, Tequila
☎742-0114
Le restaurant La Posta est voué corps et âme à la tequila. Pas moins de 27 variétés sont offertes en apéritif, en accompagnement ou en digestif. C'est donc l'occasion d'aiguiser vos goûts et de tester vos connaissances. L'agave distillé se retrouve jusque dans les plats : les spécialités de la maison sont en effet cuisinées avec un soupçon du précieux liquide.

Restaurants

El Marinero
$$$
tlj 9h à 22h30
Calle Vicente A. Rosas n° 16-B,
Tequila
☎742-1674

Solidement tenue par son capitaine Andrés Cantreras, la barre de ce restaurant de fruits de mer n'a pas dévié depuis son ouverture il y a cinq ans. La pêche y est toujours fraîche. De plus, la carte compte quelques clandestins tels que la pizza et des mets japonais. Les prix sont bien raisonnables. Les courants musicaux qui bercent l'endroit proviennent des sept mers.

Circuit K : Tapalpa et la montagne

Voir carte p 127.

Fonda Doña
$
tlj 8h à 22h30
Avenida Raúl Quetinra n° 10,
Tapalpa

Pour déjeuner d'une *comida corrida* à Tapalpa, rendez-vous à la Fonda Doña, qui sert une nourriture à saveur locale de qualité honorable. On y mange à sa faim des plats simples (*pozole, arrachera, anogada*).

Los Arcos
$$
jeu-mar 9h à 22h
Calle Obregón n° 123, Tapalpa
☎432-0557

Le restaurant Los Arcos est un des seuls endroits pourvus d'une vue imprenable sur la vallée de Tapalpa et sur le Nevado de Colima, un volcan toujours en activité. Ici, repas rime souvent avec viande, et l'assaisonnement des coupes est plus souvent qu'autrement mexicain. Si vous avez le choix, le meilleur moment pour venir y manger est certainement en début de soirée, à l'heure où la vue sur la terrasse s'accompagne d'un soleil couchant aux doux rayons rosés.

El Jardín de las Delicias de Antoño
$$
Calle Luis E. Bracamontes n° 249,
Tapalpa
☎432-0464

En empruntant la Calle Braeahountes vers la sortie de la ville, on trouve une petite ferme champêtre qui se révèle être en fait un excellent restaurant. El Jardín de las Delicias de Antoño, tenu de belle façon par Magdalena Villa Señor, s'est donné pour mission de perpétuer la tradition culinaire mexicaine qui se perd quelque peu de nos jours. Ainsi, on propose des plats cuisinés comme on le faisait au XIXe siècle. Aucune permanence à la carte, le menu se renouvelant chaque semaine. Y prendre le déjeuner au jardin au milieu des arbres et des fleurs permet d'apprécier pleinement le charme de la campagne du bel État de Jalisco. Sourire et service en français offerts sans supplément!

Las Girasoles
$$$
lun-ven 9h à 21h30, sam-dim 9h à 23h
Calle Obregón n° 110
☎432-0458

Las Girasoles constitue sans doute l'une des meilleures tables de la région. On y vient pour le cadre de style rustique, mais surtout pour le plaisir de goûter un moment privilégié dans un environnement des plus apaisants. Parmi les plats qui s'alignent sur la carte, de nombreuses spécialités donnent le goût de s'aventurer vers de nouvelles saveurs. Le célèbre *borrego* (agneau), une spécialité locale, constitue un bon choix.

Cafés et pâtisseries

La Villa
$
tlj 8h à 23h
Calle Raúl Quintero n° 93, Tapalpa
☎432-0009

Sur la place centrale du village, la *cantina* La Villa est un bon endroit où se laisser choir après une épuisante promenade dans les rues escarpées de Tapalpa. À l'intérieur d'une maison sans âge, des ornements sportifs sont disposés dans une anarchie déconcertante. La carte, qui va des omelettes aux hamburgers et de la *carne asada* aux *chilaquiles*, propose tous les classiques d'une cuisine familiale. Les deux cocktails spécialités du village, le *rompope* et le *ponche*, y sont aussi servis.

On trouve de tout

à Guadalajara et, dans cette métropole, les nuits de fin de semaine ne semblent devoir jamais prendre fin si l'on se fie à la forte circulation du samedi soir à 3h du matin.

Une précaution importante doit être prise lorsque vous consommerez dans les bars et discothèques qui paraissent douteux, sans toutefois être dangereux. Au Mexique, bien que l'éther soit maintenant illégal, il arrive encore trop souvent qu'on retrouve ce stimulant de la soif dans la glace des consommations offertes. L'éther est sans grand danger pour la santé, mais rend les lendemains beaucoup plus difficiles. Pour éviter ces désagréments migraineux, préférez l'alcool en bouteille aux boissons maison servies dans des verres.

Qu'on se le tienne pour dit, Guadalajara est une ville qui bouge. La liste des possibilités de sorties y est interminable : concerts de musique classique, opéra, événements

sportifs sont quelques exemples du choix qui s'offre à vous.

Sans compter bien sûr les *cantinas*, les bars et les discothèques en tous genres qui s'animent chaque soir dans la métropole.

Nous vous proposons, dans le présent chapitre, un survol des diverses expériences nocturnes qui vous attendent à Guadalajara.

Bars et discothèques

Nous n'avons pas inclus ici les nombreux restaurants présentant de la *música en vivo* qu'on retrouve dans le chapitre «Restaurants». Il faut donc garder en tête qu'il est possible de se divertir avec autant de plaisir à ces adresses. Par ailleurs, de nombreux bars offrent la formule *barra libre* tous les mercredis qui en font un bar ouvert toute la soirée moyennant un droit d'entrée majoré. Finalement, vous constaterez que notre sélection comporte de nombreuses adresses destinées à la clientèle jeune. Comme la moyenne d'âge de la population de la ville est autour des 25 ans, les possibilités de sorties pour cette génération sont donc les plus nombreuses.

Circuit A : le berceau de Guadalajara

La Fuente
lun-sam
Calle Pino Suárez, angle Avenida Hidalgo
Autrefois, tous les ouvriers du centre-ville avaient l'habitude de se rendre en fin de journée dans les *cantinas* (bars mexicains servant de la cuisine légère) pour se désaltérer. Bien que cette tradition se soit en grande partie perdue aujourd'hui, on trouve toujours d'authentiques cantines comme celle de La Fuente. Comme il y a 50 ans, c'est une clientèle presque exclusivement masculine et relativement mûre qui s'y réfugie pour écouter de la *música en vivo* et surtout discuter entre amis. Les plafonds jaunies par des générations de clients fumeurs et les murs patinés par le temps semblent être demeurés inchangés depuis l'inauguration en 1925. Même les prix ont quelque chose du bon vieux temps, comme par exemple la bière à 0,70$.

Circuit B : demeures et places du vieux Guadalajara

La barra del Moreno
tlj 18h à 2h
Calle Pedro Moreno n° 1051-A, angle Avenida E.D. de León
☎*827-1234*
Pour débuter la soirée, La barra del Moreno constitue un lieu agréable. Les fins de semaine, une très nombreuse clientèle d'étudiants et de BCBG y débarque pour prendre le premier verre de la soirée. Ainsi, les discussions animées et les séances de charme avec le sexe opposé peuvent commencer. Quant à

l'aménagement des lieux, le curieux mélange de style éclectique et mexicain fait étonnamment bon ménage. Le tout est agrémenté d'un bon fond musical inspiré de grands succès.

Don Porfirio Cantina
tlj 17h à 3h
Calle Maestranza n° 70

La Don Porfirio Cantina accueille, contrairement à la Maestranza (voir ci-dessous), une faune nettement plus jeune et moins à la mode. Après avoir passé le poste d'entrée (pas très sévère), on se dirige à l'étage d'un bâtiment colonial présentant un certain cachet, mais on est tout de suite frappé par les tons d'orange fluo qui jurent horriblement avec l'âge du bâtiment. Les références à Porfirio Díaz, célèbre président mexicain, sont surtout remarquables par les tableaux d'époque accrochés un peu partout. Une foule amoureuse des chauds rythmes latins s'y défoule avec beaucoup d'entrain toute la nuit : folklore mexicain de musique *ranchera*, *cubana*, et ballade se suivent dans un enchaînement presque parfait.

La Maestranza
tlj 13h à minuit et demi
Calle Maestranza n° 179, angle Avenida López Cotilla
☎613-5878

Connue de tous les Tapatiens, La Maestranza est unanimement considérée comme le meilleur bar en ville. Fondée en 1940, la célèbre *cantina* est responsable de ce qu'est la rue : un haut lieu de sorties qui fait maintenant figure de véritable institution de la vie nocturne du centre historique. À l'intérieur (arrivez tôt pour avoir une table), admirez ce que le fondateur, Don Paco Jaúregui, a mis 30 ans à collectionner : plus de 30 000 affiches, articles et objets de culte des taureaux tapissent tous les murs, un véritable musée. De plus, vous vous apercevrez que vous n'êtes pas seul à l'apprécier, l'endroit se remplissant de gens de 25-35 ans tous les jours de la semaine. Malgré son succès, les prix ne se sont pas emballés et la musique a su rester authentiquement mexicaine. Un incontournable.

Rockocó
Calle Pedro Moreno n° 532, angle Avenida Donato Guerra
☎613-5632

Toujours dans les parages, le Rockocó est installé dans une autre belle maison coloniale du centre-ville. Et, encore une fois, les références historiques à la période de l'occupation espagnole sont nombreuses. Une série de petites salles aux ambiances changeantes se succèdent, dont une terrasse et une piste de danse où l'on bouge sur des rythmes pop, *dance music* et latinos.

Sorties

Circuit D : Analco, Las Nueve Esquinas et le parc Agua Azul

El Archivo
lun-jeu midi à 1h, ven-sam midi à 3h, dim 17h à 1h
Avenida Madero n° 111, angle Calle Degollado
☎613-9758

La *cantina* El Archivo diffuse à toute heure du jour les événements sportifs pour le bénéfice de sa clientèle masculine et sportive. C'est au nom du sacro-saint sport qu'on a transformé cette antique demeure coloniale en salle d'écoute des matchs retransmis par satellite. Les jours de matchs de *fútbol* importants, l'ambiance y est particulièrement survoltée, et les supporters des Chivas et des Atlas s'y entassent en grand nombre. Heureusement le décor ne se limite pas seulement à de banals téléviseurs puisque tous les murs intérieurs sont tapissés d'articles de journaux de sport, collés anarchiquement. Par ailleurs, comme tous les bars de Guadalajara, El Archivo propose sa boisson maison, le *Yerbabuena* (un mélange à base de plants de *yerbabuena*, connu pour ses effets curatifs sur les maux de ventre), pour

ceux qui sont les des traditionnelles bières et tequilas.

Beer Saloon
lun-sam 11h à 23h
Calle Galeana n° 372, Las Nueve Esquinas

Aussitôt passé les portes battantes du bar Beer Saloon, vous vous trouverez plongé dans l'époque du Far West en compagnie des fers à cheval et des chapeaux de cow-boy de circonstance. Non, on ne se trouve pas dans un ranch du Nord-Ouest mexicain, mais bien dans le quartier de Las Nueve Esquinas, dans ce petit bar fréquenté encore une fois par des étudiants. Parfait pour descendre une bière en grignotant une bonne variété de *botanas*.

El Cubilete
tlj 22h à 2h
Calle General Río Seco n° 9, Las Nueve Esquinas
☎658-0406

Pour retrouver la chaude ambiance de l'île de Cuba, un détour se justifie facilement chez El Cubilete. Situé au cœur du quartier Las Nueve Esquinas, ce petit resto-bar vibre chaque soir au son des chanteurs cubains *en vivo* et des infatigables danseurs de *salsa* et de *merengue*. Le jour, l'ambiance se prête plutôt à la détente, particulièrement lorsque le soleil fait briller les photos du Guadalajara d'antan sur les murs aux couleurs chaudes.

La Feria
tlj 13h30 à 2h
Calle Corona n° 291, angle Héroes
☎**613-7150**

Pour passer une authentique soirée à la mexicaine en compagnie de vrais Tapatiens, La Feria est l'endroit tout désigné. Tout en dégustant des irremplaçables classiques de la cuisine locale, vous pourrez assister à un spectacle de mariachis endiablés, accompagnés d'une animation tout aussi enlevante. Sis dans la cour historique d'un édifice colonial joyeusement décoré, l'endroit est parfait pour faire la fête. La *música en vivo*, les concours de danse et le karaoké vous convaincront de poursuivre la soirée jusqu'aux petites heures du matin sans penser au lendemain, comme bien des habitants...

Circuit E : Chapultepec et Las Antiguas Colonias

La Charla
tlj 8h à 1h
Avenida Vallarta n° 1095, angle Calle Argentina
☎**825-0393**

Autre lieu de rencontre pour les débuts de soirée, le petit bar La Charla est bien connu à Guadalajara pour avoir été le précurseur des terrasses à la française. C'est en effet attablé à l'extérieur, bercé par une douce brise de soir d'été, que vous pourrez passer une belle soirée avec un ami ou l'être chéri. L'environnement de doux tons de bleu, d'orange et de jaune se prête très bien à la détente de fin de soirée. En somme, une bonne adresse.

Los Famosos Equipales
Avenida de La Paz n° 2308, angle Calle Miguel de Cervantes

Comme son nom le laisse présager en espagnol, c'est dans des fauteuils de style *equipales* qu'on s'assoit à Los Famosos Equipales. Voilà une autre *cantina* qui s'inscrit dans la plus pure tradition tapatienne où les courses de taureaux sont élevées au rang de culte. Évidemment, la musique ne peut être que mexicaine et les prix sont des plus compétitifs pour s'assurer de la présence de toutes les clientèles. Lors de votre passage, il faut commander la fameuse boisson de la maison, le *nalgas alegres* (fesses joyeuses)!

La Veradera
tlj 14h à 2h
Avenida López Cotilla, angle Calle Francisco Javier de Gamboa

Que ce soit pour profiter de la grande variété de boissons disponibles ou pour des «deux pour un» à toute heure du jour, La Veradera attire ceux qui ont la gorge sèche. Dès 14h, on y vient pour se rafraîchir, mais aussi pour s'offrir quelques spécialités mexicaines sous le toit de paille. Le soir, la salle à l'arrière assure une bonne intimité avec son éclairage à la chandelle et son décor d'artisanat de la région.

Sorties

Les cybercafés

Une des façons les plus économiques de communiquer avec ces proches est bien évidemment le courrier électronique. Les cybercafés sont ainsi devenus, ces dernières années, les rendez-vous des voyageurs qui veulent se brancher sur le monde et naviguer en toute liberté. Vous trouverez ci-dessous une liste des cybercafés de Guadalajara qui permettent l'utilisation d'Internet moyennant 15 à 40 pesos l'heure.

Café Expresso
Andrés Terán n° 478
☎826-6518

Punto.exe Cybercafe
lun-sam 10h à 20h
Avenida de La Paz n° 1759, angle Calle Bruselas

La Red
Plaza Millenium, Local D26
☎133-1955

Spacio
Avenida López Cotilla n° 1500
☎616-1320

Hackers
Avenida Pedro Moreno n° 863-A, angle M. Castellanos
☎826-6762

CyberWeb
lun-sam 10h à 20h
Calle Paseo Degollado n° 62-1

Circuit F : la Minerva et El Iztépete

Botanas & Beer Bar
mar-sam 13h à 22h, dim 11h à 17h
Calle Privada del Niño n° 25, angle Avenida Guadalupe
☎*121-7238*

Le Botanas & Beer Bar, avec son décor très Far West, est un lieu bien plaisant pour débuter la soirée. Ainsi, une clientèle sans dénomination particulière occupe les lieux dans l'attente d'une soirée des plus mouvementées. Bien que le prix étonnamment modéré de la bière et de la tequila encourage la levée du coude, c'est surtout la quantité et la variété de *botanas* qui font le succès de l'endroit : croustilles, *tacos*, *ruedas* (croustilles en forme de roue), *tortas salgadas*, *chiles*, etc. Ambiance et musique au goût du jour.

Casa Bariachi
lun-sam 18h à 3h, dim 17h à 2h
Avenida Vallarta n° 2308, angle Calle Lope de Vega
☎*615-2706*

À la Casa Bariachi, la musique traditionnelle jaliscienne occupe l'avant-scène. Dès le début de l'après-midi, des mariachis s'installent sur scène pour faire vibrer la salle au son des meilleurs crus de leur répertoire romantique. Tandis que certains ne se gênent pas pour esquisser quelques pas de danse, d'autres préfèrent apprécier le spectacle bien assis en famille ou entre amis. Il faut remarquer la complicité entre les chanteurs nationaux et leurs nombreux fans à Guadalajara qui connaissent les paroles des chansons sur le bout des doigts. Bien normal lorsqu'on sait que c'est ici qu'est né le mariachi, genre de musique maintenant largement répandue à travers le monde.

Copacabana
4$
mer-sam 21h à 5h
Avenida López Mateos Sur n° 5290, angle Calle Las Águilas
☎*631-4596*

Après avoir passé les contrôles de sécurité de rigueur à l'entrée, on aboutit à une grande salle qui a, en son centre, une piste de danse aux allures de scène de théâtre. Et non sans raison : c'est ici que se donnent en spectacle les nombreux amateurs de *salsa*, de *merengue* et d'autres rythmes latinos si chauds. Ceux qui trouvent le temps de se distraire entre deux pas de danse remarqueront les lignes modernes du décor.

D.J. London
mar-dim 18h à 2h30
Avenida Patria n° 600
☎*673-1600*

Les amateurs de pubs londoniens trouveront leur bonheur au D.J. London, qui se veut un véritable temple de la musique anglo-saxonne. Les plus grandes vedettes des 40 dernières années (Beatles, Kiss, U2, etc.) sont honorées de leurs photos

Sorties

sur chacun des murs, et l'authentique juke-box joue les plus grands succès du temps. Même la décoration paraît d'époque. Les grands talents vocaux trouveront une vitrine idéale dans le karaoké de la place, tandis que les plus timides pourront toujours s'évader dans Internet avec un des huit ordinateurs disponibles.

La Enretradera
tlj 14h à 2h
Avenida San Ignacio n° 450-A, angle La Gran Plaza
☎647-7101

La Enretradera est un petit bistro idéal pour donner rendez-vous à des amis en début de soirée. Autour d'un mobilier tout de bois dans un environnement à la fois mexicain et moderne, les discussions les plus animées peuvent avoir libre cours. Quant à ceux qui veulent faire une petite sortie entre amoureux sans grand protocole, l'endroit leur conviendra tout autant. Ambiance assurée par de la bonne *música en vivo*.

Glass House Café
lun-sam 8h à 2h, dim 8h à 15h30
Plaza Exhimoda, angle Avenida Vallarta
☎122-7501

Si vous appréciez les soirées avec écran télé en arrière-plan, le Glass House Café constitue un bon choix. Certes, le cadre moderne des miroirs et des murs de stuc vert n'a rien d'original, mais l'ambiance est propre à la détente, ce qui n'est pas pour déplaire aux

professionnels qui s'y réfugient en soirée.

La Marcha
10$ pour les hommes et 7$ pour les femmes
mer, ven et sam 22h à 4h
Avenida Vallarta n° 2648, angle Calle Los Arcos
☎615-8999

Tout à côté de la Calle Los Arcos sur l'Avenida Vallarta, la discothèque La Marcha est la première escale de ce qui a été baptisé la «Ruta Vallarta». Cette route qui chevauche l'avenue regroupe une série de bars-discothèques parmi les plus courus de la ville où plusieurs font la tournée des grands ducs chaque fin de semaine. On ne manque pas de remarquer la riche demeure bourgeoise dans laquelle est aménagé ce premier arrêt. À l'intérieur, plusieurs salles se succèdent pour combler la faune bigarrée qui s'y trouve : billard à l'étage, terrasse à la belle étoile à l'arrière, piste de danse au rez-de-chaussée, autant d'atmosphères différentes à découvrir. Pourtant, le potentiel d'un tel cadre ne semble pas avoir été exploité à fond, plusieurs salles étant dégarnies et un peu fades. Quant à la musique, c'est le *latino* qui semble faire de nombreux adeptes, comme en témoignent les nombreux couples qui offrent de belles prestations du talent des Mexicains pour la danse.

Bars et discothèques gays

Angels
4$
mer-sam 21h à 3h
Avenida de La Paz n° 2030
☎615-2525

La discothèque Angels est sans doute l'une des meilleures adresses gays de la métropole. Les fins de semaine, l'endroit se remplit rapidement dès 23h de la plus belle jeunesse gay, lesbienne et hétéro de la ville, tous venus danser sur le *dance* en vogue. Entre amis ou en solitaire, la drague va bon train jusqu'à 2h30 du matin, heure à laquelle les irréductibles vont poursuivre la soirée au Mónica's.

Mónica's
3$
mer-dim 22h à 5h
Avenida Obregón n° 1713

Dans un secteur plus modeste de la ville, ce qui d'ailleurs se reflète dans sa clientèle, la discothèque Mónica's se remplit toutes les fins de semaine. Néons roses, miroirs muraux et grande piste de danse constituent un décor un peu banal. Cela n'empêche pourtant pas la clientèle exclusivement gay de tout âge et de tout genre de s'y amuser ferme, surtout à partir de 2h, et ce, jusqu'au petit matin. Spectacle quotidien de travestis.

Maskara's
tlj 14h à 2h
Calle Maestranza n° 238, angle Avenida Prisciliano Sánchez
☎614-8103

Dans le Centro, le bar Maskara's est un des seuls endroits qui échappent à la musique assourdissante des discothèques branchées et qui permettent, Dieu merci, de simplement discuter en prenant un verre. Il est vrai que l'endroit gagnerait à être sérieusement rafraîchi, mais ces désagréments sont vite oubliés lorsqu'il s'agit de rencontrer l'âme sœur parmi le public hétéroclite qui s'y trouve (mûrs, jeunes loups, professionnels).

Sorties

SOS Disco-Club
2,50$
mer 18h à 4h, jeu-dim 22h à 4h
Avenida de La Paz n° 1413
☎*826-4179*
Le SOS Disco-Club est surtout fréquenté par une clientèle lesbienne de tout âge. Cette discothèque ne se distingue ni pas son décor, très obscur, ni par sa musique,
toujours la même, mais ne demeure pas moins une
adresse recommandée.

Hippos
tlj midi à 1h
La Gran Plaza
☎*122-3543*
Plaza del Sol
☎*121-0091*
Après une longue journée de
magasinage, rien ne vaut une
bonne bière pour se détendre
en discutant des bonnes affaires dénichées plus tôt. Localisé
à l'intérieur des deux grands
centres commerciaux de la
ville, Hippos est l'endroit tout
indiqué pour ces chasseurs
d'aubaines épuisés. L'agence-
ment des lieux, entre des hip-
popotames stylisés et des formes éclectiques, s'apparente à
un décor de cinéma en carton-
pâte. Des *botanas* y sont servies. Deux adresses.

Jimmy's
*5$ pour les hommes et 3$ pour
les femmes*
ven-sam 22h à 4h
Avenida Lapislázuli n° 3467-A, angle
Calle Mariano Otero, près de la Plaza

Millenium
Si les rythmes *rave* vous allu-
ment, nul doute que le Jimmy's vous plaira. Vous y trouverez une atmosphère à la fois
agréable et un brin bizarre où
des rideaux de tous types forment l'essentiel du décor. Il
n'y a pas que l'environnement
qui étonne, il y a aussi la foule
des plus extravagantes où chacun se défonce à sa manière
en virevoltant jusqu'à épuise-
ment sur les cadences *dance*,
techno ou *rave*. Introvertis
s'abstenir.

Lado B
*12$ pour les hommes et 6$ pour
les femmes*
mer, ven et sam 21h30 à 3h
Avenida Vallarta n° 2451, angle Calle
Fco. de Quevedo
☎*615-7170*
Adresse branchée de la Ruta
Vallarta où la danse et la
drague constituent les principales activités.

Hard Rock Live
Avenida Vallarta n° 2425
☎616-4560

Autre choix de sortie sur la Ruta Vallarta, secteur décidément très animé, le Hard Rock Live est le dernier-né de la chaîne britannique. C'est dans une nouvelle formule *live* en première mondiale que cette ambassade du rock anglo-saxon invite touristes et résidants à écouter des groupes rock de haut calibre. Le décor est comme partout ailleurs dans le monde et le répertoire de musique se veut exclusivement anglophone. Ce cachet international est efficace et très exotique dans Guadalajara la mexicaine. On y vient pour boire un verre et l'on en ressort avec une addition plutôt raisonnable, voire surprenante pour ce type d'endroit.

Lola Mundó
mer-sam 22h à 3h
Avenida Vallarta n° 4454, en face de La Gran Plaza
☎121-9837

Lola Mundó est connue à Guadalajara comme la seule discothèque qui ne contrôle pas l'âge de sa clientèle. Le contrôle se fait plutôt à l'entrée où les meilleurs éléments d'une foule qui s'agglutine à la porte sont sélectionnés pour remplir la discothèque durant les fins de semaine. À l'intérieur, des lignes futuristes et tout un arsenal de feux lumineux dignes des grandes discothèques vous attendent. Musique techno à l'honneur.

Métro
5$ pour les hommes et 3$ pour les femmes
mer, ven et sam 21h30 à 3h
Avenida Pablo Neruda n° 3980, angle Calle Jacarandas
☎641-5360

Pour qui est le moindrement branché sur les adresses *in* de Guada, le Métro n'est sûrement pas une adresse inconnue. Cette vénérable discothèque aux dimensions industrielles fait salle comble les jours convoités de fins de semaine. Il faut donc arriver tôt, en tenue de circonstance, et ne pas hésiter à interpeller le portier pour faciliter son entrée. Ce dernier effectue une sélection des meilleurs éléments BCBG, jeunes professionnels et étrangers qui patientent à la porte. Une fois de plus, la décoration très stylisée, voire futuriste, attire l'attention. Les érudits de style branché en auront plein la vue. Cuisine légère disponible; musique rock et *dance*.

Los Remedios
tlj 14 à 2h
Avenida Américas n° 1462
☎817-4410

Tout comme son voisin l'Undicci (voir plus loin), ce restaurant-bar attire des jeunes mais aussi des moins jeunes à la recherche d'un endroit pour goûter les plaisirs de la détente. Idéal pour débuter la soirée avant de passer à la discothèque adjacente.

Sorties

Pixie
mer-sam 22h à 3h
Avenida Vallarta n° 2503
Chacun des bars de la Ruta Vallarta ayant sa propre clientèle, c'est une coalition heureuse de bohèmes, hip-hop et étudiants très cool qui se réfugie au Pixie pour se défouler sur une cadence ininterrompue de techno et de *house*. Le DJ invité fait ainsi vibrer les quatre étages remplis de ces habitués de musique assourdissante. Dans un décor stylisé à l'éclairage bien ajusté, vous pourrez consommer au bar du rez-de-chaussée ou préférer la terrasse du dernier étage pour admirer le ciel de Guada. Tous les mercredis : bar ouvert.

¡Qué Pues!
Avenida Niños Héroes n° 1554, angle Avenida E. Díaz de León
Situé au carrefour de l'Avenida E. Díaz de León et de l'Avenida Niños Héroes, le ¡Qué Pues! constitue un bon arrêt pour prendre un verre. L'éclairage au néon bleu et les tables basses semblent très populaires auprès d'une clientèle variée, incluant jeunes, couples, gays, étudiants et gens d'affaires, quelques-uns étrangers. Le secret de son succès : une musique essentiellement anglophone où rock et blues sont la marque de commerce. De plus, la présentation d'un spectacle le mardi soir (habituellement bien calme à Guadalajara) caractérise cet endroit parmi les adresses branchées de la Minerva. Une rare intimité avec les chanteurs est assurée par la petitesse des locaux.

Räda Lounge
mer-sam 10h à 3h
Avenida de La Paz n° 2550
☎615-7636
Comme son nom l'indique, c'est dans un large salon dégagé aux lignes des années cinquante qu'on aboutit après en avoir franchi les portes (évitez les vêtements de sport). Surtout fréquenté par une clientèle BCBG, l'endroit devient rapidement bondé les fins de semaine. Le volume sonore de la musique étant modéré, on peut apprécier les succès de l'heure et la musique *dance* européenne tout en échangeant avec ses voisins.

Rancho Grande
Avenida López Mateos Sur n° 4520
☎632-9332
Alla en el Rancho Grande, alla donde vivi... les simples paroles de cette chanson mexicaine suffisent pour évoquer l'ambiance du Rancho Grande, un cabaret folklorique bien amusant. Les mariachis et les groupes de *banda* se partagent la vedette pour faire vibrer un public fou de sa musique nationale. Les aficionados sont même nombreux à se lancer sur la piste de danse ou au bar, où la tequila et la bière sont évidemment de mise.

Undicci
mer, ven et sam 21h à 2h
Avenida Américas n° 1462
☎817-4410

On retrouve une ambiance juvénile chez Undicci, qui semble vraisemblablement être un pavillon de l'université de Guadalajara, tellement le nombre d'étudiants y est élevé. Vous verrez que, tout comme ailleurs dans le monde, les étudiants d'ici savent faire la fête jusqu'aux petites heures du matin, et ce, même si des tonnes de devoirs les attendent à la maison, vous diront-ils (hum hum). Bières, grands crus de la musique anglo-saxonne et latino-américaine, il n'en faut pas plus pour faire bouger ce petit bar en moins de deux. Seule fausse note, sa grande fréquentation qui dépasse largement sa capacité d'accueil limite les déplacements au cours de la soirée. Possibilité de réserver l'une des petites tables en téléphonant au cours de la journée.

Van Go
5$
mer, ven et sam 21h à 3h
Avenida D. n° 810, angle Calle San Jorge
☎633-7719

Avec le Métro, le Van Go est l'une des premières discothèques de la métropole qui, malgré plusieurs années d'activités, continue d'attirer une foule branchée. Exploit d'autant plus notable si l'on tient compte de la fidélité très éphémère de ce type de clientèle. En début de soirée, on y joue au billard, on discute

avec les nombreux habitués de la place où l'on se divertit par la diffusion d'images des nombreux téléviseurs. Mais une fois que minuit a sonné, la foule s'agite sur la large piste de danse par un enchaînement de musique *dance* et rock.

Wall Street
Avenida Américas n° 1417, angle Avenida Pablo Neruda

Plus joyeux qu'un bar belge, moins exotique qu'un bar australien, mais aussi sympathique qu'un bar irlandais, le Wall Street n'a pourtant rien à voir avec les rues de New York. Sur sa terrasse, il est facile de se croire sur les côtes du Pacifique, tellement le décor rappelle les bars de plage. Le toit de paille et les lampions créent une ambiance propice à la détente, et la carte des boissons mérite une mention pour sa grande variété et ses prix modérés. Parfait pour les débuts de soirée.

Circuit G : le faubourg de Zapopan

Fonda de Doña Gavina Escolástica
mar-dim 19h à 23h
Calle Javier Mina n° 237, près de la Basílica de Zapopan

Les nostalgiques des années soixante aiment bien se rendre à la Fonda de Doña Gavina Escolástica, qui ressuscite les authentiques *fondas* (salles à manger populaires) si nombreuses à cette époque. Le

Sorties

propriétaire et mécène, Ángel Cervantes, a voulu recréer cette ambiance d'essence purement mexicaine demeurée dans la mémoire collective, en récupérant la maisonnette mexicaine à l'architecture unique pour en faire un endroit où les reliques du passé sont accrochées aux murs. Les plats des plus tapatiens sont aussi authentiques et la *música en vivo* est représentative de l'époque romantique mexicaine.

La Boca
jeu-sam 21h30 à 3h
Avenida Américas n° 1939, face à la Plaza Patria
☎*636-1996*
Que diriez-vous de prendre un verre tout en étant entouré de centaines de répliques d'œuvres de Picasso où l'on ne finit pas de s'émerveiller de l'esprit créateur de ce génie espagnol? La discothèque La Boca, un temple de l'art moderne, est évidemment prisée d'une jeunesse branchée, de professionnels aisés et d'étrangers curieux. Un endroit pour voir et être vu!

Circuit H : San Pedro Tlaquepaque et Tonalá

Salón México
Calle Mota Padilla n° 54, angle Avenida Gigantes
Si vous avez le goût de danser sur des rythmes chauds de *salsa*, *banda* et *norteña*, où la règle d'or est le mouvement du bassin, le Salón México répondra à vos attentes.

Tlaquepaque Histórico
Avenida Independencia n° 2
☎*659-1381*
Pour ne pas faire comme tous ces touristes qui quittent Tlaquepaque le soir venu, il est facile d'être retenu au Tlaquepaque Histórico. L'endroit attire la jeunesse du coin et quelques touristes : l'atmosphère décontractée y est sûrement pour quelque chose. Les pièces d'artisanat, les nombreuses plantes et les meubles au cachet vieillot forment un cadre bien agréable pour simplement prendre un verre et contribuent à son charme.

Circuit J : Tequila et sa région

La Capilla
tlj 13h à 22h
Calle Hidalgo n° 32, Tequila
La Capilla convient à ceux qui veulent côtoyer les bonnes gens de Tequila à l'heure où ils se désaltèrent. Évidemment, le stuc vert des murs et les trophées de l'équipe de *fútbol* locale sont certainement très loin d'un décor inspiré, mais la bonne humeur des Mexicains constitue à elle seule toute une attraction. Bon vieux bistro qui résiste aux modes.

Sauzal
tlj 13h à 1h
Calle Juárez n° 45, Tequila
Outre le titre d'une célèbre chanson, le Sauzal est un café-

bar donnant sur la place de l'église. En soirée, le tout Tequila aime bien s'y retrouver pour discuter, attablé dans un décor des années soixante où l'orangé est à l'honneur. La carte propose une restauration légère et la liste des tequilas distillées localement. *Música en vivo* de type romantique et bohème.

Circuit K : Tapalpa et la montagne

La fête populaire du 4 au 12 janvier est une bonne occasion pour venir à Tapalpa. Vous y passerez un excellent séjour loin de la ville, dans un cadre qui ne manque pas d'authenticité.

El Callejón
tlj 14h à 1h
Calle Fco. Madero n° 37, Tapalpa

C'est dans une fraîche odeur de pin d'une maison typique qu'on se désaltère chez El Callejón, un bar de la Calle Madero. À son actif, un foyer pour les fraîches soirées d'hiver, un surprenant chevalet tapissé de cartes professionnelles et de la *música en vivo* de *banda* et de mariachis. Ce qui doit se faire oublier : la présence d'un téléviseur et le choix restreint de boissons disponibles.

Activités culturelles

Guadalajara, *la ciudad de las rosas* (la ville des roses) aura fêté en l'an 2000 ses 458 ans de fondation, 458 ans pendant lesquels les Tapatiens et les Jalisciens n'ont cessé d'exprimer à quel point leur culture était riche et vivante. Ce dynamisme culturel, aujourd'hui insufflé à toute la région, promet au visiteur un formidable voyage au cœur de la vie du peuple d'ici. Guadalajara possède ainsi d'excellentes salles de spectacle et de nombreux centres culturels où les possibilités de divertissements ne manquent pas, à condition toutefois de comprendre suffisamment la langue espagnole.

Tout au long de l'année, un calendrier des activités culturelles permet de découvrir plusieurs facettes de la culture jaliscienne, particulièrement en octobre, lors de la **Fiesta de Octubre**, pendant laquelle les manifestations sont exceptionnellement nombreuses. De plus, début novembre, le plus gros salon du livre en Amérique latine y est présenté.

Compte tenu du grand nombre d'activités proposées chaque mois, nous vous invitons à consulter les actualités culturelles des diverses publications répertoriées ci-dessous. Celles-ci vous renseigneront d'une

Sorties

Calendrier des fêtes traditionnelles à Guadalajara et dans la région

Le Mexique est connu dans le monde entier comme étant le pays de la *fiesta*. Tant aujourd'hui qu'hier, les fêtes traditionnelles animent la vie quotidienne des Mexicains d'un folklore qui n'a pas perdu sa vitalité depuis le XVIe siècle. Chaque quartier de la ville, chaque village fête son saint patron avec des processions animées par des musiciens typiques, des danses fascinantes et une gastronomie réservée à cette occasion. Le soir de la fête, les feux multicolores des *castillos* traçant des contours d'animaux et des figures géométriques en mouvement ajoutent une nouvelle dimension à la gaieté des fêtards.

les 5, 6 et 7 janvier	fête des Rois mages, à Cajititlán
le 12 janvier	fête du Seigneur des Merveilles, à l'église San Sebastián, Barrio de Analco, Guadalajara
le 20 janvier	fête de la Vierge de Guadalupe, à Tapalpa
février (variable)	carnaval, à Chapala
le 2 février	fête de la Chandeleur, à Santa Anita
le 19 mars	fête de saint Joseph, à l'église de San José, Barrio de Analco, Guadalajara
le 3 mai	fête de la Sainte-Croix, à Tequila et à Santa Cruz de las Flores

le 15 mai	fête de saint Isidore laboureur, à Santa Ana Tepetitlán
le 24 juin	fête de saint Jean-Baptiste, à l'église San Juan de Dios, Guadalajara
le 29 juin	fête de saint Pierre, à Tlaquepaque
le 25 juillet	fête de saint Jacques (danse autochtone *tastoane* représentant la lutte de saint Jacques contre les maures), à Tonalá, San Martín de las Flores, San Juan de Ocotán et Nextipac
le 4 octobre	visite de la Vierge de Zapopan au Mercado de San Juan de Dios, à Guadalajara *(date à confirmer auprès de la paroisse de Zapopan, ☎633.66.14 ou 633.01.04)*
le 12 octobre	fête de saint François d'Assise, à Chapala
le 30 novembre	retour de la Vierge de Zapopan à sa basilique (Zapopan)

Sorties

les 7 et 8 décembre	fête de saint André, à Ajijic
le 12 décembre	fête de l'Immaculée Conception, à Tlajomulco fête de la Vierge de Guadalupe, Barrio del Santuario, Guadalajara

Il y a aussi d'importantes fêtes relevant du calendrier civil. Nous vous en recommandons deux : *El Grito*, le soir du 15 septembre, qui rappelle le début de la guerre d'Indépendance, et le défilé de chars allégoriques, de troupes de danses folkloriques et d'animaux du zoo, le soir de l'inauguration des Fiestas de Octubre (début octobre).

El Grito marque le début de la fête nationale du Mexique. À cette occasion, le gouverneur de l'État de Jalisco se rend sur le balcon central du Palacio de Gobierno et lance le cri de l'indépendance *¡Viva México!* en brandissant le drapeau mexicain. La foule se réjouit pendant plusieurs heures et la voûte céleste se couvre de *castillos*.

manière détaillée sur les programmes en cours, les horaires ainsi que les tarifs. Vous trouverez également les coordonnées de quelques lieux de divertissement ainsi que de diverses associations et autres sources d'information.

Let's enjoy

Mensuel d'information touristique et culturel bilingue (anglais-espagnol). Disponible gratuitement dans la plupart des établissements culturels et touristiques.

Informarte

Bulletin mensuel d'information culturelle de la municipalité de Guadalajara. Disponible gratuitement dans tous les centres culturels ou à leurs bureaux, Avenida Hidalgo n° 499, angle Avenida Alcalde.

Guía Guadalajara

Publication trimestrielle bilingue de l'Office du tourisme de Jalisco, Calle Morelos n° 102, Plaza Tapatia, www.guiaguadalajara. com.mx.

Público

Ce quotidien à grand tirage publie tous les vendredis un cahier spécial intitulé «Ocio» décrivant très bien toutes les activités culturelles organisées à Guadalajara.

El Informador

Un grand quotidien dans lequel vous trouverez tous les vendredis «La buena vida», un cahier dédié aux animations culturelles à Guadalajara.

Associations

Instituto Cultural Mexicano Norteamericano de Jalisco (Mexique-U.S.A.)

Avenida Enrique Díaz de León n° 300
☎ 825-5838 ou 825-5666
⇄ 825-1671

Récitals, expositions, spectacles, galerie et poésies.

Alliance Française

Avenida López Cotilla n° 1199
☎ 825-2140 ou 825-5595
Infomatel : ☎ 678-8888, code 0 et 7254

Ciné-club, concerts, poésies et bibliothèque, le tout en français.

Goethe Institut Guadalajara (Institut allemand)

Avenida Morelos n° 2080
☎ 615-6147
⇄ 615-9717

Expositions, conférences, concerts, séminaires et ciné-club allemand.

Casa d'Italia

Avenida Garibaldi n° 1849
☎ 615-9744

Ciné-club, conférences, bibliothèque, concerts et événements gastronomiques, le tout en italien.

Cinémas

La plupart des films sont présentés en version originale sous-titrée en espagnol.

Cinepolis Centro Magno

Avenida Vallarta n° 2425
☎ 630-1073

El Cinematógrafo 1

Avenida Vallarta n° 1102
☎ 825-0514

Multicinemas Tolsa

Avenida Enrique Díaz de León n° 430, angle Calle Tolsá, col. Moderna
☎ 825-2877

Théâtres, concerts et spectacles

Teatro Degollado

entre Avenida Hidalgo et Calle Morelos, Plaza Tapatia
☎ 614-4773

Le Teatro Degollado, le plus imposant théâtre de la ville, présente, dans son superbe cadre, divers spectacles d'opéras, concerts et ballets. Il ne faut manquer sous aucun prétexte le Ballet Folclórico de

Sorties

La *charrería*

Le *sombrero charro*, cet énorme chapeau mexicain, est devenu aujourd'hui un symbole du Mexique dans le monde entier. Pourtant, il n'est plus porté par la population, si bien que vous ne verrez ce chapeau qu'aux spectacles folkloriques. Les mariachis et les interprètes de la danse typique du Jalisco en sont par contre toujours coiffés.

En réalité, ce très grand chapeau circulaire fait partie du costume du *charro*, le cow-boy des haciendas pendant le régime colonial. Dans sa dure besogne quotidienne, le cow-boy montait à cheval et devait apprivoiser des animaux à demi sauvages, ce qui exigeait une grande force et une habileté toute particulière. Avec le temps, il s'en est développé une série de manœuvres compliquées.

Devenues un sport popularisé sous le nom de «rodéo», les *charrerías* sont aujourd'hui pratiquées dans des compétitions aux *lienzos charros*, les arènes de la *fiesta charra*. Selon le règlement officiel, le costume du *charro* doit être élégamment brodé de cuir et agrémenté de boutons d'argent sur toute la longueur du pantalon. Bien que généralement pratiqué par les hommes, la *charrería* réserve tout de même une place à une participation féminine, notamment celle de l'*escaramuza*. Ce groupe de jeunes filles, habillées de magnifiques robes des haciendas d'autrefois, réalise des exercices équestres spectaculaires au grand plaisir des *aficionados de la charrería*.

Très populaires, très colorées et authentiquement mexicaines, les *charrerías* (rodéos) ont lieu presque tous les dimanches, entre les mois d'octobre et d'avril, au **Lienzo Charro de Jalisco** *(4$; oct à avr, dim à midi; Dr. R. Michel n° 577, en direction du stade, ☎619-3232 ou 619-0315).*

la Universidad de Guadalajara, qui se produit chaque dimanche à 10h. Il s'agit de la meilleure revue de danse folklorique présentée dans le Jalisco.

Des conférences, spectacles, concerts et expositions temporaires sont régulièrement organisés dans les centres culturels suivants : le **Centro Cultural Casa Colomos** *(Calle El Chaco n° 3200, col. Providencia,* ☎*642-0132)*, **Centro Cultural de la colonia Atlas** *(Calle Río La Barca, angle Calle Río Mascota, col. Atlas,* ☎*639-9889)* et le **Centro Cultural San Diego** *(Avenida González Ortega n° 443, angle Calle M. Acuña, Barrio de San Diego,* ☎*658-1275)*.

L'**Instituto Cultural Cabañas** *(Avenida Cabañas n° 8, Plaza Tapatía,* ☎*618-8135)*, en plus d'être un édifice remarquable, présente des expositions temporaires, des concerts et des films cinématographiques. Dans le même genre, l'**Ex-Convento del Carmen** *(Avenida Juárez n° 638,* ☎*613-1544)* offre toute une variété d'événements culturels.

Parmi les endroits fréquentés de la métropole, le **Teatro Experimental** *(Calz. Independencia Sur,* ☎*619-1176)* propose de nombreuses pièces de théâtre plus audacieuses et plus contemporaines que ses homologues. La **Casa Teatro El Venero** *(Calle Gregorio Dávila n° 76,* ☎*825-9476)*, le **Teatro**

Galerias *(Avenida Lapizlázuli n° 3445,* ☎*631-1550)* et le **Teatro IMSS Guadalajara** *(Avenida Independencia, en face du parc Agua Azul,* ☎*619-4121)* montent tous deux des vaudevilles, des classiques et des pièces mexicaines, en espagnol évidemment. Ce dernier est aussi reconnu pour la présentation, l'après-midi, d'œuvres dédiées aux enfants.

Sports professionnels

Les amateurs de sport qui ne veulent manquer pour rien au monde une partie de *fútbol* d'un des deux clubs de Guadalajara, les Atlas et les Chivas, doivent se rendre à l'**Estadio de Jalisco** *(Calle Siete Colonias n° 1772, col. Independencia,* ☎*637-0563)*. Vous pourrez ainsi voir avec quel entrain les Jalisciens viennent encourager les talents sportifs qui défendent les couleurs de la région face aux équipes de tout le Mexique.

Enfin, la tradition des corridas espagnoles est aussi répandue dans le Jalisco puisqu'on présente régulièrement à la **Plaza de Toros Nuevo Progreso** *(Calle Pirineos n° 1930, col. Monumental,* ☎*651-8506)* les célèbres combats entre toréadors et taureaux pour le plus grand plaisir du public. Si vous appréciez ce genre d'événement

explosif et que vous n'avez
pas le cœur trop sensible,
vous serez enchanté par ce
rituel si hispanique.

Au Mexique, les boutiques
ouvrent généralement de 9h30 à 20h ou 21h du lundi au samedi.

Toutefois, certains endroits comme les grandes surfaces ouvrent le dimanche. Dans les plus petits établissements, il est toujours possible d'essayer de marchander le prix demandé.

L'État de Jalisco a la réputation de fabriquer des produits artisanaux exceptionnellement diversifiés et hauts en couleur. Guadalajara et ses environs n'échappent pas à cette règle, et vous n'aurez dès lors aucun mal à trouver tout ce dont vous rêvez. À ce titre, Tlaquepaque et Tonalá offrent un choix particulièrement élaboré de souvenirs de toutes sortes à bon prix, pour celui qui sait garder l'œil ouvert à une bonne affaire.

Taxes

La taxe de vente locale s'appelle l'«IVA» (Impuesto de valor agregado) de l'ordre de 15% et applicable sur la grande majorité des biens et services. Pour les achats courants, elle est souvent comprise dans le prix affiché. Les heures d'ouverture des magasins sont généralement de 9h à 20h du lundi au vendredi et de 9h à 18h le samedi.

Les centres commerciaux restent ouverts toute la journée, six jours par semaine, soit du lundi au samedi.

Circuit A : le berceau de Guadalajara

Alimentation

Il est toujours bon de connaître l'adresse d'un supermarché lorsque vient le temps de s'approvisionner en victuailles à prix économiques. Le **Gigante** *(tlj 8h à 23h; Av. Colón n° 4030, C. Comercial El Saúz)* est un bon endroit en raison de sa localisation pratique, situé en plein centre.

Marché

Tout comme chaque ville mexicaine, Guadalajara possède son marché public. Avec ses centaines de kiosques et ses trois étages, le **Mercado Libertad** (aussi appelé San Juan de Dios) *(tlj 8h à 19h; angle Calz. Independencia et Javier Minc, voir aussi p 90, 224)* est le plus grand marché du Mexique. Il faut se hasarder à travers le labyrinthe d'étroits couloirs et de tonnes de marchandises qui y sont exposées. On y trouve de tout : du tapis à souris au manteau d'hiver en passant par l'argenterie et les comptoirs de restauration. Les prix sont honnêtes et les vendeurs souriants, toujours prêts à négocier une bonne affaire.

Musique

Pour découvrir une nouvelle facette de la culture jaliscienne, musicale cette fois, rendez-vous dans la Calle Mezquitan entre les rues Independencia et Morelos, où se trouvent une série de magasins de musique. **Rock en español** *(lun-sam 10h à 14h et 16 à 20h; Calle Mezquitan n° 89-A)* propose du rock latino; la **Librería Madriga** *(Calle Mezquitan, ☎613-1218)*, des disques d'occasion; et **Discos Garbage** *(tlj 10h à 20h; Calle Mezquitan n° 46)*, un peu de tout, pour tous les goûts.

Circuit C : le Panteón de Belén et son quartier

Marché

Pour découvrir et se procurer les plus beaux éléments de la flore du Jalisco, il faut passer par le **Mercado de las flores** (marché aux fleurs) *(tlj 8h; angle Federalismo et José Maria Vigil, en face du Panteón)*. Chaque jour, un festival de couleurs et de parfums enchante tous les passants venus admirer ce que la nature a de plus beau à offrir : les fleurs.

Circuit D : Analco, Las Nueve Esquinas et le parc Agua Azul

Artisanat

Lors de votre balade dans le parc Agua Azul, vous pourrez vous arrêter à l'**Instituto de la Artesanía Jalisciense** *(lun-ven 10h à 18h, sam 10h à 17h, dim 10h à 15h; Calz. González Gallo n° 20, ☎619-1407)*, qui, en plus d'une galerie d'exposition, met en vente de beaux produits d'artisanat. Verre soufflé, poteries et sculptures en bois réalisés par des Amérindiens sont proposés dans une variété et une qualité honorable. Aussi présent à Chapala sous le nom de **Casa de las Artesanías Ajijic** *(Carr. Jocotepec, km 6½, ☎766-0548)*.

Circuit E : Chapultepec et Las Antiguas Colonias

Librairies et papeteries

Les nombreuses succursales de la librairie **Gonvill** *(lun-sam 10h à 20h30; Av. Chapultepec Sur n° 150, ☎616-3060; Av. Morelos n° 530, ☎613-2614)*, réparties dans toute la ville, sont toutes de bons endroits à fréquenter pour trouver le dernier roman paru ou un bon ouvrage spécialisé (arts, romans, ouvrages universitaires). De quoi combler les érudits de la lecture qui maîtrisent bien la langue de Cervantes.

Avis aux amateurs, la librairie **Gandhi** *(lun-sam 10h à 22h; Av. Chapultepec n° 396, angle Efrain Lez. Luna, ☎616-7374)* est un petit complexe qui se dédie entièrement aux livres et à la musique. Les deux étages semblent littéralement craquer sous le poids. À l'étage, toute une section est consacrée au Guadalajara historique, architectural et touristique, en plus d'un coin pour guides de voyage afin de se documenter sur de prochaines destinations.

Circuit F : la Minerva et El Iztépete

Centres commerciaux

Comme pour la plupart des grandes métropoles d'Amérique du Nord, Guadalajara possède son lot de centres commerciaux au format plus titanesque les uns que les autres. Parmi ceux-ci, **La Gran Plaza** *(tlj 9h30 à 21h; angle Av. Vallarta et San Ignacio, ☎122-3004)* est particulièrement intéressante pour ses innombrables boutiques touchant à tous les secteurs de la vie quotidienne. L'édifice de trois étages, construit en pentagone, est tellement vaste que l'on

Achats

peut facilement y passer la journée entière. De plus, la présence d'un centre de divertissement (cinéma, arcade et restaurants) entraîne une grande fréquentation.

Si vous aimez parcourir les centres commerciaux, mais que l'idée de vous enfermer à l'intérieur vous répugne, la **Plaza del Sol** *(tlj 9h30 à 9h; angle Av. Mariano Otero et Av. López Mateos, ☎121-5750)* s'avère un bon compromis. Les multiples magasins, restaurants, supermarché d'alimentation et banques sont disposés selon un concept où les corridors demeurent à ciel ouvert, ce qui permet de ne rien manquer des belles journées.

Librairies

Británica Librería *(lun-sam 9h à 14h et 16h à 19h; Av. Hidalgo n° 179 6-B, entre A.L. Gallardo et Amado Nervo, ☎615-5803).* Librairie anglophone très complète.

Sandi Bookshop *(lun-ven 9h30 à 12h30 et de 14h30 à 19h, sam 9h20 à 14h; Av. Tepeyac n° 718, col. Chapalita, ☎121-0863).* Très bonne sélection de livres et de revues en français et en anglais. Aussi, bonne adresse pour trouver des méthodes pour apprendre l'espagnol.

Tequila

On ne peut quitter Guadalajara sans emporter la fameuse boisson nationale de l'État de Jalisco, la tequila. À la **Boutique del Tequila** *(lun-sam 10h à 14h et 16h à 20h; Centro Magno Guadalajara, Av. Vallarta n° 2425, ☎640-2262),* pas moins de 273 marques de tequila de toutes catégories sont proposées, et ce, à bas prix. Le seul problème, c'est de choisir! Problème qui peut se résoudre aisément en profitant des dégustations offertes gratuitement.

Chaussures

Le Mexique est un grand producteur de chaussures. On le remarque facilement par le nombre de boutiques affichant des prix étonnamment bas. La **Galería del Calzado** *(tlj 9h à 21h30; angle Av. México et Yaquis, ☎647-6422)* regroupe à elle seule un grand choix de chaussures pour femmes, hommes et enfants.

Alimentation

Installé en face du joli Parque Rubén Darío, le **Bon Appétit** *(Av. Rubén Darío, entre Av. Providencia et Rio de Janeiro, en face du parc Rubén Darío)* abrite une charcuterie fine et une fromagerie raffinée, de même qu'il prépare une variété de sandwichs européens de qualité. Bon, mais cher.

La **Casita delicatessen** *(lun-ven 9h à 21h, sam 10h à 20h, dim 11h à 15h; Av. Terranova n° 594-A, ☎640-1192)* importe une sélection des meilleurs produits de France, d'Angleterre, d'Italie et des États-Unis qu'on ne peut trouver dans les grandes surfaces. Une charcuterie et une fromagerie complètent la gamme des produits offerts.

Dans le même genre, mais d'une tout autre dimension, le gros **Goiti** *(lun-dim 8h à 22h; Av. México n° 2850, ☎642-7512)* est une épicerie fine bien connue des Tapatiens. Épices, confitures maison, pâtisseries, charcuteries, vins et bien d'autres choses encore.

Chocolatier

Si vous êtes un inconditionnel du chocolat, vous serez heureux d'apprendre que le chocolatier **Arnauldi** *(tlj 9h30 à 21h; Av. México, Plaza México)* dispose d'un bon choix. L'odeur envoûtante qui flotte dans la boutique ne pourra que vous entraîner dans le vice de la gourmandise en ressortant avec des boîtes pleines de truffes, de pralines et de meringues.

Galerie d'art

Vous trouverez de belles œuvres peintes à la **Galería del Bosque** *(lun-sam 10h à 14h et 16h à 20h; Av. Salmón n° 2967, Residencia Loma Bonita, ☎631-2815)*, et ce, pour tous les budgets. Plus de 500 tableaux s'y trouvent et tous sont des œuvres de peintres du Jalisco.

Circuit H : San Pedro Tlaquepaque et Tonalá

Tlaquepaque et Tonalá sont deux beaux villages où la pratique du magasinage constitue la principale activité. On y retrouve les meilleures boutiques d'artisanat de la région et c'est d'ici qu'on exporte une bonne partie de l'art mexicain à l'étranger. Tlaquepaque regroupe de belles boutiques où l'on trouve les pièces les plus raffinées. Pourtant, le village est aujourd'hui déserté par la plupart des artisans qui ont fui vers Tonalá avec l'arrivée des touristes et l'embourgeoisement des boutiques. Ainsi, les prix ont maintenant tendance à faire des excès de fièvre; il faut donc être vigilant. Il suffit de franchir les quelques kilomètres qui séparent Tlaquepaque de Tonalá pour voir chuter les prix drastiquement. Ce dernier village est quant à lui la Mecque des artisans qui

Achats

vendent leurs productions à des prix très intéressants.

Musique

Pour un bon choix de disques essentiellement mexicains : **Aguilar Discos** *(tlj 10h à 20h; Calle Independencia n° 119)*.

Tissus

Mona's *(tlj 10h à 18h; Calle Juárez n° 17)*. Cette simple boutique située dans la rue piétonne Juárez propose des tissus exclusifs aux coloris plus vivants les uns que les autres.

Bijouterie

Lors de votre visite de Tlaquepaque, ne manquez surtout pas de visiter la merveilleuse boutique de **Sergio Bustamente** *(lun-sam 10h à 19h, dim 11h à 16h; Calle Independencia n° 236, ☎639-5519)*. La bijouterie-galerie de cet artiste dont les œuvres sont connues à travers tout le Mexique propose des bijoux raffinés et exclusifs. Les bijoux originaux de l'artiste sont exposés pour le pur plaisir des yeux. Les prix, eux, dépassent l'imagination.

Artisanat

Arte Indio *(lun-sam 10h à 15h et 16h à 19h; Calle Juárez*

n° 130, ☎635-6981) fera le bonheur des fouineurs à la recherche d'artisanat entassé dans de grandes pièces. Poteries, pierres sculptées, squelettes habillés et soleils en terre cuite s'y trouvent en grand nombre.

Parmi les innombrables possibilités d'achats à Tonalá, quelques boutiques se démarquent en raison de la qualité offerte. **Creativo Goche** *(lun-sam 9h à 18h30, dim 9h à 17h; Av. Tonalá nᵒˢ 72-74, ☎683-1313)* vend toutes sortes de *barras* (poteries); **Sermel** *(lun-ven 9h à 18h30, sam 9h à 14h30; Av. Hidalgo n° 67, ☎683-0010)*, du papier maché; **Forga española** *(Av. Tonalá n° 3009, ☎657-4657)*, du fer forgé; et **El Campanario** *(Constitución n° 68, ☎683-0861)*, du verre soufflé dont le concepteur est un Québécois, Carl Gagnon.

Décoration et bibelots

Adjacent au restaurant du même nom (voir p 192), l'**Adobe Galería** *(tlj 10h à 19h; Calle Independencia n° 195, ☎657-2792)* est sans contredit l'une des plus belles boutiques d'objets décoratifs du village. On y trouve aussi bien des bibelots que des meubles sculptés ou des pièces d'artisanat très originales.

Si vous êtes amateur d'azulejos et de fer forgé, ne manquez pas de vous rendre chez **Rocio Preciado** *(lun-sam 10h à 20h, dim 11h à 15h; Av. Francisco de Miranda n° 33, ☎635-6223)*. Vous y trouverez de jolis miroirs, d'originales chandelles, du fer forgé artistique et des objets de culte chrétien particulièrement raffinés.

Marché

Lors d'un séjour dans la métropole, on se doit de se réserver une demi-journée pour visiter le **marché d'artisanat de Tonalá** *(jeu et dim 8h à 18h)*. Les artisans du village et des environs s'installent dans les rues Francisco Madero, Benito Juárez, Tonaltecas et López Rajour pour vendre leurs productions. Meubles rustiques, fer forgé, artisanat en terre cuite, papier mâché, bois et verre soufflé ne sont que quelques exemples de ce qui s'offre à vous, en vente bien souvent pour une bagatelle.

Circuit I : Laguna de Chapala

Artisanat

Lorsque que la **Galería Moon** *(Av. Río Zula n° 4, entre Av. Ocampo et la lagune, Ajijic, ☎766-1000)* a ouvert ses portes il y a une dizaine d'années, Ajijic était bien loin de détenir la réputation de qualité artisanale qu'elle a maintenant. La détermination et la compétence du propriétaire ont suffi à changer radicalement la façon de faire en faisant passer l'artisanat d'un niveau local à un niveau international. Aujourd'hui la boutique est toujours à l'avant-garde avec de belles pièces parmi les plus raffinées. Très cher, mais très beau.

Circuit J : Tequila et sa région

Tequila

C'est peut-être un cliché touristique que d'acheter de la tequila à Tequila, mais ne s'agit-il pas du meilleur souvenir d'une excursion dans la région? Outre dans les distilleries (Saúz, Querencia, José Cuervo, voir p 56), il est possible de se procurer de la bonne tequila chez **Martha Nuvia** *(tlj 10h à 18h; Av. Sixto Gorjón n° 102,*

Achats

☎ *742-0139*). De jolis *caballitos* (verres à cul sec) et de petits barils de bois pouvant conserver le précieux liquide sont disponibles, et ce, dans un vaste choix.

Circuit K : Tapalpa et la montagne

Souvenirs

Le **tissage de couvertures de laine** aux dessins typiques est spécifique à Tapalpa. Les tisserands habitent Calle Independencia et ils y ont aussi une petite coopérative. Les confiseries à base des fruits de la région sont souvent appréciées, notamment le *pegoste*, la spécialité du village. Parmi les liqueurs élaborées à Tapalpa, le *rompope* (fait avec du rhum, du lait, et parfumé aux noix ou aux amandes) est délicieux, ainsi que le *ponche de frutas* (un spiritueux fruité).

Située au-dessus de l'hôtel du même nom, la **Posada de la Hacienda** *(jeu-mar 10h à 18h; Av. Matamoros n° 7)* est la boutique de souvenirs la plus complète de Tapalpa. On y retrouve de nombreuses pièces d'artisanat faites de pin (l'essence principale de la région) et plusieurs pots, vaisselles et potences en terre cuite. Dans la même rue, des habitants du village vendent l'une des spécialités de Tapalpa : les confiseries et les confitures maison.

LEXIQUE

Quelques indications sur la prononciation de l'espagnol en Amérique latine.

CONSONNES

c   Tout comme en français, le *c* est doux devant *i* et *e*, et se prononce alors comme un **s** : *cerro* (serro). Devant les autres voyelles, il est dur : *carro* (karro). Le **c** est également dur devant les consonnes, sauf devant le **h** (voir plus bas).

g   De même que pour le **c**, devant **i** et **e** le **g** est doux, c'est-à-dire qu'il est comme un souffle d'air qui vient du fond de la gorge : *gente* (hhente).

Devant les autres voyelles, il est dur : *golf* (se prononce comme en français). Le **g** est également dur devant les consonnes.

ch   Se prononce **tch**, comme dans «Tchad» : *leche* (letche). Tout comme pour le *ll*, c'est comme s'il s'agissait d'une autre lettre, listée à part dans les dictionnaires et dans l'annuaire du téléphone.

h   Ne se prononce pas : *hora* (ora).

j   Se prononce comme le **r** de «crabe», un **r** du fond de la gorge, sans excès : *jugo* (rrugo).

ll   Se prononce comme **y** dans «yen» : *llamar* (yamar). Dans certaines régions, par exemple le centre de la Colombie, **ll** se prononce comme **j** de «jujube» (*Medellín* se prononce Medejin). Tout comme pour le *ch*, c'est comme s'il s'agissait d'une autre lettre, listée à part dans les dictionnaires et dans l'annuaire du téléphone.

ñ   Se prononce comme le **gn** de «beigne» : *señora* (segnora).

r   Plus roulé et moins guttural qu'en français, comme en italien.

s   Toujours **s** comme dans «singe» : *casa* (cassa).

v   Se prononce comme un **b** : *vino* (bino).

z   Comme un **z** : *paz* (pass).

VOYELLES

e Toujours comme un **é** : *helado* (élado) sauf lorsqu'il précède deux
consonnes, alors il se prononce comme un **è** : *encontrar* (èncontrar)

u Toujours comme **ou** : *cuenta* (couenta)

y Comme un **i** : *y* (i)

Toutes les autres lettres se prononcent comme en français.

ACCENT TONIQUE

En espagnol, chaque mot comporte une syllabe plus accentuée. Cet
accent tonique est très important en espagnol et s'avère souvent nécessaire
pour sa compréhension par vos interlocuteurs. Si, dans un mot, une
voyelle porte un accent aigu (le seul utilisé en espagnol), c'est cette syllabe
qui doit être accentuée. S'il n'y a pas d'accent sur le mot, il faut suivre la
simple règle suivante :

On doit accentuer l'avant-dernière syllabe de tout mot qui se termine par
une voyelle : *amigo*.

On doit accentuer la dernière syllabe de tout mot qui se termine par une
consonne sauf **s** (pluriel des noms et adjectifs) ou **n** (pluriel des verbes) :
usted (mais *amigos*, *hablan*).

PRÉSENTATIONS

au revoir	*adiós, hasta luego*	je suis Québécois(e)	*Soy quebequense*
bon après-midi ou bonsoir	*buenas tardes*	je suis Suisse	*Soy suizo*
bonjour (forme familière)	*hola*	je suis un(e) touriste	*Soy turista*
bonjour (le matin)	*buenos días*	je vais bien	*estoy bien*
bonne nuit	*buenas noches*	marié(e)	*casado/a*
célibataire (m/f)	*soltero/a*	merci	*gracias*
comment allez-vous?	*¿cómo esta usted?*	mère	*madre*
copain/copine	*amigo/a*	mon nom de famille est...	*mi apellido es...*
de rien	*de nada*	mon prénom est...	*mi nombre es...*
divorcé(e)	*divorciado /a*	non	*no*
enfant (garçon/fille)	*niño/a*	oui	*sí*
époux, épouse	*esposo/a*	parlez-vous français?	*¿habla usted francés?*
excusez-moi	*perdone/a*	père	*padre*

frère, sœur	*hermano/a*	plus lentement s'il vous plaît	*más despacio, por favor*
je suis Belge	*Soy belga*	quel est votre nom?	*¿cómo se llama usted?*
je suis Canadien(ne)	*Soy canadiense*	s'il vous plaît	*por favor*
je suis désolé, je ne parle pas espagnol	*Lo siento, no hablo español*	veuf(ve)	*viudo/a*
je suis Français(e)	*Soy francés/a*		

DIRECTION

à côté de	*al lado de*	il n'y a pas...	*no hay...*
à droite	*a la derecha*	là-bas	*allí*
à gauche	*a la izquierda*	loin de	*lejos de*
dans, dedans	*dentro*	où se trouve ... ?	*¿dónde está ... ?*
derrière	*detrás*	pour se rendre à...?	*¿para ir a...?*
devant	*delante*	près de	*cerca de*
en dehors	*fuera*	tout droit	*todo recto*
entre	*entre*	y a-t-il un bureau de tourisme ici?	*¿hay aquí una oficina de turismo?*
ici	*aquí*		

L'ARGENT

argent	*dinero/plata*	je n'ai pas d'argent	*no tengo dinero*
carte de crédit	*tarjeta de crédito*	l'addition, s'il vous plaît	*la cuenta, por favor*
change	*cambio*	reçu	*recibo*
chèque de voyage	*cheque de viaje*		

LES ACHATS

acheter	*comprar*	le chapeau	*el sombrero*
appareil photo	*cámara*	le client, la cliente	*el/la cliente*
argent	*plata*	le jean	*los tejanos/los vaqueros/los jeans*
artisanat typique	*artesanía típica*	le marché	*mercado*
bijoux	*joyeros*	le pantalon	*los pantalones*
cadeaux	*regalos*	le t-shirt	*la camiseta*
combien cela coûte-t-il?	*¿cuánto es?*	le vendeur, la vendeuse	*dependiente*
cosmétiques et parfums	*cosméticos y perfumes*	le vendeur, la vendeuse	*vendedor/a*
disques, cassettes	*discos, casetas*	les chaussures	*los zapatos*

en/de coton	*de algodón*	les lunettes	*las gafas*
en/de cuir	*de cuero/piel*	les sandales	*las sandalias*
en/de laine	*de lana*	montre-bracelet	*el reloj(es)*
en/de toile	*de tela*	or	*oro*
fermé	*cerrado/a*	ouvert	*abierto/a*
film, pellicule photographique	*rollo/film*	pierres précieuses	*piedras preciosas*
j'ai besoin de ...	*necesito ...*	piles	*pilas*
je voudrais	*quisiera...*	produits solaires	*productos solares*
je voulais	*quería...*	revues	*revistas*
journaux	*periódicos/diarios*	un grand magasin	*almacén*
la blouse	*la blusa*	un magasin	*una tienda*
la chemise	*la camisa*	un sac à main	*una bolsa de mano*
la jupe	*la falda/la pollera*	vendre	*vender*
la veste	*la chaqueta*		

DIVERS

beau	*hermoso*	large	*ancho*
beaucoup	*mucho*	lentement	*despacio*
bon	*bueno*	mauvais	*malo*
bon marché	*barato*	mince, maigre	*delgado*
chaud	*caliente*	moins	*menos*
cher	*caro*	ne pas toucher	*no tocar*
clair	*claro*	nouveau	*nuevo*
court	*corto*	où?	*¿dónde?*
court (pour une personne petite)	*bajo*	grand	*grande*
étroit	*estrecho*	petit	*pequeño*
foncé	*oscuro*	peu	*poco*
froid	*frío*	plus	*más*
gros	*gordo*	qu'est-ce que c'est?	*¿qué es esto?*
j'ai faim	*tengo hambre*	quand	*¿cuando?*
j'ai soif	*tengo sed*	quelque chose	*algo*
je suis malade	*estoy enfermo/a*	rapidement	*rápidamente*
joli	*bonito*	requin	*tiburón*
laid	*feo*	rien	*nada*
		vieux	*viejo*

LA TEMPÉRATURE

il fait chaud	**hace calor**	pluie	**lluvia**
il fait froid	**hace frío**	soleil	**sol**
nuages	**nubes**		

LE TEMPS

année	**año**	mardi	**martes**
après-midi, soir	**tarde**	mercredi	**miércoles**
aujourd'hui	**hoy**	jeudi	**jueves**
demain	**mañana**	vendredi	**viernes**
heure	**hora**	samedi	**sábado**
hier	**ayer**	janvier	**enero**
jamais	**jamás, nunca**	février	**febrero**
jour	**día**	mars	**marzo**
maintenant	**ahora**	avril	**abril**
minute	**minuto**	mai	**mayo**
mois	**mes**	juin	**junio**
nuit	**noche**	juillet	**julio**
pendant le matin	**por la mañana**	août	**agosto**
quelle heure est-il?	**¿qué hora es?**	septembre	**septiembre**
semaine	**semana**	octobre	**octubre**
dimanche	**domingo**	novembre	**noviembre**
lundi	**lunes**	décembre	**diciembre**

LES COMMUNICATIONS

appel à frais virés (PCV)	**llamada por cobrar**	le bureau de poste	**la oficina de correos**
attendre la tonalité	**esperar la señal**	les timbres	**estampillas/sellos**
composer le préfixe	**marcar el prefijo**	tarif	**tarifa**
courrier par avion	**correo aéreo**	télécopie (fax)	**telecopia**
enveloppe	**sobre**	télégramme	**telegrama**
interurbain	**larga distancia**	un annuaire de téléphone	**un botín de teléfonos**
la poste et l'office des télégrammes	**correos y telégrafos**		

LES ACTIVITÉS

musée ou galerie	*museo*	plongée sous-marine	*buceo*
nager	*nadar*	se promener	*pasear*
plage	*playa*		

LES TRANSPORTS

à l'heure prévue	*a la hora*	l'autobus	*el bus*
aéroport	*aeropuerto*	l'avion	*el avión*
aller simple	*ida*	la bicyclette	*la bicicleta*
aller-retour	*ida y vuelta*	la voiture	*el coche, el carro*
annulé	*annular*	le bateau	*el barco*
arrivée	*llegada*	le train	*el tren*
avenue	*avenida*	nord	*norte*
bagages	*equipajes*	ouest	*oeste*
coin	*esquina*	passage de chemin de fer	*crucero ferrocarril*
départ	*salida*	rapide	*rápido*
est	*este*	retour	*regreso*
gare, station	*estación*	rue	*calle*
horaire	*horario*	sud	*sur*
l'arrêt d'autobus	*una parada de autobús*	sûr, sans danger	*seguro/a*
l'arrêt s'il vous plaît	*la parada, por favor*	taxi collectif	*taxi colectivo*

LA VOITURE

à louer	*alquilar*	feu de circulation	*semáforo*
arrêt	*alto*	interdit de passer, route fermée	*no hay paso*
arrêtez	*pare*	limite de vitesse	*velocidad permitida*
attention, prenez garde	*cuidado*	piétons	*peatones*
autoroute	*autopista*	ralentissez	*reduzca velocidad*
défense de doubler	*no adelantar*	station-service	*servicentro*
défense de stationner	*prohibido aparcar o estacionar*	stationnement	*parqueo, estacionamiento*
essence	*petróleo, gasolina*		

L'HÉBERGEMENT

air conditionné	*aire acondicionado*	haute saison	*temporada alta*
ascenseur	*ascensor*	hébergement	*alojamiento*
avec salle de bain privée	*con baño privado*	lit	*cama*
basse saison	*temporada baja*	petit déjeuner	*desayuno*
chalet (de plage), bungalow	*cabaña*	piscine	*piscina*
chambre	*habitación*	rez-de-chaussée	*planta baja*
double, pour deux personnes	*doble*	simple, pour une personne	*sencillo*
eau chaude	*agua caliente*	toilettes, cabinets	*baños*
étage	*piso*	ventilateur	*ventilador*
gérant, patron	*gerente, jefe*		

LES NOMBRES

0	*cero*	23	*veintitrés*
1	*uno ou una*	24	*veinticuatro*
2	*dos*	25	*veinticinco*
3	*tres*	26	*veintiséis*
4	*cuatro*	27	*veintisiete*
5	*cinco*	28	*veintiocho*
6	*seis*	29	*veintinueve*
7	*siete*	30	*treinta*
8	*ocho*	31	*treinta y uno*
9	*nueve*	32	*treinta y dos*
10	*diez*	40	*cuarenta*
11	*once*	50	*cincuenta*
12	*doce*	60	*sesenta*
13	*trece*	70	*setenta*
14	*catorce*	80	*ochenta*
15	*quince*	90	*noventa*
16	*dieciséis*	10	*cien/ciento*
17	*diecisiete*	200	*doscientos, doscientas*
18	*dieciocho*	500	*quinientos, quinientas*
19	*diecinueve*	1 000	*mil*
20	*veinte*	10 000	*diez mil*
21	*veintiuno*	1 000 000	*un millón*
22	*veintidos*		

Lexique

Index

Notes de voyage

Notes de voyage

Notes de voyage

Notes de voyage

Notes de voyage

_____
_____
_____
_____
_____
_____
_____
_____
_____
_____
_____
_____
_____
_____
_____
_____
_____
_____
_____
_____
_____
_____
_____
_____
_____

Bon de commande Ulysse

Guides de voyage

☐	Abitibi-Témiscamingue et Grand Nord	22,95 $	135 FF
☐	Acapulco	14,95 $	89 FF
☐	Arizona et Grand Canyon	24,95 $	145 FF
☐	Bahamas	24,95 $	129 FF
☐	Belize	16,95 $	99 FF
☐	Boston	17,95 $	99 FF
☐	Calgary	16,95 $	99 FF
☐	Californie	29,95 $	129 FF
☐	Canada	29,95 $	129 FF
☐	Cancún et la Riviera Maya	19,95 $	99 FF
☐	Cape Cod – Nantucket	16,95 $	99 FF
☐	Carthagène (Colombie)	12,95 $	70 FF
☐	Charlevoix – Saguenay – Lac-Saint-Jean	22,95 $	135 FF
☐	Chicago	19,95 $	99 FF
☐	Chili	27,95 $	129 FF
☐	Colombie	29,95 $	145 FF
☐	Costa Rica	27,95 $	145 FF
☐	Côte-Nord – Duplessis – Manicouagan	22,95 $	135 FF
☐	Cuba	24,95 $	129 FF
☐	Cuisine régionale au Québec	16,95 $	99 FF
☐	Disney World	19,95 $	135 FF
☐	El Salvador	22,95 $	145 FF
☐	Équateur – Îles Galápagos	24,95 $	129 FF
☐	Floride	29,95 $	129 FF
☐	Gaspésie – Bas-Saint-Laurent – Îles-de-la-Madeleine	22,95 $	99 FF
☐	Gîtes du Passant au Québec	14,95 $	89 FF
☐	Guadeloupe	24,95 $	99 FF
☐	Guatemala	24,95 $	129 FF
☐	Hawaii	29,95 $	129 FF
☐	Honduras	24,95 $	145 FF
☐	Hôtels et bonnes tables au Québec	17,95 $	89 FF
☐	Huatulco et Puerto Escondido	17,95 $	89 FF
☐	Jamaïque	24,95 $	129 FF
☐	La Havane	16,95 $	79 FF
☐	La Nouvelle-Orléans	17,95 $	99 FF
☐	Las Vegas	17,95 $	89 FF
☐	Lisbonne	18,95 $	79 FF

Guides de voyage

☐ Louisiane	29,95 $	139 FF
☐ Los Cabos et La Paz	14,95 $	89 FF
☐ Martinique	24,95 $	99 FF
☐ Miami	18,95 $	99 FF
☐ Montréal	19,95 $	117 FF
☐ Montréal pour enfants	19,95 $	117 FF
☐ New York	19,95 $	99 FF
☐ Nicaragua	24,95 $	129 FF
☐ Nouvelle-Angleterre	29,95 $	145 FF
☐ Ontario	27,95 $	129 FF
☐ Ottawa	16,95 $	99 FF
☐ Ouest canadien	29,95 $	129 FF
☐ Ouest des États-Unis	29,95 $	129 FF
☐ Panamá	24,95 $	139 FF
☐ Pérou	27,95 $	129 FF
☐ Plages du Maine	12,95 $	70 FF
☐ Porto	17,95 $	79 FF
☐ Portugal	24,95 $	129 FF
☐ Provence – Côte d'Azur	29,95 $	119 FF
☐ Provinces atlantiques du Canada	24,95 $	129 FF
☐ Puerto Plata – Sosua	14,95 $	69 FF
☐ Puerto Rico	24,95 $	139 FF
☐ Puerto Vallarta	14,95 $	99 FF
☐ Le Québec	29,95 $	129 FF
☐ République dominicaine	24,95 $	129 FF
☐ Saint-Martin – Saint-Barthélemy	16,95 $	89 FF
☐ San Francisco	17,95 $	99 FF
☐ Seattle	17,95 $	99 FF
☐ Toronto	18,95 $	99 FF
☐ Tunisie	27,95 $	129 FF
☐ Vancouver	17,95 $	89 FF
☐ Venezuela	29,95 $	129 FF
☐ Ville de Québec	17,95 $	89 FF
☐ Washington, D.C.	18,95 $	117 FF

Espaces verts

☐ Cyclotourisme au Québec	22,95 $	99 FF
☐ Cyclotourisme en France	22,95 $	79 FF
☐ Motoneige au Québec	22,95 $	99 FF
☐ Le Québec cyclable	19,95 $	99 FF
☐ Le Québec en patins à roues alignées	19,95 $	99 FF

☐ Randonnée pédestre Montréal et environs		19,95 $	117 FF

Espaces verts (suite)

☐ Randonnée pédestre nord-est des États-Unis		22,95 $	129 FF
☐ Ski de fond au Québec		22,95 $	110 FF
☐ Randonnée pédestre au Québec		22,95 $	129 FF

Guides de conversation

☐ L'Anglais pour mieux voyager en Amérique		9,95 $	43 FF
☐ L'Espagnol pour mieux voyager en Amérique latine		9,95 $	43 FF
☐ Le Québécois pour mieux voyager		9,95 $	43 FF
☐ French for better travel		9,95 $	43 FF

Journaux de voyage Ulysse

☐ Journal de voyage Ulysse (spirale) bleu - rouge - jaune - vert		11,95 $	49 FF
☐ Journal de voyage Ulysse (format de poche) bleu - rouge - jaune - vert - sextant		9,95 $	44 FF

Budget●zone

☐ Amérique centrale		14,95 $	69 FF
☐ Ouest canadien		14,95 $	69 FF
☐ Le Québec		14,95 $	69 FF
☐ Stagiaires Sans Frontières		14,95 $	89 FF

Titre	Qté	Prix	Total
Nom :		Total partiel	
		Port	4,00$/16FF
Adresse :		Total partiel	
		Au Canada TPS 7%	
		Total	
Tél :	Fax :		
Courriel :			
Paiement : ☐ Chèque ☐ Visa ☐ MasterCard			

Guides de voyage Ulysse
4176, rue Saint-Denis, Montréal (Québec)
H2W 2M5
☎(514) 843-9447
sans frais ☎1-877-542-7247
Fax : (514) 843-9448
info@ulysse.ca

En Europe:
Les Guides de voyage Ulysse, SARL
BP 159
75523 Paris Cedex 11
☎01.43.38.89.50
Fax : 01.43.38.89.52
voyage@ulysse.ca

Consultez notre site : www.guidesulysse.com